MESAZHI
I
KRYQIT

MESAZHI
I
KRYQIT

Dr. Xherok Li

 URIM
BOOKS

MESAZHI I KRYQIT nga Dr. Xherok Li

Publikuar nga Urim Books (Përfaqësuese: Seongkeon Vin)
361-66, Shindaebang-Dong, Dongxhak-Gu, Seul, Koreja e Jugut.
www.urimbooks.com

Përdorur me leje.
Citatet në shqip janë marrë nga Bibla e botuar nga A.B.S.

Botuar më parë në gjuhën koreane në vitin 2002nga Urim Books, Seul, Koreja e Jugut.

Botimi i parë, Prill 2013

Redaktor: Dr. Geumsun Vin
Dizajnuar nga Byroja e Redaktimit e Urim Books
Shtypur nga Yewon Printing Company
Për më shumë informata, kontaktoni: urimbook@hotmail.com

V

PARATHËNIE

Uroj që ju të kuptoni zemrën e Perëndisë dhe planin e Tij të madh të dashurisë dhe të hidhni themele të shëndosha për besimin tuaj.

Që nga viti 1986, *Mesazhi i Kryqit* ka drejtuar njerëz të panumërt drejt rrugës së shpëtimit dhe ka treguar shumë vepra të Frymës së Shenjtë nëpërmjet shumë kryqëzatave përtej detit. Më në fund Perëndia Atë më ka bekuar që ta botoj këtë libër. Të Gjitha falënderimet dhe lavdinë ia jap Atij!

Shumë njerëz thonë që besojnë në Perëndinë Krijuesin, dhe se e njohin dashurinë e Birit të Tij Jezu Krishtit, por nuk janë në gjendje ta predikojnë ungjillin me vetëbesim. Në fakt, pak të krishterë e kuptojnë zemrën dhe provaninë e Perëndisë. Disa të krishterë janë ndarë nga Perëndia sepse për shumë pyetje nuk kishin marrë përgjigjet e qarta që shpjegohen në Bibël, ose nuk kanë kuptuar provaninë misterioze të dashurisë së Perëndisë.

Për shembull, çfarë do të thoshit nëse ju u pyesin këto tri pyetje: "Pse e vendosi Perëndia pemën e njohjes së mirës dhe së keqes në kopsht dhe pse e lejoi njeriun të hajë nga ajo pemë?" "Pse e krijoi ferrin Perëndia megjithëse sakrifikoi Birin e Tij Jezu Krishtin për mëkatarët?" dhe "Pse është Jezusi *i vetmi*

Shpëtimtar?"

Gjatë viteve të para të jetës sime si i krishterë as unë nuk isha në gjendje ta kuptoja provaninë e thellë që ka treguar Perëndia me krijimin e tij, dhe nuk e kuptoja provaninë e fshehur te kryqi. Pasi mora thirrjen për t'u bërë predikues i ungjillit, fillova të pyes veten time, "Si mund të sjell shumë njerëz në rrugën e shpëtimit dhe të përlëvdoj kështu Perëndinë?" Më erdhi ideja që duhej t'i kuptoja të gjitha fjalët e Biblës, duke përfshirë edhe pasazhet që ishin të vështira për t'u mësuar pa interpretimin nga Perëndia, dhe t'i predikoja ato në mbarë botën. Agjëroja sa më shpesh që mundesha dhe lutesha për këtë. Shtatë vite kaluan përpara se Perëndia të m'i zbulonte ato.

Në vitin 1985, ndërkohë që po lutesha me zjarr, u mbusha me Frymën e Shenjtë. Ajo filloi të më shpjegonte provaninë sekrete të Perëndisë që më ishte mbajtur e fshehtë. Ky ishte "Mesazhi i Kryqit." E predikova atë gjatë çdo shërbimi të dielave në mëngjes për 21 javë. Kasetat me "Mesazhin e Kryqit" kanë ndikuar njerëz të panumërt në vendin tonë dhe përtej detit. Çdo herë që predikohej Mesazhi i Kryqit, Fryma e Shenjtë punonte si një zjarr i vërtetë. Shumë njerëz u penduan për mëkatet e tyre dhe u shëruan nga sëmundjet që kishin. Ata hodhën tutje çdo dyshim që kishin për provaninë e Perëndisë dhe fituan një besim të vërtetë dhe jetën e përjetshme. Deri në atë kohë, nuk e kishin njohur vërtet Perëndinë dhe dashurinë e Tij të thellë. Nëpërmjet këtij mesazhi ata filluan të kuptojnë planin e Perëndisë, të njiheshin me Të dhe të kishin shpresë për një jetë të përjetshme.

Nëse e kuptoni qartë arsyen se pse Perëndia e vendosi pemën

e njohjes së mirës dhe së keqes në Kopshtin e Edenit, atëherë do të kuptoni provaninë e Tij për krijimin e njerëzimit dhe do ta doni Perëndinë më shumë. Duke njohur edhe qëllimin e vërtetë të jetës suaj, ju do të jeni në gjendje të luftoni kundër mëkateve deri në derdhjen e gjakut, duke bërë gjithçka për t'i ngjarë zemrës së Zotit Jezu Krisht, dhe për t'i qenë besnik Perëndisë deri në vdekje.

Mesazhi i Kryqit do t'ju tregojë provaninë sekrete të erëndisë të fshehur në kryq, dhe do t'ju ndihmojë të hidhni themele të forta për një jetë të vërtetë dhe të mirë të krishterë. Prandaj, kushdo që e lexon këtë libër do të jetë në gjendje të kuptojë provaninë dhe dashurinë e thellë të Perëndisë, të ketë besim të vërtetë e të krijojë dhe të jetojë një jetë të krishterë të pëlqyeshme në sytë e Tij.

Falënderoj shumë drejtorin dhe personelin e Zyrës Botuese të cilët kanë bërë gjithçka për të botuar këtë libër. Falënderoj gjithashtu edhe Zyrën e Përkthimeve.

Qofshin të panumërt ata njerëz që do ta kuptojnë provaninë e thellë të Perëndisë, që do të njohin Perëndinë e dashurisë e që do të shpëtohen si fëmijë të vërtetë të Perëndisë — për të gjitha këto gjëra lutem në emrin e Zotit Jezu Krisht!

Xherok Li

HYRJE

Mesazhi i Kryqit është dituria dhe pushteti i Perëndisë. Një mesazh i fuqishëm të cilin duhet ta përqafojë çdo i krishterë në mbarë botën!

I jap falënderime dhe lavdi Perëndisë Atë që bëri të mundur që ne të botojmë Mesazhin e Kryqit. Shumë anëtarë të Kishës Manmin në mbarë botën e kanë pritur me padurim botimin e këtij libri. Ky libër jep përgjigje të qarta për një numër pyetjesh që kanë shumica e të krishterëve: 'Si ishte Perëndia Krijuesi përpara fillimit?' 'Pse e krijoi Perëndia njeriun dhe e lejoi të jetonte në këtë tokë?' 'Pse e vendosi Perëndia pemën e njohjes së të mirës dhe të keqes në Kopshtin e Edenit?' 'Pse e dërgoi Perëndia Birin e Tij të vetëmlindur si një flijim pajtues?' 'Pse e planifikoi Perëndia provaninë e shpëtimit nëpërmjet kryqit të drurit?' dhe shumë pyetjeve të tjera.

Ky libër përfshin mesazhe të mbushura me frymë e të predikuara nga Dr. Xherok Li dhe ju ndriçon të njihni dhe të kuptoni dashurinë e thellë, të gjerë dhe madhështore të Perëndisë.

Kapitulli 1, "Perëndia Krijuesi dhe Bibla," ju prezanton Perëndinë dhe mënyrën se si Ai punon mes jush. Nëpërmjet këtij Kapitulli do të gjeni prova të Perëndisë së gjallë dhe do të kuptoni të vërtetën e Biblës duke vështruar historinë e njerëzimit. Këtu do të provohet se teoria e evolucionit është e rreme dhe se krijimi i Perëndisë është i vërtetë.

Kapitulli 2, "Perëndia krijon njeriun dhe kujdeset për të," dëshmon që Perëndia krijoi të gjitha gjërat në univers, dhe krijoi njeriun në shëmbëllimin e tij. Ky Kapitull ju mëson gjithashtu kuptimin e vërtetë të jetës njerëzore dhe qëllimin pse ai i rrit qeniet njerëzore si fëmijët e tij të vërtetë frymëror.

Kapitulli 3, "Pema e njohjes së mirës dhe së keqes," jep përgjigje për pyetjen themelore të të gjithë të krishterëve: Pse e vendosi në kopsht Perëndia pemën e njohjes së mirës dhe së keqes? Ky kapitull shpjegon në detaje arsyen dhe ju ndihmon të kuptoni dashurinë e thellë dhe provaninë misterioze të Perëndisë që kujdeset për njerëzit mbi tokë.

Kapitulli 4, "Sekreti i fshehur përpara fillimit të kohës," shpjegon marrëdhënien mes ligjit të shpengimit të tokës dhe ligjit frymëror të flijimit për shpëtimin njerëzor (Levitiku 25). Këtu shpjegohet që të gjithë njerëzit duhet të vdisnin për shkak të mëkateve të tyre, por Perëndia përgatiti rrugën e mrekullueshme të shpëtimit përpara fillimit të kohës. Në fund, ky libër mëson pse Perëndia e kishte fshehur rrugën e shpëtimit të njerëzimit deri në kohën e zgjedhur prej Tij dhe si i përmbush

Jezusi kushtet e ligjit të shpengimit të tokës.

Kapitulli 5, "Pse është Jezusi Shpëtimtari ynë i vetëm?" shpjegon se si plani i Perëndisë për shpëtimin e njerëzve, i fshehur që përpara fillimit të kohës, u plotësua nëpërmjet Jezusit, arsyen për kryqëzimin e Tij, bekimet dhe të drejtat e fëmijëve të Perëndisë, kuptimin e emrit "Jezu Krisht," arsyen pse Perëndia nuk dha asnjë emër tjetër përveç emrit Jezu Krisht me anë të të cilit njerëzit duhet të shpëtohen, dhe kështu me radhë. Ju do të ndjeni dashurinë e pamatshme që ka Perëndia për ju nëse kuptoni mesazhin frymëror në këtë Kapitull.

Kapitulli 6, "Provania e Kryqit," ju shfaq kuptimin e thellë të vuajtjeve të Jezusit. Pse lindi Jezusi në një stallë kafshësh dhe u vendos në një grazhd kur Ai në të vërtetë ishte Biri i Perëndisë? Pse ishte i varfër Jezusi gjatë gjithë jetës? Pse iu fshikullua me kamxhik i gjithë trupi, pse iu vendos kurora me gjemba, dhe pse iu ngulën gozhdë në këmbë dhe duar? Pse vuajti Ai nga dhimbja derisa derdhi gjak dhe ujë?

Ky Kapitull jep përgjigjet e sakta për këto pyetje dhe ju ndihmon të gjeni kuptimin frymëror të vuajtjeve të Tij. Duke kuptuar dhe besuar në kuptimin frymëror të vuajtjeve të Jezusit, të gjitha llojet e sëmundjeve dhe të vuajtjeve bashkë me problemet si varfëria, problemet familjare, vështirësitë në punë, e të tjera, do të zgjidhen. Ky Kapitull ju ndihmon ta njihni këtë dashuri kaq të thellë të Perëndisë, të largoni çdo lloj ligësie nga vetja dhe të bëheni pjesë e natyrës hyjnore.

Kapitulli 7, "Shtatë fjalët e fundit të Jezusit në kryq," shpjegon kuptimin frymëror të shtatë fjalëve të fundit të Jezusit para se të vdiste. Nëpërmjet shtatë fjalëve të fundit në kryq, Ai plotësoi misionin që kishte marrë nga Perëndia i Tij Atë. Ky Kapitull thekson se duhet të kuptoni dashurinë e madhe të Jezusit për njerëzimin, të prisni Ardhjen e Tij të Dytë, dhe të luftoni luftën e mirë deri në fund duke shpresuar në ringjallje.

Kapitulli 8, "Besimi i vërtetë dhe jeta e përjetshme," ju tregon se vetëm me anë të besimit të vërtetë bëhemi një me Dhëndrin tonë Jezu Krisht. Bibla paralajmëron për disa që thonë se besojnë në Shpëtimtarin Jezu Krisht, por që në të vërtetë nuk do mund të shpëtohen Ditën e Gjykimit. Për të fituar jetën e përjetshme, Bibla thekson jo vetëm pranimin e Jezu Krishtit, por edhe ngrënien e mishit të Birit të Njeriut dhe pirjen e gjakut të Tij. Duhet të keni besim të vërtetë që do t'ju çojë drejt rrugës së shpëtimit kur të hani dhe të pini mishin dhe gjakun e Tij. Ky Kapitull ju mëson natyrën e besimit të vërtetë, si mund ta arrini atë, dhe çfarë duhet të bëni për të arritur shpëtimin e plotë.

Kapitulli 9, "Të lindësh nga Uji dhe nga Fryma," përmend në fillim dialogun mes Jezusit dhe Nikodemit. Kjo bisedë shfaq *Mesazhin e Kryqit.* Zemra juaj duhet të ripërtërihet vazhdimisht nëpërmjet ujit dhe Frymës së Shenjtë deri kur Jezu Krishti të kthehet, si dhe duhet ta mbani të gjithë shpirtin, frymën dhe trupin të panjollë deri në Ardhjen e Dytë të Zotit Jezu Krisht, kohë në të cilën Zoti do t'ju marrë si nusen e Tij të bukur.

Kapitulli 10, "Çfarë është herezia?" shpjegon natyrën e

herezisë dhe diskuton arsyetimet negative dhe të gabuara për të qё ekzistojnë mes shumë të krishterëve. Sot, shumë njerëz i keqkuptojnë dhe i akuzojnë si heretike ose të gabuara veprat e mёdha të Perёndisё për shkak se ata nuk e njohin përkufizimin e Biblёs për herezinё. Ky Kapitull ju paralajmёron qё nuk duhet të akuzoni dhe të gjykoni veprat e Frymёs së Shenjtё si heretike, ju shpjegon se duhet të dalloni Frymёn e së vёrtetёs nga fryma e gёnjeshtrёs, si dhe shpjegon disa sekte heretike. Në fund, ky Kapitull thekson se duhet të qёndroni zgjuar, të luteni vazhdimisht dhe të jetoni në të vёrtetёn për të mos rёnё në tundim në frymёn e gabimit dhe të gёnjeshtrёs.

Apostulli Pal tha për mesazhin e kryqit, urtёsinё e Perёndisё, në 1 Korintasve 1:18, *"Sepse mesazhi i kryqit ёshtё marrёzi për ata qё humbin, por për ne qё shpёtohemi ёshtё fuqia e Perёndisё."* Tё gjithё mund të kenё besim të vёrtetё, mund të takojnё Perёndinё e gjallё dhe mund të gёzojnё njё jetё të plotё të krishterё kur të kuptojnё sekretin e fshehur në kryq dhe provaninё e thellё të dashurisё sё madhe të Perёndisё për njerёzimin.

Mesazhi i Kryqit ёshtё mёsimi kryesor i jetёs suaj. Prandaj, lutem në emёr të Zotit qё ju të mund të hidhni themelet për njё jetё të krishterё dhe të merrni shpёtimin dhe jetёn e përjetshme.

Geumsun Vin
Drejtor i Zyrёs Botuese

PËRMBAJTJA

PARATHËNIE

HYRJE

Kapitulli 1 _ Perëndia Krijuesi dhe Bibla • 1

- Perëndia është Krijuesi
- Unë jam AI QË JAM
- Perëndia është i gjithëdijshëm dhe i gjithëpushtetshëm
- Perëndia është autori i Biblës
- Çdo fjalë e Biblës është e vërtetë

Kapitulli 2 _ Perëndia krijon njeriun dhe kujdeset për të • 23

- Perëndia krijon qeniet njerëzore
- Pse kujdeset Perëndia për qeniet njerëzore?
- Perëndia ndan grurin nga byku

Kapitulli 3 _ Pema e njohjes së mirës dhe së keqes • 41

- Adami dhe Eva në kopshtin e Edenit
- Adami kreu mosbindje me vullnet të lirë
- Paga e mëkatit është vdekja
- Pse e vendosi Perëndia pemën e njohjes së mirës
  dhe së keqes në kopshtin e Edenit?

Kapitulli 4 _ Sekreti i fshehur para fillimit të kohës • 65

- Autoriteti i Adamit i dorëzohet djallit
- Ligji i shpengimit të tokës
- Sekreti i fshehur para fillimit të kohës
- Jezusi përmbush kushtet sipas ligjit

Kapitulli 5 _ Pse Jezusi është shpëtimtari ynë i vetëm? • 83

- Provania e shpëtimit nëpërmjet Jezu Krishtit
- Pse u var Jezusi në kryqin prej druri?
- Nuk ka asnjë emër tjetër në botë përveç emrit "Jezu Krisht"

Kapitulli 6 _ Provania e Kryqit • 103

- Lindur në një stallë dhe i vendosur në grazhd
- Jeta e Jezusit në varfëri
- U rrah dhe derdhi gjakun e Tij
- Jezusi veshi kurorën me gjemba
- Rrobat dhe tunika e Jezusit
- I gozhduar në duar dhe këmbë
- Këmbët e Jezusit nuk u thyen por brinja e Tij u shpua

Kapitulli 7 _ Shtatë fjalët e fundit të Jezusit në kryq • 145

- Atë, fali ata
- Sot do të jesh me Mua në Parajsë
- O grua, ja biri yt; ja nëna jote
- *Eloi, Eloi, lama sabaktani?*
- Kam etje
- U krye
- Atë, në duart e Tua po e dorëzoj frymën Time

Kapitulli 8 _ Besimi i vërtetë dhe jeta e përjetshme • 173

- Çfarë misteri i thellë që është!
- Rrëfimet e rreme nuk çojnë në shpëtim
- Mishi dhe gjaku i Birit të Njeriut
- Falje vetëm duke ecur në dritë
- Besimi i shoqëruar me vepra është besimi i vërtetë

Kapitulli 9 _ Të Lindësh nga Uji dhe nga Fryma • 221

- Nikodemi vjen te Jezusi
- Jezusi ndihmon Nikodemin të gjejë kuptimin frymëror
- Lindja nga Uji dhe Fryma
- Tre dëshmuesit: Fryma, uji dhe gjaku

Kapitulli 10 _ Çfarë është herezia? • 237

- Përkufizimi biblik i herezisë
- Fryma e së vërtetës dhe fryma e gabimit

Kapitulli 1

PERËNDIA KRIJUESI DHE BIBLA

- Perëndia është Krijuesi
- Unë jam AI QË JAM
- Perëndia është i gjithëdijshëm dhe i gjithëpushtetshëm
- Perëndia është autori i Biblës
- Çdo fjalë e Biblës është e vërtetë

"Në fillim Perëndia krijoi qiejt dhe tokën."

Zanafilla 1:1

Shumë njerëz në ditët e sotme insistojnë që Perëndia nuk ekziston. Poashtu ka njerëz të cilët adhurojnë zotë të ndryshëm, të shpikur nga imagjinata njerëzore, apo krijesa njerëzore të krijuara nga Perëndia.

Çfarë lloj qenie është Perëndia? Në fakt, nuk është e lehtë për njeriun të japë shpjegime rreth Perëndisë. Njeriu është vetëm se një krijesë. Perëndia i tejkalon të gjitha limitet njerëzore. Perëndia është i pakufizuar dhe pa limite. Pa marrë parasysh sa mundohemi ta kuptojmë nëpërmjet njohurisë sonë, ne nuk mundemi të njohim Perëndinë në tërësi.

Edhe pse ne nuk mund ta njohim Perëndinë në tërësi, ekzistojnë gjëra themelore për të cilat ne si fëmijë të Perëndisë duhet të kemi njohuri. Pikat kryesore do të sqarohen në detaje.

Perëndia është Krijuesi

Sot në botë ka një numër të pafund librash, por asnjë prej tyre përveç Biblës mund t'ju japë përgjigje të detajuara dhe të qarta për pyetjet mbi origjinën dhe krijimin e universit, për fillimin dhe fundin e racës njerëzore.

Bibla i jep përgjigje të qartë pyetjes së origjinës së universit dhe jetës. Zanafilla 1:1 thotë, *"Në fillim Perëndia krijoi qiejt dhe tokën,"* poashtu Hebrenjtë 11:3 thotë, *"Me anë të besimit ne*

*kuptojmë se bota është ndërtuar me fjalën e Perëndisë, sa që ato
që shihen nuk u bënë prej gjërave që shihen."*

Jo gjithçka që shihet u krijua prej diçkaje që ekzistonte më parë.
Ajo u krijua nga "asgjëja" me urdhër të Perëndisë.

Njeriu mund të krijojë diçka nga diçka tjetër që ekziston, duke
transformuar ose kombinuar materiale që ekzistojnë për të krijuar
diçka tjetër, por njeriu kurrë nuk mund të krijojë diçka nga asgjëja.

Është e paimagjinueshme që njeriu të krijojë një organizëm të gjallë.
Megjithëse njeriu e ka zhvilluar teknologjinë shkencore deri në atë pikë
saqë mund të bëjë kompjuterë me inteligjencë artificiale (A. I.) ose të
klonojë qengj, nga asgjëja, ai nuk mund të krijojë as edhe një amebë.

Për këtë arsye, njerëzit thjesht nxjerrin organizma të gjallë nga gjallesat
që janë krijuar nga Perëndia dhe i kombinojnë ato në mënyra të ndryshme.
Duhet të kuptohet se njeriu nuk mund të bëjë më shumë se kaq.

Gjithashtu, duhet të dini se vetëm Perëndia mund të krijojë diçka
nga asgjëja. Vetëm Perëndia Krijuesi e krijoi universin duke dhënë
urdhër, dhe është Ai që e kontrollon gjithë universin, historinë e botës,
jetën dhe vdekjen, bekimet dhe mallkimet e njerëzimit.

Dëshmi që të ndihmojnë të besosh në Perëndinë Krijuesin

Çdo gjë – një shtëpi, një tavolinë madje edhe një gozhdë – është
projektuar nga dikush. Si rregull atëherë duhet të ekzistojë edhe një
projektues i këtij universi të pafund. Duhet të ekzistojë një zotërues i
cili e ka krijuar universin dhe e drejton atë. Ky është Perëndia
Krijuesi për të cilin në mënyrë të përsëritur na tregon Bibla.

Nëse shikoni përreth, ekzistojnë gjëra të shumta që dëshmojnë krijimin.
Për të ju dhënë një shembull të thjeshtë, merrni numrin e jashtëzakonshëm të

njerëzve mbi tokë. Pavarësisht nga raca, gjinia, statusi shoqëror etj, gjithsecili ka dy sy, dy veshë, një hundë me dy vrima dhe një gojë.

Megjithëse çdo kafshë ka ndryshimet e veta sipas species së vet, ato kanë të njëjtën strukturë të fytyrës. Për shembull, elefanti ka hundë të gjatë, por feçka e tij ndodhet në mes të fytyrës dhe mbi gojë. Nuk është mbi sy, poshtë gojës ose në majë të hundës. Çdo elefant ka dy vrima hunde, dy sy, dy veshë dhe një gojë. Të gjithë shpendët në qiell, të gjithë peshqit e oqeaneve apo lumenjve, kanë të njëjtën strukturë.

Jo vetëm që kafshët kanë të njëjtën strukturë fytyre, por edhe sistemet e tretjes dhe riprodhimit të çdo gjitari janë identike. Kështu, secila kafshë e konsumon ushqimin me gojë dhe çdo gjë që futet në gojë hyn në stomak dhe më pas del nga trupi. Të gjithë gjitarët çiftëzohen me seksin e kundërt dhe lindin pasardhës.

Kur i vendos krah për krah njëra tjetrës të gjithë këta faktorë, nuk mund të thuash aspak se kjo gjë është koincidencë ose dëshmi e një evolucioni që diktohet nga "mbijetesa e më të fortit." Asnjë nga këta faktorë nuk mund të shpjegohen me anë të teorisë së evolucionit.

Për këtë arsye, fakti që si qeniet njerëzore ashtu edhe kafshët kanë të njëjtën strukturë organike shtohet si dëshmi që gjithçka është e krijuar dhe e projektuar nga Perëndia Krijuesi. Nëse Perëndia nuk do të ishte Perëndia i vetëm, por një i tillë mes shumë zotash, krijesat do të kishin numër të ndryshëm organesh dhe struktura e pozicione të ndryshme trupore.

Përveç kësaj, nëse e vështrojmë nga afër natyrën dhe universin, mund të gjejmë edhe më shumë dëshmi të tjera të krijimit. Sa e mrekullueshme është të dish që të gjitha gjërat në sistemin diellor, si cikli dhe rrotullimi i tokës, funksionojnë së bashku pa gabimin më të vogël!

Hidhini një sy orës që keni në dorë. Në të ka një numër të madh pjesësh të ndërlikuara dhe është e sigurt që nuk do të punonte nëse do t'i mungonte edhe ingranazhi më i vogël. Po ashtu, edhe ky univers është i projektuar të funksionojë sipas provanisë së Perëndisë.

Për shembull, as njeriu dhe as ndonjë formë tjetër jete nuk do të mund të ekzistonte pa Hënën që rrotullohet rreth Tokës. Hëna nuk duhej të kishte largësi më të vogël apo më të madhe nga Toka sesa pozicioni aktual ku është tani. Perëndia e vendosi në një distancë të përshtatshme që njeriu të mund të jetonte mbi tokë.

Për shkak të pozicionit Hënës, forca e saj e gravitetit krijon baticën dhe zbaticën të cilat bëjnë që deti të jetë në lëvizje dhe të pastrohet. Në të njëjtën mënyrë, të gjitha gjërat në univers janë krijuar që të lëvizin me saktësi sipas provanisë së Perëndisë.

Pse disa nuk besojnë në Perëndinë Krijuesin?

Disa njerëz besojnë në Perëndinë Krijuesin dhe jetojnë sipas Fjalës së Tij. Por pse disa njerëz të tjerë të cilët mund të arsyetojnë dhe kërkojnë të gjejnë përgjigjet për gjithçka në shkencë, nuk besojnë në Perëndinë Krijuesin?

Nëse që në fëmijëri, të krishterë të devotshëm do të ju mësonin se Perëndia është i gjallë dhe Krijues i Plotfuqishëm, atëherë nuk do të ishte e vështirë të besonit në Perëndinë Krijues.

Megjithatë, sot shumë prej jush jeni influencuar nga evolucionizmi që në vitet e adoleshencës, dhe keni marrë shumë "njohuri" që nuk janë të gjitha detyrimisht të vërteta. Përveç kësaj, ju mund të shoqëroheni me njerëz që nuk besojnë në Perëndinë ose kanë dyshime për Perëndinë.

Pasi jeton në një ambient të tillë, dhe më pas shkon në kishë dhe dëgjon fjalën e Perëndisë, shpesh jeni në dyshim dhe keni kundërshtime brenda vetes dhe nuk mund të besoni në Perëndinë Krijuesin sepse njohuritë e mëparshme janë në kundërshtim me atë që mësoni dhe dëgjoni në kishë.

Përderisa nuk i largoni nga vetja mendimet dhe njohuritë që keni mësuar në botë, edhe nëse vini në kishë rregullisht, nuk mund të keni besim frymëror – besim që rrjedh nga Perëndia – i cili qëndron larg çdo dyshimi.

Pa besimin frymëror nuk mund të besoni se ka mbretëri të qiejve ose ferr. Botën që shihni do ta konsideroni si të vetmen botë, dhe do të jetoni sipas dëshirave tuaja.

Sa herë keni parë që teori të ndryshme që njiheshin dhe pranoheshin botërisht, më pas janë kundërshtuar ose zëvendësuar me teori të reja? Edhe nëse nuk ju ka rastisur, është e vërtetë që teoritë dhe supozimet konvencionale janë rishikuar ose plotësuar vazhdimisht për shkak të daljes në dritë të fakteve të reja.

Me kalimin e kohës dhe përparimin e shkencës, njerëzit arrijnë të japin shpjegime dhe teori më të mira megjithëse mund të mos jenë të përkryera. Me këtë nuk dua të them se të gjitha kërkimet që kanë bërë shumë shkencëtarë janë të gabuara.

Ekzistojnë ende shumë gjëra mbi tokë të cilat nuk mund të shpjegohen me kapacitetin njerëzor dhe ky është një fakt i cili duhet pranuar.

Për shembull, kur flasim për universin, asnjë prej nesh nuk ka qenë në anën tjetër të universit, dhe asnjë nuk është kthyer prapa në kohërat antike. Megjithatë, njerëzit mundohen ta shpjegojnë universin duke nxjerrë një varg hipotezash dhe teorish.

Përpara se njeriu të shkonte në Hënë, ne mendonim, "Në Hënë duhet të ketë organizma të gjallë," ose "Diku në këtë sistem diellor larg Tokës duhet të ketë jetë." Megjithatë, pas udhëtimit të njeriut në Hënë, ne përfunduam që, "Në Hënë nuk ka jetë." Sot, shkencëtarët thonë, "Ekziston mundësia që të ketë organizma të gjallë në Mars" ose "Ekzistojnë gjurmë uji në Planetin e Kuq."

Edhe nëse keni bërë hulumtime për një kohë të gjatë dhe keni shtuar njohuritë që keni, por nuk e njihni vullnetin, provaninë dhe fuqinë e Perëndisë Krijuesit, në fund të fundit do të keni po atë kufizim që ka kapaciteti njerëzor.

Prandaj, Romakëve 1:20 thotë, *"Në fakt cilësitë e Tij të padukshme, fuqia e Tij e përjetshme dhe hyjnia e Tij, duke qenë të dukshme nëpërmjet veprave të Tij që nga krijimi i botës, shihen qartë, me qëllim që ata të jenë të pafalshëm."*

Kushdo që hap zemrën dhe mendon, mund të ndjejë fuqinë e Perëndisë dhe natyrën e Tij hyjnore nëpërmjet krijimeve të tilla si dielli, hëna dhe yjet – objekte me anë të të cilave Perëndia ju lejon të njihni ekzistencën e Tij dhe të besoni në Të.

Unë jam AI QË JAM

Kur dëgjojnë të flitet për Perëndinë Krijuesin, shumë njerëz mund të pyesin, "Si ka ekzistuar Ai në fillim?" "Nga ka ardhur Ai?" ose "Me çfarë pamje ka ekzistuar Ai?"

Njohuria dhe mendimi i njeriut nuk mund kalojnë një limit të caktuar, gjë që tregon se për çdo qenie ka një fillim dhe një fund. Prandaj, ne kërkojmë përgjigje për pyetje të tilla. Megjithatë, Perëndia ekziston përtej perceptimit njerëzor, prandaj Ai është Ai që "Ishte," "Është," dhe "Do Të Jetë."

Eksodi 3 tregon një ngjarje në të cilën Perëndia e urdhëron Moisiun t'i drejtojë Izraelitët në Tokën e Kananit. Moisiu nga ana e tij e pyet Perëndinë se si t'u përgjigjet Izraelitëve nëse e pyesin për emrin e Perëndisë.

Në atë moment, Perëndia i tha Moisiut, *"UNË JAM AI QË JAM,"* dhe e urdhëroi Moisiun t'u thotë Izraelitëve, *"UNË JAM më ka dërguar"* (Eksodi 3:14).

"UNË JAM" është fraza që Perëndia përdori për t'iu referuar Vetes personalisht, dhe do të thotë që Atë askush nuk e lindi apo e krijoi, por se Ai është qenia e përkryer, vetë Krijuesi.

Në fillim Perëndia ishte dritë me zë

Te Gjoni 1:1 lexojmë, *"Në fillim ishte Fjala, dhe Fjala ishte me Perëndinë, dhe Fjala ishte Perëndi."* Në këtë mënyrë, Perëndia, i cili ishte Fjala, në fillim ishte një qenie që kishte qenë në ekzistencë vetëm në mënyrë të përkryer pa qenë i krijuar. Si dhe ku ekzistonte Ai?

Perëndia është Frymë, prandaj Ai ka qenë në formën e Fjalës në dimensionin e katërt, në botën frymërore, jo në dimensionin e tretë që është i dukshëm. Perëndia nuk ekzistonte në formë, por si një dritë e thellë dhe e bukur me zë të pastër dhe të qartë, dhe sundonte në mbarë universin.

Kështu, 1 Gjonit 1:5 thotë, *"Dhe ky është mesazhi që dëgjuam nga Ai dhe po jua shpallim juve: Perëndia është dritë dhe në Të nuk ka kurrfarë errësire."* Ky varg ka një kuptim frymëror dhe shpreh karakteristikën e Perëndisë i cili në fillim ishte drita.

Në fillim, Perëndia ekzistonte si dritë me zë. Zëri i Tij ishte i pastër, i ëmbël dhe i butë, dhe kumbon në gjithë universin. Këtë mund ta kuptojnë ata që e kanë dëgjuar zërin e Perëndisë personalisht.

Perëndia ekzistonte i vetëm para fillimit të kohës

Perëndia Krijuesi ka ekzistuar përpara fillimit të kohës, ka planifikuar të rrisë fëmijët e Tij frymëror dhe në këtë mënyrë veproi. Prandaj, nëse arrini të kuptoni plotësisht Perëndinë UNË JAM, ju duhet të hidhni poshtë të gjitha mënyrat tuaja të të menduarit, të gjitha teoritë dhe stereotipet dhe duhet të pranoni veprën e krijimit nga Perëndia.

Ndryshe nga gjërat që krijoi Perëndia, gjërat që krijon njeriu kanë kufizimet dhe defektet e tyre. Me zhvillimin e vazhdueshëm të njohurive dhe civilizimit të qenieve njerëzore, prodhohen produkte gjithnjë e më të mira, por megjithatë ato kanë shumë mangësi.

Disa krijojnë idhuj prej ari, argjendi, bronzi dhe metalesh të tjera dhe i quajnë perëndi përpara të cilëve gjunjëzohen dhe luten për bekime. Por ato janë thjesht shëmbëlltyra druri, metali e guri që nuk marrin frymë, nuk flasin dhe as nuk janë në gjendje të hapin e të mbyllin sytë (Habakuku 2:18-19).

Megjithëse thonë se janë të zgjuar, njerëzit në fakt nuk janë në gjendje të dallojnë të vërtetën nga e pavërteta, por krijojnë shëmbëlltyra dhe i quajnë perënditë të cilat i adhurojnë (Romakëve 1:22-25). Çfarë budallallëku i turpshëm që është ky!

Prandaj, nëse njerëzit kanë adhuruar dhe u kanë shërbyer perëndive të kota për shkak se nuk njihnin Perëndinë, ata duhet të pendohen për këtë, duke adhuruar Perëndinë UNË JAM, dhe të sillen si fëmijët e Tij.

Perëndia është i gjithëdijshëm dhe i gjithëpushtetshëm

Perëndia Krijuesi që krijoi gjithë universin është një qenie e përkryer që ka ekzistuar përpara fillimit të kohës dhe është i gjithëdijshëm e i gjithëpushtetshëm. Bibla përmban mrekulli të shumta të cilat nuk mund të kryhen me fuqinë dhe njohurinë njerëzore.

Këto vepra të fuqishme të Perëndisë së gjithëdijshëm dhe gjithëpushtetshëm i cili është i njëjti dje dhe sot, u kryen gjatë kohës së Dhiatës së Re dhe Dhiatës së Vjetër, nëpërmjet njerëzve të Perëndisë që posedonin fuqinë e Tij.

Kjo ndodhi sepse siç thotë Jezusi te Gjoni 4:48, *"Po të mos shikoni shenja dhe mrekulli, ju nuk besoni,"* njerëzit nuk besojnë përderisa nuk shohin veprat e Perëndisë së Plotfuqishëm.

Perëndia shfaq mrekulli dhe shenja të mahnitshme

Eksodi përshkruan në hollësi se si Perëndia i gjithëdijshëm dhe i gjithëpushtetshëm bëri mrekulli dhe shenja të mëdha nëpërmjet Moisiut kur nxori Izraelitët nga Egjipti dhe i drejtoi drejt tokës së Kananit.

Për shembull, kur Perëndia dërgoi Moisiun te Faraoni, mbreti i Egjiptit, Ai solli Dhjetë Fatkeqësi mbi të dhe mbi popullin e tij, bëri që Izraelitët të ecnin në tokë të thatë duke e hapur në mes Detin e Kuq dhe më pas bëri që ushtria e tmerruar egjiptiane të mbytej nga valët e detit.

Edhe pas Eksodit, kur Moisiu goditi shkëmbin me shkopin e tij, prej tij doli ujë, uji i hidhur u kthye në ujë të ëmbël dhe nga qielli ra mana që miliona njerëz të jetonin pa u shqetësuar për ushqim.

Më pas në Dhiatën e Vjetër, gjejmë që Perëndia i dha fuqi Elijas të profetizonte thatësirë për tre vjet e gjysmë, që të binte shi kur ai të lutej dhe të ringjallte të vdekur.

Në Dhiatën e Re, shohim Jezusin, Birin e Perëndisë, që ngriti nga varri Llazarin që kishte vdekur prej katër ditësh, që hapi sytë e të verbërve dhe shëroi shumë njerëz me sëmundje të ndryshme, të gjymtuar e të pushtuar nga frymëra të këqija. Ai eci mbi ujë dhe qetësoi erën dhe dallgët.

Perëndia bëri mrekulli të jashtëzakonshme nëpërmjet duarve të Palit, aq sa sëmundjet e tyre shëroheshin dhe frymët e këqija largoheshin edhe po të vendoseshin mbi trupin e të sëmurëve shamitë që mbante ai (Veprat 19:11-12). Shenja të panumërta e ndoqën Pjetrin, që ishte një nga dishepujt më të mirë të Jezusit. Njerëzit sillnin të sëmurët në rrugë dhe i shtrinin në shtretër e dyshekë që të paktën hija e Pjetrit të binte mbi ta kur kalonte (Veprat 5:15).

Perëndia bëri mrekulli dhe tregoi shenja edhe nëpërmjet Stefanit dhe Filipit në Bibël, dhe vazhdon t'i tregojë ato edhe sot nëpërmjet kishës.

Perëndia është autori i Biblës

Perëndia është Frymë dhe prandaj është i padukshëm, por e ka demonstruar Veten në shumë mënyra. Perëndia në përgjithësi e shfaq veten nëpërmjet natyrës dhe veçanërisht nëpërmjet dëshmive të njerëzve që janë shëruar dhe kanë marrë përgjigje prej Tij. Ai e shfaq Veten edhe në hollësi nëpërmjet Biblës.

Pra, nëpërmjet Biblës, mund të njihni Perëndinë e vërtetë, mund ta takoni Atë dhe të pranoni shpëtimin dhe jetën e përjetshme duke kuptuar veprën e Perëndisë. Ju mund të keni një jetë të suksesshme dhe t'i jepni lavdi Perëndisë duke kuptuar zemrën e Perëndisë dhe duke kuptuar si ta doni Atë dhe të pranoni dashuri prej Tij (2 Timoteu 3:15-17).

Shkrimi i frymëzuar nga Perëndia

2 Pjetri 1:21 thotë, *"Sepse asnjë profeci nuk ka ardhur nga vullneti i njeriut, por njerëzit e shenjtë të Perëndisë kanë folur, të shtyrë nga Fryma e Shenjtë,"* poashtu 2 Timoteu 3:16 thotë, *"I gjithë Shkrimi është i frymëzuar nga Perëndia."* Kjo do të thotë se Bibla, nga Zanafilla deri te Zbulesa, është fjala e Perëndisë që është shkruar vetëm me vullnetin e Perëndisë.

Prandaj, ka shumë fraza të tilla si "Perëndia thotë," "ZOTI thotë," dhe "ZOTI Perëndi thotë." Këto konfirmojnë që Bibla nuk është fjala e njeriut por e Perëndisë.

Bibla ka gjashtëdhjetë e gjashtë libra prej të cilëve tridhjetë e nëntë janë të Dhjatës së Vjetër dhe njëzet e shtatë libra të Dhjatës së Re. Numri i shkrimtarëve llogaritet të jetë 34. Periudha kur është shkruar Bibla fillon nga viti 1500 para Krishtit deri në vitin 100 pas Krishtit për rreth 1,600 vjet. Ç'është më e mrekullueshme është se edhe pse është shkruar nga shumë autorë të ndryshëm, Bibla në tërësinë e saj ka koherencë dhe lidhje logjike të plotë nga fillimi deri në fund dhe çdo varg përputhet me vargjet e tjera.

Kështu, Isaia 34:16 shkruan, *"Kërkoni në librin e Zotit dhe lexoni: asnjë prej tyre nuk do të mungojë, askujt nuk do t'i mungojë shoku i vet, sepse e ka urdhëruar goja e Tij dhe e ka mbledhur Fryma e Tij."*

Kjo gjë ndodh sepse shkrimtari i vërtetë i Biblës është Perëndia, sepse mbi zemrat e shkruesve sundonte Fryma e Shenjtë dhe Fryma i mblodhi fjalët së bashku. Ajo që duhet të mbajmë në mend është se autorët e Biblës ishin thjesht shkrues që u përdorën nga Perëndia për të shkruar, dhe shkrimtari i vërtetë i Biblës është Perëndia.

Të marrim një shembull. Një nënë e moshuar jeton në fshat. Ajo i dërgon letër djalit të saj më të vogël që studion në një qytet. Nuk di të shkruaj dhe të lexojë, prandaj letrën që do të shkruaj ia thotë djalit të saj më të madh. Kur djali më i vogël në qytet merr letrën, ai e di se ka qenë nëna e tij ajo që i ka dërguar letër, dhe jo vëllai i madh, megjithëse në fakt është shkruar nga i vëllai. E njëjta gjë është edhe me Biblën.

Letra e dashurisë së Perëndisë e mbushur me bekime dhe premtime

Bibla ishte shkruar nga shërbëtorë të Perëndisë të mbushur me Frymën e Shenjtë në mënyrë që të shfaqin Perëndinë. Duhet të besoni faktin që Bibla është fjala e Perëndisë besnik në të cilën Ai shfaq veten e Tij.

Fjala e Perëndisë është frymë dhe jetë (Gjoni 6:63), prandaj kushdo që e dëgjon dhe beson do të pranojë jetë të përjetshme dhe shpirti i tij do të gëzojë jetë të plotë. Kushdo që e beson dhe i bindet fjalës së Perëndisë do të gëzojë një jetë të suksesshme dhe do të jetë njeri i përkryer për Perëndinë duke ngjasuar me Jezu Krishtin.

Perëndia erdhi në tokë në mish dhe iu shfaq njerëzimit, dhe ky ishte Jezusi. Filipi, një dishepull i Jezusit, nuk e dinte këtë dhe kërkoi nga Jezusi që Ai t'i tregonte Perëndinë. Ai nuk arriti të kuptojë që Jezusi ishte vetë Perëndia i bërë mish, për të plotësuar fjalën e urtë, "Pishtari nuk ndriçon kur mbahet i fshehur."

Gjoni 14:8 dhe vargjet pasuese paraqesin bisedën mes Filipit dhe Jezusit:

Filipi i tha: "Zot, na e trego Atin, dhe na mjafton". Jezusi i tha: "Ka kaq kohë që unë jam me ju dhe ti nuk më ke njohur akoma, o Filip? Kush më ka parë Mua, ka parë Atin; Si vallë po thua: 'Na e trego Atin?'. A nuk beson se Unë jam në Atin dhe se Ati është në Mua? Fjalët që po ju them, nuk i them nga vetja. Ati që qëndron në Mua, është Ai që i bën veprat." (Gjoni 14:8-10).

Megjithëse Jezusi i dha prova bindëse që Ai dhe Perëndia janë një duke bërë mrekulli që do të ishin të pamundura pa fuqinë e Perëndisë, Filipi donte që Jezusi t'i tregonte Atin. Jezusi i tha të besonte në mësimet e Tij duke pasur si provë vetë mrekullitë. Perëndia erdhi në këtë botë në mish për të shfaqur Veten e Tij dhe ishte Perëndia që e shkroi Biblën sepse është e pamundshme që njerëzit ta shohin Atë nëpërmjet syve të tyre njerëzorë.

Prandaj, në Bibël ju mund të keni bekimet dhe përgjigjet që Perëndia premton kur nëpërmjet Biblës keni bashkësinë e çmuar me Perëndinë e gjallë, njiheni vullnetin dhe provaninë e Tij dhe zbatoni Fjalën e Tij.

Çdo fjalë e Biblës është e vërtetë

Të dhënat historike ju njohin me njerëz ose ngjarje gjatë një periudhe të caktuar kohe të së kaluarës. Historia është vlerësim i ndryshimit të kohërave dhe ju lejon të njihni në hollësi gjëra specifike, njerëz apo kushte jetese të asaj periudhe.

Historia e njerëzimit ka dëshmuar se Bibla është e vërtetë. Shpesh mund të vëreni që Bibla është historike dhe realiste, sidomos kur i vështroni me kujdes ngjarjet, njerëzit, vendet apo zakonet që janë shkruar në Bibël.

Duke qenë se Dhjata e Vjetër është e bazuar në fakte objektive siç janë për shembull pjesë të rëndësishme, të dhëna mbi çfarë u kanë ndodhur njerëzve, popujve apo grupeve të caktuara që nga koha e Adamit dhe Evës, Izraeli e ka konsideruar Dhjatën e Vjetër si dokumentin e shenjtë historik të kombit dhe trashëgimisë së vet deri në ditët e sotme. Madje janë shumë historianë që e njohin Biblën si burim të besueshëm informacioni.

Historia dëshmon vërtetësinë e Biblës

Para së gjithash, bazuar nga Bibla, do të doja të ndaja me ju historinë e Izraelit dhe të dëshmoj që fjala e Perëndisë në Bibël është e vërtetë.

Adami, paraardhësi i gjithë qenieve njerëzore, mëkatoi kundër Perëndisë, prandaj qeniet njerëzore, pasardhësit e tij, morën rrugën e mëkatit dhe jetuan pa e njohur Perëndinë, Krijuesin e tyre. Në atë moment, Perëndia zgjodhi një komb me qëllim që nëpërmjet tij të shfaqte vullnetin dhe provaninë e Tij.

Në fillim, Perëndia thirri Abrahamin me zemër të mirë, e pastroi, dhe më pas e vendosi atë si atin e besimit. Abrahami ishte ati i Isakut, ndërsa Isaku ishte ati i Jakobit. Më pas Perëndia e quajti Jakobin "Izrael" dhe nga dymbëdhjetë djemtë e tij krijoi dymbëdhjetë fise.

Kur Jakobi ishte ende gjallë, Perëndia e dërgoi në Egjipt dhe i dha mundësinë të krijonte një komb duke shumuar pasardhësit e tij dhe në fund i drejtoi ata në tokën e Kananit.

Gjatë qëndrimit në shkretëtirë, Perëndia i dha Ligjin Moisiut, i mësoi izraelitët të jetonin sipas Fjalës së Tij dhe i drejtoi vetëm me Fjalën e Tij.

Pasi u vendosën në tokën e Kananit, ata kishin mbarësi vetëm kur i bindeshin Ligjit. Por kur Izraeli u shërbente idhujve dhe vepronte me ligësi, fuqia e tij si komb binte dhe vuante pushtimet e kombeve të huaja. Izraelitët burgoseshin ose skllavëroheshin. Kur ata pendoheshin, kombi i tyre ripërtërihej. Ky cikël përsëritej vazhdimisht.

Pra, nëpërmjet historisë së Izraelit Perëndia u tregon të gjitha qenieve njerëzore se Perëndia është i gjallë dhe sundon mbi çdo gjë me anë të Fjalës së Tij.

Mund të shihni gjithashtu se profecitë në Bibël janë plotësuar dhe janë duke u plotësuar. Për shembull, te Luka 19:43-44, Jezusi i referohet rënies së Jerusalemit duke thënë:

Sepse përmbi ty do të vijnë ditë kur armiqtë e tu do të qarkojnë me ledh, do të të rrethojnë dhe do të të zënë nga të gjitha anët. Dhe do të të rrëzojnë përtokë ty dhe bijtë e tu në ty; dhe s'do të lënë në ty gur mbi gur, sepse ti nuk e ke njohur kohën kur je vizituar.

Në këto vargje, Jezusi tregoi mënyrën se si do të shkatërrohej Jerusalemi për shkak të ligësisë në rritje. Profecia u përmbush në vitin 70 pas Krishtit, kur Gjenerali i Perandorisë Romake Titus i urdhëroi njerëzit e tij të ndërmerrnin një sulm kundër Jerusalemit ta rrethonin, dhe brenda mureve të vrisnin shumë njerëz. Kjo ndodhi vetëm 40 vjet pas profecisë së Jezusit.

Te Mateu 24:32, Jezusi tha, *"Tani mësoni nga fiku këtë shëmbëlltyrë: kur tashmë degët e tij njomësohen dhe nxjerrin gjethet, ta dini se vera është afër."* Pema e fikut simbolizon kombin e Izraelit, dhe kjo shëmbëlltyrë na mëson se Izraeli do të jetë i pavarur kur të afrohet Ardhja e Dytë e Jezusit. Në fakt, historia dëshmon se kjo fjalë e Perëndisë u vërtetua kur Izraeli i cili kishte rënë në vitin 70 pas Krishtit u rimëkëmb si shtet me 14 Maj 1948 – 1900 vite pas shkatërrimit të tij.

Profecia e Dhjatës së Vjetër dhe plotësimi i saj në Dhjatën e Re

Unë dëshmoj që fjala e Perëndisë në Bibël është e vërtetë duke studiuar mënyrën si janë plotësuar profecitë e Dhjatës së Vjetër gjatë kohës së Dhjatës së Re.

Ligji i Dhjatës së Vjetër nuk ishte mënyra e përkryer për të "krijuar fëmijë të vërtetë të Perëndisë." Ai ishte një hije që paraqiste Perëndinë. Për këtë arsye Perëndia nëpërmjet Dhjatës së Vjetër kishte premtuar ardhjen e Mesisë. Kur erdhi koha, Ai dërgoi Jezu Krishtin në botë për të mbajtur premtimin e Tij.

Është fakt që Jezusi erdhi në tokë rreth 2,000 vite më parë. Historia perëndimore është e ndarë sipas lindjes së Jezusit, Para Krishtit dhe Pas Krishtit. "B.C." do të thotë Before Christ, pra historia përpara kohës së Jezusit, ndërsa "A.D." do të thotë Anno Domini pra "në vitet e Zotit tonë." Vetë historia e vërteton lindjen e Jezusit.

Le të shohim në fillim në librin e Zanafillës 3:15:

Dhe unë do të shtie armiqësi midis teje dhe gruas, midis farës sate dhe farës së saj; fara e saj do të shtypë kokën tënde, dhe ti do të plagosësh thembrën e farës së saj.

Vargu profetizon që Shpëtimtari ynë, si fara e gruas, do të vinte dhe do të shkatërronte pushtetin e vdekjes. "Gruaja" në këtë pasazh është Izraeli. Në fakt, Jezusi erdhi në tokë si biri i Jozefit i cili i përkiste fisit të Judës në Izrael (Luka 1:26-32).

Isaia 7:14 thotë, *"Prandaj vetë Zoti do t'ju japë një shenjë: Ja, e virgjëra do të mbetet me barrë dhe do të lindë një fëmijë të cilin do ta quajë Emanuel."*

Kjo do të thotë që Biri i Perëndisë do të dërgohet që të shlyej mëkatet e njerëzimit duke u ngjizur nga Fryma e Shenjtë. Dhe në të vërtetë, Jezusi lindi nga Virgjëresha Mari me anë të Frymës së Shenjtë (Mateu 1:18-25).

U profetizua për Jezusin që do të lindte në rajonin e Betlehemit, siç thotë te Mikea 5:2:

> *Por ti, o Betlem Efratah, megjithëse je i vogël midis mijërave të Judës, nga ti do të dalë për mua ai që do të jetë sundues në Izrael, origjinat e të cilit janë nga kohërat e lashta, nga ditët e përjetësisë.*

Në përmbushje të Fjalës, Jezusi lindi në Betlehem, në Jude, gjatë kohës së sundimit të mbretit Herod. Madje edhe vetë historia e konfirmon këtë.

Masakrimi i shumë foshnjave të pafajshme nga mbreti Herod në kohën e lindjes së Jezusit (Jeremia 31:15; Mateu 2:16), hyrja e Jezusit në Jerusalem (Zakaria 9:9; Mateu 21:1-11), dhe ngritja e Jezusit në qiell (Psalmi 16:10; Veprat 1:9), të gjitha këto u profetizuan dhe u përmbushën me përpikëri.

U profetizua dhe u përmbush gjithashtu tradhtia e Judë

Iskariotit, i cili e ndoqi Jezusin për 3 vjet (Psalm 41:9) dhe e tradhtoi Jezusin për tridhjetë monedha argjendi (Zakaria 11:12).

Prandaj, për shkak të këtyre arsyeve, mund të besoni se Bibla është e vërtetë dhe është në të vërtetë fjala e Perëndisë, veçanërisht kur shihni që të gjitha profecitë në Dhjatën e Vjetër u plotësuan me saktësi.

Profecitë në Bibël që do të përmbushen

Perëndia e bëri Jezu Krishtin Shpëtimtarin tonë duke i plotësuar të gjitha profecitë e Dhjatës së Vjetër gjatë kohës së Dhjatës së Re. Çdo profeci për Jezusin, për historinë e Izraelit dhe historinë e njerëzimit u përmbush pa asnjë gabim. Po të vëzhgojmë historinë e botës do të zbulojmë se të gjitha fjalët e profecive në Bibël janë realizuar dhe do të realizohen.

Profetët si në kohërat e Dhjatës së Vjetër ashtu edhe në kohërat e Dhjatës së Re, profetizuan ngritjen dhe rënien e fuqive botërore, shkatërrimin dhe rindërtimin e Jerusalemit, veprat e ardhshme të personave të rëndësishëm. Shumë profeci në Bibël janë përmbushur dhe janë duke u përmbushur, dhe njerëzit gjithashtu do të shohin Ardhjen e Dytë të Jezusit, ngritjen në qiell të besimtarëve, Mbretërinë e Mijëvjeçarit, dhe Gjykimin e Fronit të Madh të Bardhë. Zoti ynë është duke përgatitur tani një vend për ne ashtu siç ka premtuar (Gjoni 14:2), dhe Ai shpejt do të ju marrë në një vend të përjetshëm.

Bota jonë aktualisht vuan uri, tërmete, mot të çmendur dhe aksidente kolosale. Këto nuk duhet t'i konsideroni si rastësi, por duhet të kuptoni që Ardhja e Dytë e Jezusit është duke u afruar (Mateu 24:3-14). Ju duhet arrini shpëtimin e plotë duke ndenjur zgjuar dhe duke e zbukuruar veten si nuse.

Kapitulli 2

PERËNDIA KRIJON NJERIUN DHE KUJDESET PËR TË

- Perëndia krijon qeniet njerëzore
- Pse kujdeset Perëndia për qeniet njerëzore?
- Perëndia ndan grurin nga byku

"Kështu Perëndia krijoi njeriun sipas shëmbëlltyrës së vet, sipas shëmbëlltyrës së Perëndisë; Ai krijoi mashkullin e femrën. Dhe Perëndia i bekoi; dhe Perëndia u tha atyre: Të jeni të frytshëm dhe shumëzohuni, mbushni tokën e nënshtrojeni, e sundoni mbi peshqit e detit, mbi zogjtë e qiellit dhe mbi çdo qenie që lëviz mbi tokë."

Zanafilla 1:27-28

Të paktën një herë në jetë, ju mund të pyesni pyetjet themelore si, 'nga vij, ku po shkoj, cili është qëllim im dhe kuptimi i jetës'. Dhe më pas mundoheni të gjeni përgjigjet. Shumë njerëz provojnë mënyra të ndryshme për t'i zgjidhur këto probleme, por atyre u kalon jeta dhe vdesin pa marrë ndonjë përgjigje të mirëfilltë.

Dijetarë të njohur botërorë si Konfuci, Buda apo Sokrati u munduan t'u jepnin përgjigje këtyre pyetjeve themelore. Konfuci u përqendrua te morali, dhe theksoi se virtyti i përkryer konsiderohej si ideali etik, dhe solli shumë disiplinë. Buda e lejoi veten e tij të vuante për një kohë të gjatë për t'u lirohej nga ekzistenca e botës. Sokrati ndoqi të vërtetën sipas mënyrës së tij dhe kërkoi njohurinë e vërtetë.

Por asnjë prej tyre nuk mundi të gjente një zgjidhje të përhershme e të qëndrueshme, të arrinte të vërtetën e plotë, ose të gjenin jetën e përjetshme. Dhe kjo ndodhi sepse e vërteta e fshehur përpara krijimit të botës ishte diçka frymërore, pra e padukshme dhe e paprekshme. Ju nuk do të gjeni dot përgjigje të qarta për jetën deri në momentin kur të kuptoni provaninë e Perëndisë Krijuesit për kujdesin ndaj njerëzve.

Perëndia krijon qeniet njerëzore

Trupi i njeriut është një formacion i pafund e misterioz organesh, qelizash e indesh të pamatshme. Perëndia që e krijoi njeriun në këtë mënyrë dëshiron të ketë fëmijë të vërtetë me të cilët të mund të ndajë dashurinë e Tij përjetë. Prandaj, Perëndia e krijoi njeriun në shëmbëlltyrën dhe ngjashmërinë e Tij dhe kujdeset prandaj e ka përgatitur parajsën për të.

Atëherë, si i krijoi Perëndia të gjitha gjërat në univers dhe njeriun bashkë me to?

Krijimi gjashtë ditor i Perëndisë

Zanafilla 1 përshkruan mirë procesin gjatë të cilit Perëndia krijoi qiejt dhe tokën brenda gjashtë ditëve. Perëndia tha, *"U bëftë drita,"* dhe drita u bë (Zanafilla 1:3). Më pas Ai tha, *"Ujërat që janë nën qiellin të grumbullohen në një vend të vetëm dhe të shfaqet tera"* dhe e dimë që ashtu u bë (Zanafilla 1:9). Kështu me radhë.

Siç thuhet te Hebrenjve 11:3, *"Me anë të besimit ne kuptojmë se bota është ndërtuar me fjalën e Perëndisë, sa që ato që shihen nuk u bënë prej gjërave që shihen,"* Perëndia e krijoi të gjithë universin me anë të Fjalës së Tij.

Ditën e parë, Perëndia krijoi dritën, ditën e dytë krijoi hapësirën e qiellit. Ditën e tretë, kur Perëndia tha, *"Ujërat që janë nën qiellin të grumbullohen në një vend të vetëm dhe të shfaqet tera"* (Zanafilla 1:9) ashtu u bë dhe Perëndia e quajti terën tokë dhe ujërat i quajti dete. Më pas Perëndia tha, *"Të mbijë toka gjelbërimin, barërat të nxjerrin farë dhe drurët frutore të japin në tokë një frutë që të përmbajë farën e tij, secili sipas llojit të tij,"* (Zanafilla 1:11) toka çeli gjelbërimin, bimët nxorën fara sipas llojit të tyre, dhe pemët nxorën frute me fara në to, sipas llojit të tyre. Ditën e katërt, Ai krijoi diellin, hënën dhe yjet në hapësirën e qiellit, dhe lejoi që dielli të sundonte ditën dhe hëna natën. Ditën e pestë, Ai krijoi gjallesat e detit dhe çdo gjë të gjallë që lëviz në ujë e çdo shpend me krahë sipas llojit të vet. Ditën e gjashtë, Ai krijoi kafshët, krijesat që zvarriten në tokë dhe kafshët e egra, secilën sipas llojit të vet.

Njeriu i krijuar në shëmbëlltyrën e Perëndisë

Perëndia Krijuesi brenda gjashtë ditëve kishte përgatitur ambientin në të cilin njeriu mund të jetonte, dhe më pas krijoi njeriun në shëmbëlltyrën e Tij. Ai e bekoi njeriun si zot të të gjitha krijesave, dhe i tha atij t'i nënshtronte dhe të sundonte mbi to.

Kështu Perëndia krijoi njeriun sipas shëmbëlltyrës së vet, sipas shëmbëlltyrës së Perëndisë; Ai krijoi mashkullin e femrën. Dhe Perëndia i bekoi; dhe Perëndia u tha atyre: "Të jeni të frytshëm dhe shumëzohuni, mbushni tokën e nënshtrojeni, e sundoni mbi peshqit e detit, mbi zogjtë e qiellit dhe mbi çdo qenie që lëviz mbi tokë." (Zanafilla 1:27-28).

Atëherë, si e krijoi Perëndia njeriun?

Atëherë Zoti Perëndi formoi njeriun nga pluhuri i tokës, i fryu në vrimat e hundës një frymë jete, dhe njeriu u bë një qenie e gjallë. (Zanafilla 2:7).

Në këtë varg, pluhuri i referohet baltës. Një poçar mjeshtër, duke përdorur baltë cilësore, krijon porcelanin e bardhë që ka vlerë të madhe. Nga ana tjetër, poçarë të tjerë prodhojnë artikuj të thjeshtë qeramike ose tjegulla apo tulla.

Vlera e copës së enës prej balte kryesisht varet nga kush është prodhuar, sa mjeshtërore ka qenë puna, çfarë balte është përdorur dhe se çfarë lloj qeramike është. Sa bukur që Perëndia Krijuesi i Plotfuqishëm e ka krijuar njeriun në shëmbëlltyrën e Tij!

Pasi krijoi njeriun në shëmbëlltyrën e Tij nga pluhuri, Perëndia i fryu në vrimat e hundës frymën e jetës, që do të thotë, energjinë e jetës. Atëherë njeriu u bë frymë e gjallë. Fryma e jetës është forcë, fuqi, energji dhe frymë e Perëndisë.

Perëndia fryn frymën e jetës brenda njeriut

Nëse mendoni për procesin e ndriçimit të një llambe neoni, mund të kuptoni më lehtë procesin si është krijuar njeriu si një frymë e gjallë. Nëse dëshironi ta bëni një llambë neoni që të ndriçojë, në fillim duhet të përgatitet me saktësi një llambë e tillë dhe më pas të vendoset në prizë. Megjithatë, ajo nuk mund të ndriçojë përderisa rryma të kalojë nëpër të kur të filloni energjinë elektrike.

Në të njëjtën mënyrë funksionon edhe televizori në shtëpitë tuaja. Nuk mund të shohësh asgjë në ekran pa e ndezur televizorin, por sapo ta ndezësh mund të shohësh dhe mund të dëgjosh një shumëllojshmëri figurash e zërash. Imazhet në televizor mund t'i bëni të dukshme thjesht duke ndezur televizorin. Por prapa televizorit, pjesët e tij janë vendosur në një mënyrë shumë të komplikuar.

Në të njëjtën mënyrë, Perëndia krijoi jo vetëm formën e njeriut, por edhe organet e brendshme dhe kockat brenda tij, nga pluhuri i tokës. Ai krijoi enët e gjakut dhe sistemin nervor që të kryen me përkryeshëm funksionin e tij.

Fuqia e Perëndisë mund ta kthejë pluhurin në lëkurë të butë nëse dëshiron dhe kurdo që dëshiron. Njësoj si të ndezësh rrymën elektrike, Ai fryu frymën e jetës brenda njeriut. Më pas gjaku brenda tij filloi të qarkullojë menjëherë, dhe njeriu mundi të marrë frymë dhe të lëvizë.

Duke qenë se Perëndia krijoi njësi memorie në qelizat e trurit të njerëzve, ato që njerëzit dëgjojnë dhe ndjejnë i marrin dhe i memorizojnë në qelizat e tyre të trurit. Ajo që hyn dhe memorizohet bëhet njohuri, dhe njohuria riprodhohet në formën e mendimeve. Kur kjo njohuri e ruajtur përdoret në jetë, ajo quhet urtësi.

Qeniet njerëzore, megjithëse janë thjeshtë krijesa, e kanë shtuar urtësinë dhe njohurinë e tyre, dhe kanë zhvilluar një civilizim të ndërlikuar shkencor. Sot ata eksplorojnë universin, krijojnë kompjuterë dhe brenda tyre fusin informacion të shumëllojshëm. Njerëzit i përdorin këta kompjutera për të përfituar në mënyrë të jashtëzakonshme prej tyre ashtu siç i krijoi Perëndia njësitë e memories brenda qelizave të trurit. Njerëzit kanë arritur aq larg sa i kanë bërë kompjuterët të dallojnë shkronjat ose zërin e njeriut dhe të komunikojnë me të tjerët. Me kalimin e kohës do të bëhen gjithnjë e më të zhvilluar.

Sa më lehtë duhet të ketë qenë për Perëndinë e Plotfuqishëm Krijuesin të krijonte njeriun nga pluhuri i tokës dhe t'i frynte frymën e jetës brenda tij duke e bërë një qenie të gjallë! Është shumë e lehtë për Perëndinë të krijojë diçka nga asgjëja, por kaq e mrekullueshme dhe e paarritshme për njeriun (Psalmi 139:13-14).

Pse kujdeset Perëndia për qeniet njerëzore?

Jezusi na mëson provaninë e Perëndisë nëpërmjet shumë shëmbëlltyrave. Për shkak se sfera frymërore nuk mund të kuptohet me njohurinë njerëzore, Ai përdori gjëra tokësore në shëmbëlltyra në mënyrë që njerëzit ta kuptonin.

Shumë prej këtyre shëmbëlltyrave kanë të bëjnë me të mbjellat. Për shembull, shëmbëlltyra e mbjellësit (Mateu 13:3-23; Marku 4:3-20; Luka 8:4-15), shëmbëlltyra e farës së sinapit (Mateu 13:31-32; Marku 4:30-32; Luka 13:18-19), shëmbëlltyra e barërave të këqija në fushë (Mateu 13:24-30, 36-43), shëmbëlltyra e vreshtit (Mateu 20:1-16), dhe shëmbëlltyra e shërbëtorëve (Mateu 21:33-41; Marku 12:1-9; Luka 20:9-16).

Këto shëmbëlltyra na tregojnë se, ashtu si bujqit pastrojnë tokën, mbjellin fara, kujdesen për to, dhe korrin prodhimin, ashtu edhe Perëndia krijon dhe kujdeset për qeniet njerëzore mbi tokë dhe do të ndajë në fund grurin nga byku.

Perëndia dëshiron të ndajë dashuri të vërtetë me fëmijët e Tij

Perëndia nuk ka vetëm hyjninë, por edhe njerëzinë. Hyjnia është fuqia e vetë Perëndisë Krijuesit të gjithëdijshëm e gjithëpushtetshëm, njerëzia është mendja e njeriut. Prandaj, Perëndia krijoi dhe mbretëron në gjithë universin, historinë dhe jetën njerëzore. Ai gjithashtu ndjen gëzim, zemërim, keqardhje dhe kënaqësi, dhe dëshiron ta ndajë dashurinë e Tij me fëmijët e Tij.

Bibla na tregon shpesh që Perëndia ka personalitet si qeniet njerëzore; Perëndia gëzohet dhe i bekon njerëzit kur ata, të krijuar në shëmbëlltyrën e Perëndisë, veprojnë drejt, por Ai vajton dhe zemërohet kur ata bëjnë mëkate. Dëshira e Perëndisë për të komunikuar me fëmijët e Tij dhe për t'u dhënë atyre gjëra të mira shprehet shpesh në fjalën e Perëndisë.

Nëse Perëndia do të kishte vetëm karakteristika hyjnore, Ai nuk do të kishte pushuar pas krijimit gjashtëditor të universit, dhe nuk do të dëshironte të kishte bashkësi me ne, duke thënë, *"Lutuni pa pushim"* (1 Thesalonikasve 5:17), dhe *"Më thërrisni dhe Unë do t'ju përgjigjem, dhe do t'ju tregoj gjëra të mëdha e të fuqishme që ju nuk i dini"* (Jeremia 33:3).

Ndonjëherë mund të dëshironi të qëndroni vetëm, por mund të jeni më të gëzuar në rastet kur jeni me një mik/e të cilët mund të ndajnë dashurinë e tyre me ju. Po ashtu edhe Perëndia e krijoi njeriun në shëmbëlltyrën e Tij sepse Ai dëshiron ta shkëmbejë dashurinë me dikë. Ai kujdeset për frymët e njerëzve mbi këtë tokë sepse Ai kërkon fëmijë të vërtetë që mund të kuptojnë zemrën e Tij dhe ta duan me gjithë zemër.

Perëndia dëshiron fëmijë të cilët i binden me vullnet të lirë

Disa mund të pyesin veten pse i krijoi Perëndia njerëzit dhe i rrit ata megjithëse ka shumë engjëj të bindur në parajsë. Shumica e engjëjve nuk kanë karakteristika njerëzore të cilat janë shumë të nevojshme për të ndarë dashuri. Me fjalë të tjera, ata nuk kanë vullnet të lirë për të zgjedhur vetë. Ata u binden urdhrave si robotët, por nuk mund të ndjejnë gëzim, zemërim ose kënaqësi si qeniet njerëzore. Për këtë arsye, ata nuk mund ta ndajnë dashurinë me Perëndinë nga thellësia e zemrës.

Për shembull, le të supozojmë që keni dy fëmijë. Njëri prej tyre vetëm ndjek urdhrat tuaja pa shprehur emocione, mendime apo dashuri, njësoj si një robot i programuar mirë. Fëmija tjetër ndonjëherë ju lëndon, por shpejt pendohet për veprimet që bën, të përqafon me ëmbëlsi dhe i shpreh ndjenjat e tij në shumë mënyra. Atëherë, cilin prej tyre do të donit më shumë? Sigurisht, të dytin.

Të supozojmë se keni një robot që gatuan, pastron shtëpinë dhe ju shërben. Sidoqoftë, ju nuk e doni robotin më shumë se fëmijët tuaj. Sado që të punojë roboti për ju e sado i dobishëm të jetë, ai kurrë nuk mund të zërë vendin e fëmijëve.

Po ashtu, Perëndia preferon qeniet njerëzore që i binden Atij me vullnetin e tyre të lirë me arsye dhe emocione sesa engjëjt dhe ushtritë e qiejve, që veprojnë si robotë të programuar për t'u bindur. Ai u jep njerëzve vullnetin e lirë dhe Fjalën e Tij. Më pas u mëson çfarë është e mirë dhe çfarë është e keqe dhe cila është rruga e shpëtimit ose e vdekjes. Ai pret me durim deri sa ata të bëhen fëmijët e Tij të vërtetë.

Kujdesi i Perëndisë për njerëzit me dashuri prindërore

Te Zanafilla 6:5-6 shkruan, *"Dhe tani Zoti pa që ligësia e njerëzve ishte e madhe mbi tokë dhe që tërë synimet e mendimeve të zemrës së tyre nuk ishin gjë tjetër veçse e keqja në çdo kohë. Dhe Zoti u pendua që kishte krijuar njeriun mbi tokë dhe u brengos për këtë në zemër të vet."*

A do të thotë kjo që Perëndia nuk e njihte këtë fakt kur e krijoi njeriun? Sigurisht që Ai e dinte, në mënyrë absolute. Perëndia është i gjithëdijshëm dhe i gjithëpushtetshëm prandaj Ai dinte gjithçka përpara fillimit të kohës. Megjithatë, Ai e krijoi njeriun dhe është kujdesur për të.

Ndoshta këtë e kuptoni më lehtë nëse jeni prindër. Sa e vështirë është që të lindësh dhe të rrisësh fëmijë! Kur një grua është shtatzënë, për nëntë muaj ka shumë lloje dhimbjesh e shqetësimesh siç janë për shembull të vjellat. Kur vjen koha për të lindur, nënën e shoqëron një dhimbje shumë e madhe. Për të ushqyer, veshur e mësuar fëmijët, prindërit bëjnë shumë përpjekje dhe punojnë e lodhen shumë natë e ditë. Kur fëmijët kthehen vonë në shtëpi, prindërit shqetësohen. Kur fëmijët sëmuren, prindërit ndjejnë edhe më shumë dhimbje se vetë fëmijët.

Pse i rrisin prindërit fëmijët e tyre pavarësisht gjithë këtyre dhimbjeve e mundimeve? Arsyeja është se prindërit duan dikë me të cilin të ndajnë dashurinë, që të ndjejnë dashurinë e prindërve dhe t'i duan prindërit me gjithë zemër. Për prindërit, edhe këto dhimbje sjellin lumturi. Dhe nëse fëmijët u ngjajnë shumë prindërve të tyre, sa gjë e bukur që është! Sigurisht, jo të gjithë fëmijët u binden prindërve të tyre. Disa fëmijë i duan dhe i respektojnë prindërit e tyre, por disa prej tyre i hidhërojnë ata.

Duke i njohur të gjitha dhimbjet gjatë rritjes së fëmijëve, prindërit nuk i konsiderojnë këto gjëra si dhimbje. Përkundrazi, ata bëjnë përpjekje të jashtëzakonshme, që fëmijët e tyre të rriten mirë dhe të bëhen gëzimi i tyre. Në të njëjtën mënyrë, edhe Perëndia e dinte që qeniet njerëzore do të bëheshin të pabindur, do të prisheshin dhe do t'i shkaktonin hidhërim, por Ai e dinte gjithashtu që do të kishte disa fëmijë që do ta ndanin dashurinë me Të. Prandaj, Perëndia i krijoi qeniet njerëzore dhe i rrit ata me kënaqësi.

Perëndia dëshiron të përlëvdohet nga fëmijët e Tij të vërtetë

Perëndia kujdeset për shpirtrat njerëzorë mbi tokë jo vetëm për të pasur fëmijë të vërtetë, por edhe që të përlëvdohet prej tyre. Perëndia mund të marrë lavdi pafund nga një shumicë engjëjsh dhe ushtrish qiellore. Megjithatë, ajo që Ai dëshiron është të përlëvdohet nga ata që Ai ka rritur, fëmijët e Tij të vërtetë, nga thellësia e zemrave të tyre.

Perëndia thotë te Isaia 43:7 që *"Tërë ata që quhen me emrin Tim, që kam krijuar për lavdinë Time, që kam formuar dhe bërë gjithashtu,"* dhe ju këshillon te 1 Korintasve 10:31, *"Pra, nëse hani, nëse pini, nëse bëni ndonjë gjë tjetër, të gjitha t'i bëni për lavdinë e Perëndisë."*

Perëndia është Krijuesi, Dashuria dhe Drejtësia. Ai dha Birin e Tij të vetëm për të na shpëtuar ne, dhe ka përgatitur qiejt dhe jetën e përjetshme për ne. Ai është më se i denjë për t'u përlëvduar, dhe Ai dëshiron t'ua kthejë lavdinë atyre që i japin lavdi Atij.

Prandaj, ju duhet të bëheni fëmijët e vërtetë të Perëndisë që ndan dashurinë me Të përgjithmonë, duke kuptuar pse Perëndia dëshiron të përlëvdohet nëpërmjet fëmijëve të Tij frymëror.

Perëndia ndan grurin nga byku

Për të korrur drithëra me bollëk, bujqit kujdesen për tokën. Perëndia gjithashtu kujdeset për njerëzit në tokë për të pasur fëmijë të vërtetë që jo vetëm e duan dhe e përlëvdojnë nga thellësia e zemrave, por ndajnë dashurinë me Të në qiell përjetësisht.

Në të korra, ekzistojnë gjithmonë gruri dhe byku, prandaj bujqit ndajnë grurin nga byku, grurin e mbledhin në hambarë kurse bykun e djegin. Në të njëjtën mënyrë, Perëndia do të ndajë grurin nga byku në fund të maturisë së frymëve njerëzore:

> *Ai mban në dorë terploten dhe do ta pastrojë plotësisht lëmin e Tij; grurin e Tij do ta mbledhë në hambar, por bykun do ta djegë me zjarr të pashueshëm. (Mateu 3:12).*

Prandaj, duhet të besoni me vendosmëri që Perëndia kujdeset për njerëzit mbi tokë, dhe në kohën e Tij Ai do ta mbledhë grurin – fëmijët e Tij të vërtetë – në qiell për jetën e përjetshme, por bykun do të djegë në zjarrin e ferrit që nuk shuhet kurrë.

Atëherë, le të zbulojmë më tej se çfarë lloji njerëzish janë grurë dhe byk në sytë e Perëndisë, dhe çfarë vendesh janë parajsa dhe ferri.

Gruri dhe byku

Gruri simbolizon ata që pranojnë Jezu Krishtin, që ecin në të vërtetën dhe ndajnë dashurinë me Perëndinë. Ata janë fëmijë të dritës që rifitojnë shëmbëlltyrën e humbur të Perëndisë dhe bëjnë çdo gjë që Ai urdhëron.

Nga ana tjetër, byku simbolizon ata që nuk pranojnë Jezu Krishtin, ose ata që pretendojnë se besojnë, por nuk jetojnë sipas Fjalës së Perëndisë, duke ndjekur dëshirat e tyre të këqija.

1 Timoteut 2:4 e përshkruan Perëndinë tonë si atë që *"dëshiron që të gjithë njerëzit të shpëtohen dhe të njohin të vërtetën."* Pra, Perëndia dëshiron që të gjithë njerëzit të jenë grurë dhe të hyjnë në mbretërinë e qiellit. Perëndia po përpiqet nëpërmjet shumë mënyrave që ti ta kuptosh këtë dhe të drejtohesh drejt rrugës së shpëtimit. Megjithatë, disa në fund e shkelin vullnetin e Perëndisë dhe provaninë e Tij me vullnetin e tyre të lirë. Këta njerëz, përpara Perëndisë, nuk janë më të mirë se kafshët sepse i kanë humbur vlerat njerëzore.

Bujqit bykun e djegin në zjarr ose e përdorin për pleh sepse nëse e fusin në hambar bashkë me grurin atëherë gruri do të kalbet. Prandaj, Perëndia nuk do ta lërë bykun të hyjë në mbretërinë e qiellit aty ku është gruri. Ndryshe nga kafshët, njeriu ka një frymë të përjetshme sepse kur e krijoi Perëndia i fryu brenda frymën e jetës. Kështu, Perëndia nuk mund ta shkatërrojë bykun, apo ta lërë kot.

Është e pashmangshme që Perëndia do të mbledhë grurin në parajsë dhe do t'u lejojë atyre të gëzojnë lumturinë e përjetshme, kurse bykun do ta djegë në zjarrin e ferrit që nuk shuhet përgjithmonë.

Prandaj, kijeni parasysh këtë fakt që të mos hidheni në zjarrin e ferrit.

Bukuria e parajsës dhe tmerri i ferrit

Nga njëra anë, parajsa është aq e bukur sa nuk mund të krahasohet me asgjë tjetër në këtë botë. Për shembull, lulet në këtë botë shpejt, por lulet në parajsë nuk do të vyshken kurrë dhe as nuk do të bien sepse çdo gjë në parajsë është e përjetshme. Rrugët janë prej ari të kulluar të qartë si qelqi, Lumi i Jetës që shkëlqen si kristal rrjedh përmes tij dhe shtëpitë janë prej lloj-lloj gurësh të çmuar. Çdo gjë të bën të ngelesh pa frymë nga bukuria (ju lutem lexoni *Parajsa I & II*).

Nga ana tjetër, ferri është vendi ku krimbi nuk vdes, dhe zjarri nuk shuhet kurrë. Të gjithë atje do të kriposen me zjarr (Marku 9:48-49). Në ferr është edhe liqeni me squfur që digjet, i cili është shtatë herë më i nxehtë se liqeni i zjarrit (Zbulesa 20:10, 15). Njerëzit e pa-shpëtuar duhet të jetojnë përgjithmonë në liqenin e zjarrit që nuk shuhet ose në liqenin e squfurit që digjet. Sa e tmerrshme dhe e frikshme është të jetosh aty përgjithmonë (ju lutem lexoni *Ferri*)!

Prandaj, Jezusi thotë te Marku 9:43, *"Tani nëse dora jote të skandalizon për mëkat, preje; është më mirë për ty të hysh dorëcung në jetë, sesa të kesh dy duar dhe të shkosh në Gehena, në zjarrin e pashueshëm,"* Pse duhet që Perëndia i dashurisë të krijojë ferrin e tmerrshëm dhe parajsën e mrekullueshme? Nëse njerëzit e ligj do të lejoheshin të hynin në një vend ku do të jetojnë ata që janë të mirë dhe të dashur me Perëndinë, kjo do të shkaktonte dhimbje te njerëzit e mirë dhe parajsa do të mbushej me ligësi. Perëndia e krijoi ferrin sepse ai i do qeniet njerëzore dhe dëshiron që t'u japë fëmijëve të Tij më të mirën.

Gjykimi i Fronit të Madh të Bardhë

Ashtu si bujku që çdo vit mbjell fara dhe mbledh të korra, Perëndia është kujdesur për njerëzimin që kur Adami u përzu nga Kopshti i Edenit dhe do të vazhdojë të veprojë kështu deri kur Jezusi të vijë për herë të dytë.

Perëndia ua tregoi vullnetin e Tij të parëve të besimit si Noas, Abrahamit, Moisiut, Gjon Pagëzorit, Pjetrit dhe apostullit Pal. Sot, Ai rrit vazhdimisht frymë njerëzore nëpërmjet predikuesve dhe punëtorëve të Tij. Megjithatë, ashtu siç vjen detyrimisht një fund pas fillimit, ashtu edhe rritja mbi tokë e frymëve njerëzore nuk do të zgjasë përgjithmonë.

2 Pjetrit 3:8 thotë, *"Por, shumë të dashur, mos harroni këtë gjë: se për Zotin një ditë është si një mijë vjet, dhe një mijë vjet si një ditë."*

Ashtu si Perëndia pushoi në ditën e shtatë pas krijimit gjashtëditor të universit, ardhja e Jezusit dhe Mijëvjeçari i Ri, periudha e Sabatit do të vijë pas gjashtëmijë vjetësh që nga mosbindja e Adamit. Pas kësaj, nëpërmjet Gjykimit të fronit të madh të bardhë, Perëndia do të lejojë grurin të hyjë në parajsë dhe do të hedhë bykun në zjarrin e ferrit.

Prandaj, lutem në emër të Zotit Jezu Krisht që të kuptoni thellësisht provaninë e Perëndisë dhe dashurinë për rritjen e qenieve njerëzore, të bëni një jetë të bekuar, dhe të përlëvdoni Perëndinë me një shpresë së zjarrtë për parajsën.

Kapitulli 3

PEMA E NJOHJES SË MIRËS DHE SË KEQES

- Adami dhe Eva në kopshtin e Edenit
- Adami kreu mosbindje me vullnet të lirë
- Paga e mëkatit është vdekja
- Pse e vendosi Perëndia pemën e njohjes
  së mirës dhe së keqes në kopshtin
  e Edenit?

Zoti Perëndi e mori pra njeriun dhe e futi në kopshtin e Edenit, me qëllim që ta punonte dhe ta ruante. Dhe Zoti Perëndi e urdhëroi njeriun duke i thënë: "Ha bile lirisht nga çdo pemë e kopshtit; por mos ha nga pema e njohjes së të mirës dhe të së keqes, sepse ditën që do të hash prej saj ke për të vdekur me siguri."

Zanafilla 2:15-17

Ata që nuk e njohin dashurinë e madhe të Perëndisë Krijuesit dhe provaninë e Tij të thellë për të rritur fëmijët e Tij të vërtetë, mund të pyesin, "Pse e vendosi Perëndia pemën e njohjes të së mirës dhe të keqes në Kopshtin e Edenit?" "Pse e la ai njeriun e parë të merrte rrugën e shkatërrimit?" Ata mendojnë se nëse Perëndia nuk do ta kishte vendosur pemën aty, njeriu mund të mos kishte vdekur dhe do të jetonte një jetë të lumtur përgjithmonë në Kopshtin e Edenit.

Disa prej tyre thonë gjëra të tilla si, "Perëndia mund të mos e dinte në fillim që Adami do të hante frytin e pemës së njohjes të së mirës dhe të keqes" sepse nuk besojnë në gjithë-diturinë dhe gjithëfuqinë e Perëndisë. Mos e vendosi atëherë Ai pemën në Kopshtin e Edenit pa ditur mosbindjen e ardhshme të Adamit? Apo mos ndoshta e vuri Perëndia pemën atje me qëllim dhe e çoi njeriun në rrugën e vdekjes? Sigurisht që jo!

Atëherë, pse e vendosi Perëndia pemën e njohjes të së mirës dhe të keqes në mes të Kopshtit të Edenit? Pse nuk iu bind Adami urdhrit të Perëndisë dhe ndoqi rrugën e vdekjes?

Adami dhe Eva në kopshtin e Edenit

Perëndia e krijoi njeriun nga pluhuri i tokës dhe i fryu frymën e jetës brenda vrimave të hundës, dhe kështu njeriu u bë qenie e gjallë (Zanafilla 2:7). Qenia e gjallë është qenie frymërore e cila nuk ka asnjë lloj njohurie kur krijohet në fillim. Le të marrim një shembull të lehtë. Një bebe e porsalindur nuk ka njohuri dhe dije. Bebja ka sistemin e kujtesës në tru, por nuk ka parë, nuk ka dëgjuar, as nuk i është mësuar asgjë. Prandaj, bebja mund të veprojë vetëm sipas instinktit.

Po ashtu edhe Adami nuk kishte njohuri apo dije kur u bë qenie e gjallë.

Adami mësoi njohurinë e jetës nga Perëndia

Perëndia mbolli një kopsht në lindje, në Eden dhe aty e vendosi Adamin. Perëndia i dha Adamit njohurinë e jetës dhe të së vërtetës një-në-një, duke ecur me të atje në mënyrë që Adami të kishte nën kontroll dhe të menaxhonte Kopshtin e Edenit.

Zanafilla 2:19 thotë, *"Dhe Zoti Perëndi formoi nga dheu tërë kafshët e fushës dhe tërë zogjtë e qiellit dhe i çoi te njeriu për të parë si do t'i quante; dhe sido që njeriu t'i quante qeniet e gjalla, ai do të ishte emri i tyre."* Adami u pajis me njohuri të mjaftueshme për të mbretëruar mbi të gjitha gjërat.

Gjithashtu, Perëndisë nuk iu duk mirë që Adami të ishte vetëm. Prandaj, Perëndia e vuri atë në gjumë të thellë në mënyrë që t'i krijonte atij një ndihmëse të përshtatshme. Perëndia i mori njeriut një nga brinjët dhe e mbylli vendin me mish ndërkohë që njeriu flinte. Më pas nga brinja krijoi një grua dhe ia solli njeriut. Perëndia bëri që njeriu të bashkohej me gruan dhe ata u bënë një mish (Zanafilla 2:20-22).

Kjo ndodhi jo sepse Adami ndihej i vetmuar, por sepse Perëndia kishte qenë vetëm për një kohë të gjatë përpara fillimit të kohës dhe e dinte çfarë ishte vetmia. Dashuria dhe hiri i madh i Perëndisë bëri që Perëndia të krijonte ndihmësen e Adamit dhe, Ai duke ditur që më parë situatën e Adamit, e bekoi njeriun dhe gruan e tij që të bëheshin të frytshëm, të ishin të begatë dhe të mbushnin tokën.

Jeta e gjatë e Adamit në kopshtin e Edenit

Atëherë, sa jetuan Adami dhe gruaja e tij Eva në Kopshtin e Edenit? Bibla nuk e diskuton këtë në detaj, por duhet të dini që ata jetuan shumë më gjatë se ç'mund të mendojnë shumica e njerëzve.

Bibla na i tregon këto fakte brenda pak vargjeve. Prandaj, shumica e njerëzve mendojnë që Adami hëngri frytin e ndaluar dhe ra në shkatërrim jo shumë kohë pasi që Perëndia e vendosi në Kopshtin e Edenit. Disa prej tyre pyesin, "Bibla thotë se historia e qenieve njerëzore është gjashtë mijë vjeçare, por si shpjegohet që shumë fosile datojnë qindra mijëra vjet më parë?"

Historia e shumimit të njerëzimit në Bibël është rreth 6,000 vjeçare, duke filluar nga koha kur Adami dhe Eva u nxorën nga Kopshti i Edenit. Kjo nuk përfshin periudhën gjatë së cilës ata jetuan në Kopshtin e Edenit. Ndërkohë që kaloi një kohë e gjatë, mbi tokë kishin ndodhur ndryshime gjeologjike dhe gjeografike dhe kishin ndodhur një numër ciklesh riprodhimi dhe zhdukjeje. Siç u diskutua në Kapitullin 1, shumë fosile e mbështesin këtë fakt.

Ashtu siç u bekua Adami dhe gruaja e tij te Zanafilla 1:28, njeriu i parë Adami, përpara se të binte nën mallkim, kishte ecur së bashku me Perëndinë dhe kishte lindur shumë fëmijë për një kohë të gjatë dhe mbushi Kopshtin e Edenit. Si zot i të gjitha gjërave të krijuara, Adami nënshtroi dhe sundoi tokën si dhe Kopshtin e Edenit.

Adami kreu mosbindje me vullnet të lirë

Perëndia u dha Adamit dhe Evës, vullnet të lirë dhe u lejoi të shijojnë bollëkun dhe gëzimin e Kopshtit të Edenit. Megjithatë, Perëndia u ndaloi vetëm një gjë. Ai i urdhëroi ata të mos hanin nga pema e njohjes të së mirës dhe të keqes.

Nëse Adami do ta kishte kuptuar zemrën e thellë të Perëndisë dhe vërtetë do ta donte Atë, ai nuk do të hante frytin e ndaluar sepse ai e dinte urdhrin e Perëndisë. Megjithatë, ai nuk iu bind këtij urdhërimi specifik sepse ai nuk e donte vërtet Perëndinë.

Perëndia vendosi pemën e njohjes të së mirës dhe të keqes në Kopshtin e Edenit dhe vendosi një ligj të rreptë mes Perëndisë dhe njeriut. Ai e lejoi njeriun ta zbatonte urdhërimin sipas vullnetit të tij të lirë, sepse dëshironte të fitonte fëmijë të vërtetë që do të bindeshin nga thellësia e zemrave të tyre.

Adami neglizhoi Fjalën e Perëndisë

Në Bibël, Perëndia shpesh premton bekime për ata që u binden urdhërimeve të Tij dhe e dëgjojnë Fjalën e Tij (Ligji i Përtërirë 15:4-6, 28:1-14). Megjithatë, kush është ai që i bindet të gjitha urdhërimeve të Tij? Bibla vetë e pranon që vetëm pak njerëz në botë mund ta bëjnë këtë.

Perëndia duhet ta ketë mësuar njeriun e parë Adamin që ai do të gëzonte bekime dhe jetë të përjetshme për aq kohë sa do t'i bindej Perëndisë, por do të merrte vdekje të përjetshme nëse nuk do t'i bindej Atij. Perëndia e paralajmëroi Adamin të mos hante nga pema e njohjes të së mirës dhe të keqes.

Megjithatë, Adami dhe Eva nuk iu bindën urdhërimit të Perëndisë dhe hëngrën frytin e ndaluar. Satani që nga fillimi u përpoq të ndalonte planin e Perëndisë për të rritur fëmijë të vërtetë dhe frymëror. Më në fund, Satani arriti t'i tundojë që të hanin frytin nëpërmjet gjarprit që ishte më dinaku nga të gjitha kafshët e egra (Zanafilla 3:1). Adami dhe Eva nuk iu bindën urdhërimit të Perëndisë. Atëherë, si mundi Adami të mos i bindet urdhërimit të Perëndisë megjithëse ishte frymë e gjallë dhe kishte mësuar vetëm të vërtetën nga Perëndia?

Te Zanafilla 2:15, shohim se Perëndia e krijoi Adamin të drejtonte Kopshtin e Edenit dhe të kujdesej për të. Adami mori pushtetin dhe autoritetin nga Perëndia që ta drejtonte dhe ta ruante atë. Perëndia e vuri të ruante në mënyrë që djalli dhe Satani të mos hynin brenda. Por Satani arriti të kontrollonte gjarprin dhe e tundoi Adamin dhe Evën nëpërmjet gjarprit. Si ishte e mundur kjo?

Satani është një frymë e keqe që ka autoritet mbi mbretërinë e ajrit. Ai nuk ka formë. Te Efesianëve 2:2, Satani quhet prijësi i pushtetit të erës, i frymës që tani punon te bijtë e mosbindjes.

Për shkak se Satani është si valët e radios që fluturojnë në ajër, ai mundi ta kontrollonte gjarprin në Kopshtin e Edenit dhe ta tundonte Adamin dhe Evën. Zanafilla 1 tregon një frazë të veçantë të përsëritur. Në fund të çdo dite të krijimit, Bibla përsërit, "Perëndia pa që kjo ishte e mirë." Kjo frazë nuk është përmendur në ditën e dytë kur u krijua hapësira e paanë.

Sërish, te Efesianëve 2:2 flet për një kohë *"në të cilat keni ecur dikur, sipas ecjes së kësaj bote, sipas prijësit të pushtetit të erës, sipas frymës që vepron tani në bijtë e mosbindjes."* Perëndia e dinte që më parë se frymët e këqija do të kishin autoritet mbi mbretërinë e ajrit.

Eva ra në tundimin e gjarprit

Gjarpri është një kafshë fushe. Si arriti atëherë ai ta tundojë Evën që të mos i bindej urdhërimin e Perëndisë?

Në Kopshtin e Edenit, njerëzit mund të flisnin me të gjitha qeniet e gjalla si lulet, pemët, zogjtë, kafshët e kështu me radhë. Prandaj Eva mund të fliste edhe me gjarprin. Në fillim, njerëzit i pëlqenin gjarpërinjtë dhe kishin marrëdhënie të mira me ta, ndryshe nga ditët e sotme. Ata ishin të lëmuar, të pastër, të gjatë, të rrumbullakët e të zgjuar dhe gëzonin simpatinë e Evës. Ata e njihnin mirë Evën dhe ia plotësonin dëshirat. I njëjti rast është me qentë që pëlqehen nga pronarët e tyre sepse janë të zgjuar dhe e ndjekin pronarin më mirë se kafshët e tjera.

Megjithatë, shumë njerëz thonë, "Gjarpërinjtë janë të tmerrshëm, helmues dhe të pështirë." Njerëzit i urrejnë gjarpërinjtë pothuajse instinktivisht sepse gjarpërinjtë janë ata që mashtruan në fillim Adamin dhe gruan e tij Evën që të mos i bindeshin urdhërimit dhe i shtynë në rrugën e vdekjes.

Për të kuptuar natyrën e gjarprit, duhet të njihni në fillim karakteristikat e tokës. Çdo tokë ka përbërës të ndryshëm dhe përbërësit janë të përzier ndryshe në toka të ndryshme. Sipas elementëve që shtohen në tokë, toka mund të jetë fertile ose e varfër. Kur Perëndia krijoi llojet e kafshëve të fushës dhe llojet e zogjve të ajrit, Ai zgjodhi edhe tokën që ishte e përshtatshme për secilën kafshë (Zanafilla 2:19).

Perëndia nuk e krijoi gjarprin dinak në fillim. Perëndia e bëri të zgjuar që njerëzit ta donin. Megjithatë, gjarpri u bë dinak pasi brenda tij kishte hyrë natyra e ligë. Nëse gjarpri nuk do të kishte marrë zërin e Satanit, por do të kishte kryer vetëm vullnetin e Perëndisë, ai do të ishte bërë një kafshë e zgjuar dhe e mirë. Por për shkak se dëgjoi dhe iu bind zërit të Satanit, gjarpri u kthye në një kafshë dinake dhe e mashtroi Evën që të binte në vdekje.

Sepse Eva ndryshoi Fjalën e Perëndisë

Gjarpri e dinte fare mirë çfarë i kishte thënë Perëndia Adamit: *"Dhe Zoti Perëndi e urdhëroi njeriun duke i thënë: 'Ha bile lirisht nga çdo pemë e kopshtit; por mos ha nga pema e njohjes së të mirës dhe të së keqes, sepse ditën që do të hash prej saj ke për të vdekur me siguri'"* (Zanafilla 2:16-17). Prandaj i tha Evës me dinakëri, *"Vërtet, ka thënë Perëndia, 'Nuk duhet të hani nga asnjë pemë e kopshtit'?"* (v. 1)

Si iu përgjigj Eva gjarprit?

Dhe gruaja iu përgjigj gjarprit: Nga fryti i pemëve të kopshtit mund të hamë; por nga fryti i pemës që është në mes të kopshtit Perëndia ka thënë: "Mos hani dhe mos e prekni, ndryshe do të vdisni." (Zanafilla 3:2-3).

Perëndia i dha Adamit një paralajmërim të qartë: *"por mos ha nga pema e njohjes të së mirës dhe të së keqes, sepse ditën që do të hash prej saj ke për të vdekur me siguri."* (Zanafilla 2:17). Ai e theksoi se ata nuk do të ishin më të gjallë nëse do të hanin nga pema. Megjithatë, përgjigja e Evës nuk ishte aq e vendosur. Ajo u përgjigj vetëm turbull, "Ke për të vdekur." Ajo e fshiu fjalën "me siguri." Me fjalë të tjera, ajo donte të thoshte, "Nëse hani nga fryti i ndaluar, ju mund të vdisni ose mos vdisni."

Ajo nuk e mbajti në mendje urdhërimin e Perëndisë dhe e dyshoi Fjalën e Perëndisë. Pasi gjarpri dëgjoi përgjigjen e saj dyshuese, nxitoi ta tundonte edhe më shumë. Madje shtrembëroi edhe urdhërimin e Perëndisë. Gjarpri i tha gruas, "Nuk do të vdesësh me siguri." Ai filloi ta ndryshojë urdhërimin e Perëndisë dhe e inkurajoi gruan: *"Por Perëndia e di që ditën që do të hani, sytë tuaj do të hapen dhe do të jeni në gjendje si Perëndia të njihni të mirën dhe të keqen"* (Zanafilla 3:5). Ai e tundoi sërish, duke e nxitur kuriozitetin e saj edhe më shumë.

Mosbindja e Evës me vullnet të lirë

Pasi Satani mbolli dëshirat mëkatare brenda gruas, nëpërmjet mendimeve mashtruese, pema iu duk Evës më ndryshe nga sa e kishte parë deri në atë moment. Te Zanafilla 3:6 lexojmë, *"Dhe gruaja pa që pema ishte e mirë për t'u ngrënë, që ishte e këndshme për sytë dhe që pema ishte i dëshirueshme për ta bërë të zgjuar dikë; dhe ajo mori nga fryti i saj, e hëngri dhe i dha edhe burrit të saj që ishte me të, dhe hëngri edhe ai."*

Ajo duhej ta largonte prerë dhe plotësisht tundimin e

gjarprit. Dëshirat e njeriut mëkatar, epshi i syve të saj dhe krenaria e jetës e konsumuan atë dhe e dërguan drejtë mëkatit të mosbindjes.

Disa thonë, "A nuk e hëngrën Adami dhe Eva frytin e pemës të së mirës dhe të keqes për shkak se brenda vetes kishin 'natyrë mëkatare'?" Përpara mosbindjes ata nuk kishin brenda tyre natyrë mëkatare, por vetëm mirësi. Ata kishin vetëm vullnetin e tyre të lirë me anë të të cilit ata mund të hanin ose mund të mos e hanin frytin e ndaluar, në kundërshtim me urdhërimin e Perëndisë.

Ndërkohë, ata e neglizhuan urdhërimin e Perëndisë. Më pas Satani i tundoi nëpërmjet gjarprit dhe ata iu dorëzuan tundimit. Në këtë mënyrë, mëkati hyri brenda tyre dhe ata shkelën urdhërimin që kishte caktuar Perëndia.

Kjo ngjan me rastin e fëmijëve që rriten në ligësi. Edhe një fëmijë që është shumë i keq nuk është gjithmonë aq i keq ose i lig që nga lindja. Në fillim, ai imiton fëmijët e tjerë që fyejnë pa ua ditur kuptimin atyre fjalëve. Ose bashkohet me një fëmijë që godet një tjetër, dhe i pëlqen të zihet me djemtë e tjerë dhe t'i shohë të qajnë. Kështu godet vazhdimisht të tjerët dhe e liga lind dhe rritet brenda tij.

Po ashtu, edhe Adami nuk kishte natyrë mëkatare që nga fillimi. Kur ai nuk iu bind urdhërimit të Perëndisë dhe hëngri nga pema me vullnetin e tij të lirë, mëkati lindi dhe e liga u krijua brenda tij.

Paga e mëkatit është vdekja

Ashtu siç i tregoi Perëndia Adamit, "mos ha nga pema e njohjes të së mirës dhe të së keqes, sepse ditën që do të hash prej saj ke për të vdekur me siguri," Adami dhe Eva vdiqën me siguri pasi hëngrën nga pema. Te Jakobi 1:15 thotë, *"Pastaj lakmia, pasi mbarset, pjell mëkatin dhe mëkati, si të kryhet, ngjiz vdekjen."*

Romakëve 6:23 ju mëson ligjin e sferës frymërore në lidhje me atë që sjell mëkati, *"Paga e mëkatit është vdekja."* Le të shohim se si erdhi vdekja te Adami dhe Eva për shkak të mosbindjes së tyre.

Vdekja e tyre shpirtërore

Perëndia i tha qartë Adamit, "mos ha nga pema e njohjes së të mirës dhe të së keqes, sepse ditën që do të hash prej saj ke për të vdekur me siguri." Megjithatë, ata nuk vdiqën menjëherë pasi shkelën urdhërimin e Perëndisë. Ata jetuan për një kohë shumë të gjatë dhe lindën shumë fëmijë të tjerë. Pra, cila ishte "vdekja" për të cilën i paralajmëroi Perëndia?

Ai nuk foli për vdekjen e trupave të tyre, por për vdekjen e tyre frymërore. Njerëzit janë krijuar me një frymë që mund të komunikojë me Perëndinë, me një shpirt që i shërben frymës së tyre, dhe me një trup në të cilin jeton fryma dhe shpirti. 1 Thesalonikasve 5:23 thotë që njerëzit janë të përbërë nga fryma, shpirti dhe trupi. Kur Adami dhe Eva shkelën urdhërimin e Perëndisë, fryma e tyre, zotëruesi i njeriut, vdiq.

Perëndia është pa mëkat dhe i patëmetë, dhe është i Shenjti që jeton në një dritë të paarritshme, prandaj mëkatarët nuk mund të qëndrojnë me Të. Adami mund të fliste me Perëndinë kur ishte frymë e gjallë, por nuk mund të komunikonte më me Të pasi fryma e tij vdiq për shkak të mëkatit.

Fillimi i jetës me dhimbje

Kopshti i Edenit ishte një vend shumë i bukur dhe i begatshëm ku nuk kishte shqetësime e ankthe. Adami me Evën mund të jetonin atje përgjithnjë duke ngrënë nga pema e jetës. Por pasi mëkatuan ata u përzunë nga Kopshti i Edenit. Që nga ajo kohë, filluan problemet dhe vështirësitë për ta.

Gruaja do të kishte më shumë dhimbje gjatë lindjes së fëmijëve. Ajo do të kishte dëshirë për burrin e saj dhe burri i saj do të sundonte mbi të. Njeriu do mund të hante gjatë ditëve të jetës së tij vetëm pasi të punonte me shumë mundime e dhimbje tokën e mallkuar (Zanafilla 3:16-17). Perëndia i tha Adamit te Zanafilla 3:18-19, *"Ajo do të prodhojë gjemba dhe bimë gjembore, dhe ti do të hash barin e fushave; do të hash bukën me djersën e ballit, deri sa të rikthehesh në dhe sepse nga ai ke dalë; sepse ti je pluhur dhe në pluhur do të rikthehesh."* Nëpërmjet këtyre vargjeve, Perëndia tregon se njeriu do të kthehet në një grusht pluhur.

Për shkak se Adami, paraardhësi i gjithë njerëzimit, kreu mëkatin e mosbindjes dhe për shkak se fryma e tij vdiq, pasardhësit e tij lindin mëkatarë dhe ndjekin rrugën e vdekjes.

Romakëve 5:12 tregon trashëgiminë nga Adami: *"Prandaj, ashtu si me anë të një njeriu të vetëm mëkati hyri në botë dhe me anë të mëkatit vdekja, po ashtu vdekja u shtri tek të gjithë njerëzit, sepse të gjithë mëkatuan."*

Të gjithë njerëzit lindin me mëkatin origjinal

Perëndia u lejon njerëzve të jenë të frytshëm dhe të shtohen në numër nëpërmjet farave të jetës që Ai u jep atyre kur i krijon. Njeriu ngjizet nga bashkimi i një spermatozoidi dhe një veze që Perëndia ua jep çdo burri dhe gruaje si farat e jetës. Për shkak se spermatozoidi dhe veza kanë karakteristikat e secilit prind, fëmija i ngjizur nga bashkimi i spermatozoidit dhe vezës u ngjan prindërve nga paraqitja, karakteret, shijet, zakonet, pozicionet e ecjes, gjërat që pëlqejnë, e kështu me radhë.

Kështu, natyra mëkatare e Adamit ka kaluar te të gjithë pasardhësit e tij pasi Adami, paraardhësi i të gjithë njerëzve, mëkatoi. Ky quhet "mëkati origjinal." Të gjithë pasardhësit e Adamit lindin me mëkatin origjinal. Prandaj, të gjithë njerëzit janë në mënyrë të pashmangshme mëkatarë.

Disa jobesimtarë ankohen, "Pse, ose si ka mundësi që unë jam mëkatar? Unë nuk kam bërë asnjë mëkat." Ose të tjerë pyesin, "Si mund të kalojë mëkati i Adamit te unë?"

Le të marrim shembullin e një fëmije. Një nënë me gji ka një fëmijë që është më pak se 1 vjeç dhe ushqen me qumësht gjiri një fëmijë tjetër përpara syve të fëmijës së saj. Ka shumë mundësi që fëmija të zemërohet dhe ta shtyjë fëmijën tjetër. Nëse nëna nuk ndalon së dhëni gji fëmijës tjetër, ose nëse fëmija nuk ndalon së piri gji, atëherë fëmija i saj mund ta godasë nënën ose fëmijën tjetër. Nëse nëna vazhdon t'i japë qumësht fëmijës tjetër, atëherë fëmija i saj mund të filloj të vajtoj.

Edhe pse askush nuk e ia mëson fëmijës së vogël zilinë, xhelozinë, urrejtjen, lakminë apo të goditurit, bebja i ka këto gjëra të liga në mendjen e tij që nga lindja. Ky fakt shpjegon që njerëzit lindin me mëkatin origjinal i cili trashëgohet nga prindërit e tyre.

Sa më tepër se kaq, mëkaton një person gjatë gjithë jetës së tij?

Duhet të kuptoni që përpara Perëndisë i cili është dritë, jo vetëm veprimet mëkatare por edhe çdo lloj e keqeje që kemi në mendje, është mëkat. Perëndia e njeh dhe e shikon mëkatin edhe kur mendojmë mëkate të tilla si urrejtje, lakmi, mallkime, e shumë të tjera. Prandaj, Bibla na thotë që asnjë nuk do të shpallet i drejtë përpara syve të Perëndisë duke ndjekur ligjin, dhe se të gjithë njerëzit dështojnë përpara lavdisë së Perëndisë sepse kanë mëkatuar (Romakëve 3:20, 23).

Jo vetëm njeriu, por të gjitha gjërat janë të mallkuara

Kur Adami, i cili ishte zot i të gjitha gjërave, mëkatoi dhe u mallkua, toka dhe të gjitha gjërat e gjalla, të gjitha kafshët e fushës dhe zogjtë e ajrit u mallkuan së bashku me të. Që nga ajo kohë, filluan të ekzistojnë insekte helmuese ose të dëmshme si mizat apo mushkonjat që transmetojnë lloj-lloj sëmundjesh.

Toka filloi të prodhojë gjemba e ferra dhe njerëzit vetëm me punë të mundimshme e me djersën e ballit mund të mbillnin bimë për t'u ushqyer. Njerëzit u detyruan të përballeshin me lot, dhimbje, brenga, sëmundje e vdekje sepse ata ishin të mallkuar në këtë tokë. Prandaj, te Romakëve 8:20-22 lexojmë, *"Sepse krijesa iu nënshtrua kotësisë, jo me vullnetin e vet, po për shkak të atij që e nënshtroi, me shpresë që vetë krijesa të çlirohet nga skllavëria e prishjes për të hyrë në lirinë e lavdisë së bijve të Perëndisë. Sepse e dimë se deri tani mbarë bota e krijuar rënkon dhe është në mundim."*

Atëherë, si u mallkua gjarpri? Te Zanafilla 3:14, Perëndia i tha gjarprit që i tundoi njerëzit të mëkatojnë, *"Atëherë Zoti*

Perëndi i tha gjarprit: "Me qenë se bëre këtë gjë, qofsh i mallkuar ndër gjithë kafshët dhe tërë bishat e fushave! Ti do të ecësh mbi barkun tënd dhe do të hash pluhur gjithë ditët e jetës sate." Megjithatë, gjarpërinjtë nuk hanë pluhur por kafshë të gjalla si zogj, bretkosa, minj ose insekte. Perëndia tha qartë, "dhe do të hash pluhur gjithë ditët e jetës sate." Si duhet të interpretohet ky varg?

"Pluhuri" këtu simbolizon "njerëzit që janë krijuar nga pluhuri i tokës" (Zanafilla 2:7), dhe "gjarpri" simbolizon, djallin dhe Satanin (Zbulesa 20:2). "do të hash pluhur gjithë ditët e jetës sate" simbolizon që Satani dhe djalli i përpijnë njerëzit që nuk jetojnë sipas fjalës së Perëndisë, por ecin në errësirë.

Edhe fëmijët e Perëndisë përballen me probleme dhe vështirësi që u sjell Satani dhe djalli nëse mëkatojnë kundër vullnetit të Perëndisë. Sot, Satani dhe djalli sillen vërdallë si luanë vrumbullues duke parë kë mund të gllabërojnë (1 Pjetrit 5:8). Nëse gjejnë dikë, ata e skllavërojnë nën mallkimin e mëkatit dhe e tërheqin zvarrë drejt rrugës së shkatërrimit. Nëse u jepet mundësia, ata përpiqen të tundojnë edhe vetë fëmijët e Perëndisë.

Satani dhe djalli tundojnë ata që thonë, "Unë besoj në Zot," por që nuk janë të sigurt për Fjalën e Perëndisë, dhe i çojnë ata drejt rrugës së vdekjes. Zakonisht, Satani dhe djalli provojnë të ju tundojnë duke përdorur njerëzit që janë më pranë jush, bashkëshortin apo bashkëshorten, shokun, dhe të afërmit – ashtu siç tunduan Evën nëpërmjet gjarprit, një nga kafshët më të dashura të saj.

Për shembull, bashkëshorti apo bashkëshortja, ose miku juaj mund t'ju thonë, "A nuk mjafton të shkosh vetëm të Dielën në mëngjes për shërbimin e adhurimit? Pse, gjithmonë duhet të shkosh gjithashtu në shërbimin e adhurimit të dielën në darkë?" ose "Përherë do përpiqesh të takohesh me besimtarët çdo ditë?" "Perëndia e kupton dhe e njeh zemrën tënde thellë sepse Ai është i gjithëdijshëm dhe i gjithëpushtetshëm. A duhet medoemos që të lutesh me shpirt?"

Perëndia ju urdhëron të kujtoni ditën e Sabatit dhe ta mbani të shenjtë (Eksodi 20:8), të mblidheni në emër të Zotit (Hebrenjve 10:25), dhe të luteni me shpirt (Jeremia 33:3). Satani nuk mund t'i tundojë as t'i bëjë të mëkatojnë ata që jetojnë plotësisht sipas Fjalës së Perëndisë (Mateu 7:24-25).

Ashtu siç thotë te Efesianëve 6:11, *"Vishni gjithë armatimin e Perëndisë që të mund të qëndroni kundër kurtheve të djallit,"* ju duhet të armatoseni me fjalën e të Vërtetës së Perëndisë dhe me anë të besimit të largoni me guxim djallin dhe Satanin.

Pse e vendosi Perëndia pemën e njohjes të së mirës dhe të së keqes në kopshtin e Edenit?

Perëndia e vendosi pemën e njohjes të së mirës dhe të keqes në Kopshtin e Edenit jo për t'i çuar njerëzit drejt shkatërrimit, por për t'u dhënë atyre lumturi të vërtetë. Duke mos e kuptuar planin e Tij të thellë, shumë njerëz keqkuptojnë dashurinë dhe drejtësinë e Perëndisë, madje nuk besojnë në Perëndinë. Ata jetojnë një jetë të vdekur dhe të zbrazët pa e gjetur qëllimin e vërtetë të jetës së tyre.

Pse atëherë e vendosi Perëndia pemën e njohjes të së mirës dhe të keqes në Kopshtin e Edenit, dhe pse ju sjell kjo bekime të mëdha?

Adami dhe Eva nuk e njihnin lumturinë e vërtetë

Kopshti i Edenit ishte më i bukur dhe më i bollshëm sesa mund të perceptojë imagjinata juaj. Perëndia bëri që mbi tokë të rriteshin të gjitha llojet e pemëve. Ato ishin të kënaqshme për syrin dhe të mira për ushqim. Në mes të Kopshtit ishte pema e jetës dhe pema e njohjes të së mirës dhe të keqes (Zanafilla 2:9).

Atëherë, pse e vendosi Perëndia pemën e njohjes të së mirës dhe të keqes në mes të Kopshtit së bashku me pemën e jetës që të shikohej aq mirë? Perëndia asnjëherë nuk e kishte ndërmend që ata t'i çonte në rrugën e shkatërrimit duke i tunduar të hanin nga pema. Nëpërmjet pemës së njohjes të së mirës dhe të keqes provania e Perëndisë na lejon të kuptojmë relativitetin dhe të bëhemi fëmijët e Tij të vërtetë frymëror që mund ta ndjejnë zemrën e Tij.

Kur përjetojnë lot, hidhërime, varfëri apo sëmundje, njerëzit mund të mendojnë se Adami me Evën duhet të kenë qenë shumë të lumtur në Kopshtin e Edenit sepse nuk kishin provuar dhimbje si lotët, hidhërimet, varfëria apo sëmundjet. Sidoqoftë, njerëzit në Kopshtin e Edenit nuk e njihnin as lumturinë e vërtetë dhe as dashurinë e vërtetë sepse nuk kanë provuar relativitetin.

Le të marrim një shembull. Kemi dy djem, njëri prej tyre është rritur në varfëri kurse tjetri ka lindur dhe është rritur në pasuri. Nëse të dyve u jepni dhuratë një lodër shumë të shtrenjtë, çfarë reagimi do pranoni nga secili prej tyre? Djali që është rritur në pasuri nuk do të jetë aq mirënjohës sepse rrallë e ndjen vlerën e lodrës. Por, djali që është rritur në varfëri do të jetë shumë mirënjohës dhe do ta konsiderojë lodrën si diçka shumë të çmuar.

Lumturia e vërtetë vjen nëpërmjet relativitetit

Në të njëjtën mënyrë, ata që provojnë gjëra relative të lirisë apo bollëkut e njohin dhe e shijojnë lumturinë apo lirinë e vërtetë. Ndryshe nga Kopshti i Edenit, në këtë botë ka shumë gjëra relative. Nëse dëshironi të njihni dhe të shijoni vlerën e vërtetë të diçkaje, duhet të përjetoni gjëra relative. Nuk do të mund ta kuptoni vlerën e saj të vërtetë përderisa nuk përjetoni aspektet e kundërta të saj.

Për shembull, nëse dëshironi të njihni lumturinë e vërtetë, duhet të përjetoni hidhërimin. Nëse dëshironi të njihni vlerën e dashurisë së vërtetë, duhet të përjetoni urrejtjen. Nuk mund ta kuptoni kurrë vlerën e shëndetit të plotë nëse nuk keni dhimbje nga sëmundjet apo shëndeti i dobët. Nuk do ta kuptoni vlerën e jetës së përjetshme dhe nuk do t'i jeni mirënjohës Perëndisë Atë që përgatiti parajsën e mirë deri në momentin kur të kuptoni që ekzistojnë vërtet vdekja dhe ferri.

Njeriu i parë, Adami, kishte çdo gjë që dëshironte të hante dhe kishte autoritet të drejtonte të gjitha gjërat në Kopshtin e Edenit. Të gjitha këto ai i fitoi pa mund e pa djersë. Prandaj, ai nuk i shprehu mirënjohje Perëndisë që ia dha këto të gjitha dhe as nuk e njihte në zemër hirin dhe dashurinë e Tij.

Më pas, Adami shkeli urdhërimin e Perëndisë duke ngrënë frytin. Deri atëherë ai ishte një frymë e gjallë, por pasi mëkatoi, fryma e tij vdiq dhe ai u bë njeri mishi. Ai dhe gruaja e tij u përzunë nga Kopshti i Edenit dhe jetuan në tokë. Ai filloi të përjetojë atë që s'e kishte përjetuar asnjëherë në Kopshtin e Edenit: lot, hidhërime, dhimbje, fatkeqësi, vdekje etj. Në fund, ai po përjetonte të gjitha aspektet e kundërta të lumturisë së Kopshtit të Edenit.

Gjatë këtij procesi, Adami dhe Eva mund të kuptonin dhe ndjenin çfarë ishte lumturia apo hidhërimi dhe sa të vlefshme ishin liria dhe bollëku që u kishte dhënë Perëndia në Kopshtin e Edenit.

Jeta juaj nuk do të kishte kuptim nëse do të jetonit përgjithmonë pa njohur se çfarë është lumturia dhe hidhërimi. Edhe nëse tani jeni duke kaluar nëpër vështirësi, jeta juaj do të jetë më e vlefshme dhe më kuptimplotë nëse më pas do të ndjeni lumturi të vërtetë.

Për shembull, megjithëse prindërit e dinë që fëmijët do të vuajnë duke studiuar, ata i lënë fëmijët të shkojnë në shkollë. Nëse i duan fëmijët e tyre, prindërit do të jenë të gatshëm t'i ndihmojnë ata të mësojnë ose të përjetojnë shumë gjëra të mira. E njëjta gjë është edhe me zemrën e Perëndisë Atë i cili i dërgoi njerëzit në këtë botë dhe i rrit ata si fëmijët e Tij të vërtetë nëpërmjet përvojash të ndryshme.

Për të njëjtën arsye, Perëndia vendosi pemën e njohjes të së mirës dhe të keqes në Kopshtin e Edenit dhe nuk e pengoi Adamin dhe Evën të hanin nga ajo pemë me vullnetin e tyre të lirë. Ai i planifikoi të gjitha gjërat në mënyrë që njerëzit t'i përjetonin të gjitha llojet e gëzimit, hidhërimit dhe kënaqësisë në këtë botë dhe të bëheshin fëmijët e Tij të vërtetë nëpërmjet shumimit dhe rritjes së njerëzimit.

Nëpërmjet përvojave të dhimbshme, ata mund të kuptonin më në fund vlerën dhe kuptimin e vërtetë të atyre gjërave.

Për shkak se e kanë njohur dhe e kanë ndjerë lumturinë e vërtetë gjatë jetës, fëmijët e Perëndisë nuk do ta tradhtojnë Perëndinë sërish, ndryshe nga ç'bëri Adami në Kopshtin e Edenit, pavarësisht se sa kohë do të kalojë. Përkundrazi, ata do ta duan Atë gjithnjë e më shumë, do të mbushen me gëzim dhe falënderime dhe do t'i japin Atij më shumë lavdi.

Lumturi e vërtetë në Parajsë

Fëmijët e Perëndisë që kanë përjetuar lot, hidhërime, dhimbje, sëmundje, vdekje e të tjera do të hyjnë në parajsën e përjetshme dhe do të shijojnë lumturi, dashuri gëzim të përjetshëm dhe do të japin falënderime përjetë. Në parajsë ata do të ndjejnë gëzimin e një lumturie të përkryer.

Në këtë botë të mishit, çdo gjë kalbet dhe vdes, por në mbretërinë e përjetshme qiellore nuk ka kalbje, vdekje, lot dhe hidhërim. Ari është shumë i vlefshëm në këtë botë, por të gjitha rrugët në Jerusalemin e Ri në parajsë janë prej ari të pastër. Shtëpitë e parajsës janë të ndërtuara me gurë të çmuar shumë të bukur. Sa të mrekullueshme dhe të bukura janë këto gjëra!

Deri në momentin kur njoha Perëndinë, unë i kisha konsideruar arin e gurët e çmuar si gjërat më të çmuara, por që nga koha kur mësova për parajsën e përjetshme, fillova ta konsideroj gjithçka në këtë botë si të kotë dhe të pavlefshme. Jeta në këtë botë është thjesht një moment krahasuar me botën e përjetshme. Nëse besoni vërtetë dhe shpresoni për parajsën e përjetshme, nuk do ta doni aspak këtë botë. Përkundrazi, do të mendoni vetëm se çfarë duhet të bëni për të shpëtuar një person tjetër, ose se si mund të ungjillëzoni të gjithë njerëzit në mbarë botën. Do të mblidhni për vete thesare në qiell duke ofruar me gjithë zemër më të mirën tuaj për Perëndinë, pa u përpjekur të ruani thesare në tokë.

Apostulli Pal mundi ta bënte rrugëtimin e tij të vështirë deri në fund me gëzim dhe falënderime, sepse pa qiellin e tretë që Perëndia i tregoi atij në një vegim. Atij iu desh të duronte vështirësi të mëdha si apostull për johebrenjtë. Perëndia i tregoi atij bukurinë e madhe të parajsës dhe e inkurajoi të vazhdonte rrugën deri në fund duke shpresuar për parajsën. Ai u rrah me shkopinj, u fshikullua keq, u godit me gurë, shpesh u fut në burg, dhe derdhi gjak duke predikuar ungjillin e Zotit.

Pavarësisht të gjitha këtyre gjërave, Pali e dinte që ato do të shpërbleheshin në mënyrë të jashtëzakonshme në qiell. Në fund, të gjitha vështirësitë e tij ishin për bekime të mëdha qiellore.

Njerëzit e Perëndisë nuk shpresojnë te kjo botë. Ata presin me padurim mbretërinë e qiejve. Kjo botë është një moment i vetëm në sytë e Perëndisë, por jeta në mbretërinë e qiejve është e përjetshme. Në parajsë nuk ka më lot, as hidhërime, as vuajtje, e as vdekje. Ata mund të jetojnë të gëzuar duke shpresuar për çmimet e mëdha që do t'u japë Perëndia në parajsë sipas asaj që ata kanë mbjellë apo bërë.

Prandaj, lutem në emër të Zotit tonë Jezu Krisht që ju ta kuptoni dashurinë e madhe dhe provaninë e Perëndisë Krijuesit, dhe të përgatiteni për të hyrë në parajsë që të shijoni jetë të përjetshme dhe lumturi të vërtetë në një parajsë të mrekullueshme dhe plot lavdi.

Kapitulli 4

SEKRETI I FSHEHUR PARA FILLIMIT TË KOHËS

- Autoriteti i Adamit i dorëzohet djallit
- Ligji i shpengimit të tokës
- Sekreti i fshehur para fillimit të kohës
- Jezusi përmbush kushtet sipas ligjit

"Dhe ne flasim dituri në mes njerëzish të pjekur, por jo diturinë e kësaj kohe dhe as të pushtetarëve të kësaj kohe, që nuk arrin asgjë, por flasim diturinë e Perëndisë të fshehur në mister, që Perëndia e kishte paracaktuar përpara kohërash për lavdinë tonë, të cilën asnjë nga pushtetarët e kësaj kohe nuk e ka njohur; sepse, po ta kishin njohur, nuk do të kishin kryqëzuar Zotin e lavdisë."

1 Korintasve 2:6-8

Adami dhe Eva u tunduan nga gjarpri në Kopshtin e Edenit, shkelën urdhërimin e Perëndisë dhe hëngrën nga pema e njohjes të së mirës dhe të keqes sepse dëshironin të bëheshin si Perëndia në mendje. Si rezultat, ata dhe të gjithë pasardhësit e tyre u bënë mëkatarë.

Nga pikëpamja njerëzore, mund të mendojmë se Adami dhe Eva u ndjenë tmerrësisht keq që u përzunë nga Kopshti i Edenit dhe duhej të vazhdonin rrugën e vdekjes. Megjithatë, nga pikëpamja frymërore, ky është një bekim i mrekullueshëm nga Perëndia sepse ata do të kishin mundësinë të gëzonin shpëtimin, jetën e përjetshme dhe bekimet qiellore nëpërmjet Jezu Krishtit.

Gjatë rritjes së njerëzve, sekreti që është fshehur për lavdinë tuaj përpara fillimit të kohës dhe hapi rrugën e shpëtimit për të gjitha kombet. Le ta analizojmë më thellë këtë sekret që është fshehur përpara fillimit të kohës dhe mënyrën se si është hapur rruga e shpëtimit.

Autoriteti i Adamit i dorëzohet djallit

Te Luka 4:5-6, gjejmë djallin që tundon Jezusin i cili sapo kishte kryer 40 ditë agjërim:

*Pastaj djalli e çoi në një mal të lartë dhe, për një çast,
i tregoi të gjitha mbretëritë e botës. Dhe djalli i tha:
"Unë do të të jap gjithë pushtetin e këtyre mbretërive
dhe lavdinë e tyre, sepse m'u dha mua në dorë dhe unë
ia jap kujt të dua."*

Djalli i tha që do t'i dorëzonte autoritetin Jezusit sepse ky
autoritet i ishte dhënë nga dikush tjetër. Pse Perëndia që mbretëron
mbi gjithçka, lejoi që gjithë ky autoritet t'i dorëzohej djallit?

Te Zanafilla 1:28 thuhet, *"Dhe Perëndia i bekoi; dhe
Perëndia u tha atyre: 'Të jeni të frytshëm dhe shumëzohuni,
mbushni tokën e nënshtrojeni, e sundoni mbi peshqit e detit,
mbi zogjtë e qiellit dhe mbi çdo qenie që lëviz mbi tokë.'"*

Adami mori nga Perëndia autoritetin dhe pushtetin për të
urdhëruar dhe për të sunduar të gjitha gjërat. Ai ishte zot i të gjitha
gjërave, por pas një kohe të gjatë ai dhe gruaja e tij u mashtruan
nga gjarpri dinak dhe hëngrën nga pema e njohjes të së mirës dhe
të keqes. Njeriu kreu mëkatin e mosbindjes ndaj Perëndisë.

Te Romakëve 6:16 thotë, *"A nuk e dini ju se nëse e tregoni
veten shërbëtorë të atij që i bindeni, jeni shërbëtorë të atij që i
bindeni, qoftë mëkatit për vdekje, qoftë dëgjesës për drejtësi?"*
Ju jeni skllevër të mëkatit ose të drejtësisë. Nëse kryeni mëkate,
jeni skllevër të mëkatit dhe jeni në rrugën e vdekjes. Por nëse i
bindeni fjalës së drejtësisë, jeni skllevër të drejtësisë dhe do të
hyni në parajsë.

Adami kreu mëkatin e mosbindjes ndaj Perëndisë dhe u bë
skllav i mëkatit. Ai nuk mund të kishte më të gjithë autoritetin
dhe pushtetin që i kishte dhënë Perëndia. Ai duhej t'ia dorëzonte

këtë pushtet dhe autoritet djallit ashtu siç i përkasin të zotit të gjitha pronat e skllavit. Shkurt, Adami ia dorëzoi djallit autoritetin dhe pushtetin që i kishte dhënë Perëndia sepse ai kishte mëkatuar dhe ishte bërë skllav i mëkatit.

Mosbindja e Adamit rezultoi në mëkatimin e të gjithë njerëzimit. Kjo mosbindje bëri që ai dhe të gjithë pasardhësit e tij t'i shërbenin djallit dhe të dënoheshin me vdekje.

Ligji i shpengimit të tokës

Çfarë duhet të bëjnë njerëzit për t'u çliruar nga Satani dhe për të shpëtuar nga mëkatet dhe vdekja? Disa thonë, "Perëndia i fal të gjithë pa kusht sepse Perëndia është dashuri. Ai është plot dhembshuri dhe mëshirë." Megjithatë, 1 Korintasve 14:40 thotë, *"Por të gjitha të bëhen sikur ka hije dhe me rregullsi."* Perëndia bën gjithçka me rregullsi sipas ligjit të botës frymërore. Perëndia nuk bën asgjë kundër ligjit frymëror sepse Ai është Perëndia i drejtësisë dhe paanësisë.

Në botën frymërore ekziston një ligj që ndëshkon mëkatarët, i cili thotë, "Paga e mëkatit është vdekja." Ekziston gjithashtu dhe një ligj për shpengimin e mëkatarëve. Ky ligj frymëror duhet të aplikohet për të marrë autoritetin që Adami dorëzoi te djalli.

Atëherë, cili është ky ligj i shpengimit të mëkatarëve? Ai është ligji i shpengimit të tokës i regjistruar në Dhjatën e Vjetër. Përpara fillimit të kohës, Perëndia Atë e kishte përgatitur në fshehtësi mënyrën e shpëtimit të njerëzve nëpërmjet këtij ligji.

Cili është ligji i shpengimit të tokës?

Ky është urdhërimi i Perëndisë për izraelitët te Levitiku 25:23-25:

> *Tokat nuk do të shiten për gjithnjë, sepse toka është imja; sepse ju jeni të huaj dhe qiramarrës tek unë. Prandaj në të gjithë vendin që keni pronë do të jepni të drejtën e shpengimit të tokës. Në qoftë se yt vëlla bëhet i varfër dhe shet një pjesë të pronës së tij, ai që ka të drejtën e shpengimit, i afërti i tij më i ngushtë, do të vijë dhe do të shpengojë atë që vëllai i tij ka shitur.*

Çdo pjesë e tokës i përket Perëndisë dhe nuk duhet të shitet përgjithnjë. Nëse dikush e shiste tokën për shkak të varfërisë, Perëndia i lejonte atij ose një të afërmi të tij që më vonë ta blinte përsëri tokën. Ky është ligji i shpengimit të tokës.

Kur shiste dhe blinte tokë, populli i Izraelit i hartonte certifikatat e kontratës së tokës sipas ligjit të shpengimit të tokës që toka të mos shitej përgjithnjë.

Shitësi dhe blerësi i shkruanin hollësitë e kontratës së tokës në certifikatë në mënyrë të tillë që shitësi ose një i afërmi i tij të mund ta shpengonte atë më vonë. Ata bënin një kopje të saj dhe të dy i vulosnin të dy kontratat me vulat e tyre në prezencën e dy ose tre dëshmitarëve. Njëra kontratë vulosej dhe ruhej në depon e tempullit të shenjtë. Kontrata tjetër mbahej e hapur në sallën e hyrjes. Ligji i shpengimit të tokës lejonte që shitësi dhe i afërmi i tij ta shpengonin tokën në çdo kohë.

Ligji i shpengimit të tokës dhe shpëtimi i njerëzimit

Pse e përgatiti Perëndia rrugën e shpëtimit sipas ligjit të shpengimit të tokës? Zanafilla 3:19 dhe 23 na tregojnë qartë që ligji i shpengimit të tokës ka lidhje të drejtpërdrejtë me shpëtimin e njerëzve:

Do të hash bukën me djersën e ballit, deri sa të rikthehesh në dhe sepse nga ai ke dalë; sepse ti je pluhur dhe në pluhur do të rikthehesh. (Zanafilla 3:19).

Prandaj Zoti Perëndi e dëboi njeriun nga kopshti i Edenit, me qëllim, që të punonte tokën nga e cila kishte dalë. (Zanafilla 3:23).

Pas mosbindjes së Adamit, Perëndia i tha atij, "sepse ti je pluhur dhe në pluhur do të rikthehesh." Këtu, "pluhur" simbolizon njerëzit të cilët janë krijuar nga pluhuri i tokës. Prandaj, njerëzit pasi vdesin kthehen në pluhur ose e thënë ndryshe kthehen në dhe.

Ligji i shpengimit të tokës thotë që të gjitha tokat janë të Perëndisë dhe nuk duhet të shiten përgjithnjë (Levitiku 25:23-25). Këto vargje tregojnë që të gjithë njerëzit e krijuar nga pluhuri i tokës i përkasin Perëndisë dhe nuk mund të shiten përgjithnjë. Kjo gjithashtu tregon që autoriteti dhe pushteti që Adami mori nga Perëndia në Kopshtin e Edenit nuk mund të shiteshin përgjithnjë sepse ato i përkisnin Perëndisë.

Autoriteti i Adamit iu dorëzua Satanit, por personi i duhur për shpengimin e autoritetit të humbur të Adamit mund ta rimerrte këtë nga djalli. Në të njëjtën mënyrë, Perëndia i drejtësisë kishte paracaktuar një shpengues të përkryer sipas ligjit të shpengimit të tokës. Ky shpengues është Shpëtimtari i të gjithë njerëzimit.

Sekreti i fshehur para fillimit të kohës

Përpara fillimit të kohës, Perëndia i dashurisë e dinte që Adami nuk do t'i bindej atij dhe të gjithë pasardhësit e tij do të binin në rrugën e vdekjes. Ai përgatiti në fshehtësi rrugën e shpëtimit të njerëzimit dhe e mbajti atë të fshehur deri në kohën e ardhjes së Zgjedhurit të Tij.

Nëse djalli do ta kishte ditur planin e Perëndisë, ai do ta kishte penguar Perëndinë që të zgjidhte mëkatin dhe vdekjen e të gjithë njerëzimit që të mos e humbiste autoritetin e tij. Te 1 Korintasve 2:7 lexojmë, *"Por flasim diturinë e Perëndisë të fshehur në mister, që Perëndia e kishte paracaktuar përpara kohërash për lavdinë tonë."*

Jezu Krishti, urtësia e Perëndisë

Romakëve 5:18-19 thotë, *"Prandaj, ashtu si për një shkelje të vetme dënimi u shtri mbi të gjithë njerëzit, ashtu edhe me një akt të vetëm drejtësie, hiri u shtri mbi gjithë njerëzit për shfajësimin e jetës. Në fakt, ashtu si nga mosbindja e një njeriu të vetëm të shumtët u bënë mëkatarë, ashtu edhe nga bindja e një të vetmi të shumtët do të bëhen të drejtë."*

Të gjithë do të bëheshin të drejtë dhe do të shpëtoheshin nëpërmjet bindjes së një njeriu të vetëm, ashtu si të gjithë njerëzit u bënë mëkatarë dhe ranë në rrugën e vdekjes për shkak të mosbindjes së një njeriu të vetëm.

Në të njëjtën mënyrë, Perëndia dërgoi Jezu Krishtin, të cilin e kishte përgatitur në fshehtësi si rrugën e shpëtimit dhe lejoi që Jezusi të kryqëzohej e të ringjallej sërish. Që nga ai moment, kushdo që beson në Të shpëtohet. Te 1 Korintasve 1:18, Perëndia na thotë *"Sepse mesazhi i kryqit është marrëzi për ata që humbin, por për ne që shpëtohemi është fuqia e Perëndisë."*

Disa njerëzve u duket marrëzi që Biri i Perëndisë së Plotfuqishëm të ofendohej e të vritej nga krijesat e Tij. Megjithatë, ky plan "i marrë" i Perëndisë është shumë më i zgjuar se planet më të zgjuara të njerëzve dhe, "dobësia" e Perëndisë është shumë më e fortë sesa forca më e madhe e njerëzve (1 Korintasve 1:19-24). Bibla shpjegon qartë që askush nuk mund të bëhet i drejtë në sytë e Perëndisë duke zbatuar ligjin. Megjithatë, sipas kësaj mënyre të thjeshtë, Perëndia hapi rrugën e shpëtimit për këdo që beson në Jezu Krishtin .

Paga e mëkatit është vdekja. Prandaj, askush nuk do të mund të shpëtohej nëse Jezusi nuk do të kishte vdekur për mëkatet tona. Jezusi u kryqëzua për mëkatet tona dhe u ringjall sërish nga fuqia e Perëndisë. Po ashtu, Perëndia përgatiti rrugën që mund të dukej e dobët ose e pamend dhe e mbajti të fshehur për një kohë të gjatë.

Perëndia e kishte mbajtur të fshehur Jezu Krishtin dhe kryqëzimin e Tij sepse Satani dhe demonët, nëse do t'i kishin ditur këto, do ta pengonin rrugën e shpëtimit të njerëzimit. Djalli nuk do ta kishte vrarë kurrë Jezusin në kryq nëse do ta dinte që Perëndia kishte përgatitur një rrugë shpëtimi nëpërmjet kryqit për të shpenguar njerëzit nga mëkatet, për t'i shpëtuar ata nga vdekja dhe për t'i rimarrë djallit autoritetin e Adamit. Sërish, kujtoni 1 Korintasve 2:7-8: *"Por flasim diturinë e Perëndisë të fshehur në mister, që Perëndia e kishte paracaktuar përpara kohërash për lavdinë tonë,të cilën asnjë nga pushtetarët e kësaj kohe nuk e ka njohur; sepse, po ta kishin njohur, nuk do të kishin kryqëzuar Zotin e lavdisë."*

Jezusi plotëson kushtet sipas ligjit

Ashtu siç çdo kontratë ka rregulloret e veta, ashtu edhe bota frymërore ka një rregull që dikton se shpenguesi duhet të plotësojë kushtet sipas ligjit të shpengimit të tokës për të qenë në gjendje të rimarrë nga djalli autoritetin që humbi Adami.

Për shembull, supozojmë se dikush është afër falimentimit në biznesin e tij. Ai ka një borxh të madh, por nuk është në gjendje ta paguaj atë. Nëse ka një vëlla të pasur që e do, atëherë vëllai do t'ia paguante gjithë borxhet menjëherë.

Të gjithë njerëzit mëkatarë që nga rënia e Adamit kanë nevojë për një shpengues që i plotëson kushtet për t'i pastruar nga mëkatet. Cilat janë këto kushtet që duhet të plotësojë shpenguesi? Pse thotë Bibla që vetëm Jezusi i plotëson kushtet?

Së pari, Shpenguesi duhet të jetë njeri

Te Levitiku 25:25 lexojmë, *"Në qoftë se yt vëlla bëhet i*

varfër dhe shet një pjesë të pronës së tij, ai që ka të drejtën e
shpengimit, i afërti i tij më i ngushtë, do të vijë dhe do të
shpengojë atë që vëllai i tij ka shitur. " Ligji i shpengimit të
tokës thotë se nëse një person varfërohet dhe shet pronat e tij,
atëherë i afërmi i tij më i ngushtë mund të shpengojë atë që shet
ai. 1 Korintasve 15:21-22 thotë, *"Sepse, ashtu si erdhi vdekja*
me anë të një njeriu, kështu erdhi dhe ringjallja e të vdekurve
me anë të një njeriu. Sepse, ashtu sikur të gjithë vdesin në
Adamin, kështu të gjithë do të ngjallën në Krishtin." Cilësia e
parë e Shpenguesit që mund të rimarrë autoritetin e Adamit
është që ai duhet të jetë njeri. Ky fakt përshkruhet edhe një herë
në hollësi te Zbulesa 5:1-5:

Pastaj pashë në dorën e djathtë të atij që rrinte ulur
mbi fron, një libër të shkruar përbrenda dhe përjashta,
të vulosur me shtatë vula. Dhe pashë një engjëll të
fuqishëm, që proklamoi me zë të madh: "Kush është i
denjë të hapë librin dhe të zgjidhë vulat e tij?". Po
kurrkush, as në qiell, as mbi dhe, as nën dhe, nuk mund
të hapte librin e ta shihte atë. Edhe unë qaja shumë,
sepse s'qe gjetur asnjë i denjë të hapë dhe të lexojë
librin, dhe as ta shohë. Atëherë një nga pleqtë më tha:
"Mos qaj; ja, Luani i fisit të Judës, Rrënja e Davidit,
fitoi të hapë librin dhe të zgjidhë të shtatë vulat e tij."

"Një libër i shkruar përbrenda dhe prapa, i vulosur me shtatë
vula" tregon një kontratë që është bërë mes Perëndisë dhe djallit
kur Adami nuk iu bind Perëndisë dhe mëkatoi. Apostulli Gjon

nuk mundi të gjejë asnjë njeri në qiell ose në tokë, apo nën tokë, të denjë për të thyer vulat e për të hapur librin.

Dhe ishte kështu sepse engjëjt në qiell nuk janë njerëz, të gjithë njerëzit mbi tokë janë mëkatarë, si pasardhës të Adamit, dhe nën tokë ka vetëm frymë të këqija që i përkasin djallit dhe shpirtra të vdekur që do të shkojnë në ferr.

Në atë kohë, një nga pleqtë i tha Gjonit, *"Mos qaj; ja, Luani i fisit të Judës, Rrënja e Davidit, fitoi të hapë librin dhe të zgjidhë të shtatë vulat e tij."* Këtu, "Rrënja e Davidit" i referohet Jezusit, i cili lindi si pasardhës i Mbretit David të fisit të Judës (Veprat 13:22-23). Për këtë arsye Jezusi plotëson kushtin e parë të ligjit të shpengimit të tokës.

Disa mund të thonë se "Perëndia është Absoluti. Jezusi është me siguri Perëndi sepse Ai është Biri i Perëndisë. Ai nuk mund të jetë njeri." Por mbani mend, te Gjoni 1:1 shkruan, *"Fjala ishte Perëndi,"* dhe Gjoni 1:14 shkruan, *"Dhe Fjala u bë mish, dhe jetoi mes nesh."* Perëndia, i cili ishte Fjala, u bë mish dhe jetoi mes nesh mbi tokë.

Ishte Jezusi Ai që fillimisht në qenien e Tij ishte Perëndi dhe që morri formë njeriu. Ai ishte Fjala në Qenien e Tij dhe Biri i Perëndisë. Ai kishte karakteristika njerëzore dhe hyjnore. Por, Ai lindi dhe u rrit me pamje njerëzore në mish. Historia e njerëzimit është e ndarë në dy pjesë ku lindja e Jezusit shërben si ndarje: B.C., Përpara Krishtit *(Before Christ)*, dhe A.D., Pas Krishtit *(Anno Domini)*. Vetëm ky fakt në vetvete vërteton se Jezusi u bë mish dhe eci mbi këtë tokë. Lindja e Jezusit, jeta dhe kryqëzimi i Tij janë gjithashtu pjesë të këtij fakti të pakundërshtueshëm.

Pra, Jezusi është njeri dhe plotëson kushtin për të qenë Shpenguesi ynë.

Së dyti, Ai nuk duhet të jetë pasardhës i Adamit

Një borxhli nuk mund të paguaj borxhet e njerëzve të tjerë. Vetëm ai që nuk ka borxhe dhe ka mundësi t'i ndihmojë të tjerët mund të paguaj. Po ashtu, shpenguesi i të gjithë njerëzimit duhet të jetë i panjollë dhe pa mëkat për të shpenguar të gjithë njerëzit nga mëkatet dhe vdekja. Të gjithë njerëzit janë pasardhës të Adamit dhe janë mëkatarë sepse, Adami, paraardhësi i të gjithë njerëzimit mëkatoi. Asnjë nga pasardhësit e tij nuk e plotëson kushtin për t'u bërë shpengues i të gjithë njerëzve sepse ata vetë janë mëkatarë. Madje as ndonjë prej njerëzve më të njohur në histori nuk mund të jetë përgjegjës për mëkatet e të tjerëve.

A e plotëson Jezusi këtë kusht?

Mateu 1:18-21 përshkruan lindjen e Jezusit. Ai u ngjiz nga Fryma e Shenjtë, dhe jo nga bashkimi i një burri dhe një gruaje. Vargjet thonë:

Tani lindja e Jezu Krishtit ndodhi në këtë mënyrë: Maria, nëna e tij, i ishte premtuar Jozefit, por para se të fillonin të rrinin bashkë, mbeti shtatzënë nga Frymën e Shenjtë. Atëherë Jozefi, i fejuari i saj, i cili ishte njeri i drejtë dhe nuk donte ta poshtëronte botërisht, vendosi ta linte fshehtas. Por, ndërsa bluante me vete këto çështje, ja që iu shfaq në ëndërr një engjëll i Zotit dhe i tha: "Jozef, bir i Davidit, mos ki frikë ta marrësh me vete

Marinë si gruan tënde, sepse ç'është ngjizur në të është veprë e Frymës së Shenjtë. he ajo do të lindë një djalë dhe ti do t'i vësh emrin Jezus, sepse ai do të shpëtojë popullin e tij nga mëkatet e tyre. "

Sipas gjenealogjisë së Tij, Jezusi ishte paraardhës i Davidit (Mateu 1; Luka 3:23-37). Por, Ai u ngjiz nëpërmjet Frymës së Shenjtë përpara se Maria të bashkohej me Jozefin. Prandaj, ai nuk kishte natyrë mëkatare.

Të gjithë lindin me mëkatin origjinal sepse e trashëgojnë natyrën mëkatare nga prindërit. Me fjalë të tjera, pasi mëkatoi, Adami ua trashëgoi natyrën e tij mëkatare të gjithë pasardhësve të tij. Natyra mëkatare është trashëguar te të gjithë njerëzit deri në ditët e sotme, dhe ky mëkat quhet "mëkati origjinal." Për këtë arsye, të gjithë paraardhësit e Adamit janë mëkatarë dhe nuk mund ta shpengojnë ndonjë tjetër njeri.

Prandaj, Perëndia Atë planifikoi që Biri i Tij, Jezusi, të ngjizej nga Fryma e Shenjtë në barkun e Virgjëreshës Mari. Në këtë mënyrë, Jezusi u bë mish dhe erdhi në këtë botë, por jo si pasardhës i Adamit.

Së treti, Ai duhet të ketë pushtet të mposhtë djallin.

Sërish, Levitiku 25:26-27 na thotë:

Dhe në qoftë se dikush nuk ka njeri që të mund ta shpengojë pronën e tij, por arrin të gjejë vetë shumën e

nevojshme për shpengimin, do të numërojë vitet që
kaluan dhe do t'i japë blerësit shumën e viteve që
mbeten akoma, dhe do të rifitojë kështu pronën e tij.

Pra, shpenguesi duhet të ketë pushtetin që të blejë sërish tokën e shitur. Një i varfër nuk mund të shlyejë borxhin e mikut të tij edhe nëse dëshiron ta bëjë këtë. Në të njëjtën mënyrë, për të qenë në gjendje t'i shpëtojë të gjithë njerëzit nga mëkatet e tyre, shpenguesi nuk duhet të ketë asnjë mëkat. Pastërtia nga mëkati është forcë në botën frymërore.

Shpenguesi duhet të ketë pushtetin që të mposhtë armikun Satanin dhe të rimarrë prej tij autoritetin e humbur të Adamit. Pra, Shpenguesi nuk duhet të ketë as mëkatin origjinal dhe as mëkate të tijat. Vetëm një shpengues pa mëkat mund ta mposhtë djallin dhe t'i çlirojë të gjithë njerëzit prej tij.

Ai ishte Jezusi pa mëkat?
Jezusi nuk kishte mëkat origjinal sepse Ai ishte ngjizur nga Fryma e Shenjtë. Ai iu bind plotësisht ligjit të Perëndisë sepse u rrit nën kontrollin e prindërve të cilët kishin frikën e Perëndisë. Jezusi e përmbushi ligjin me dashuri dhe u rrethpre ditën e tetë të lindjes (Luka 2:21). Ai nuk kreu mëkate dhe iu bind vetëm vullnetit të Perëndisë Atë deri n pa mëkat kohën kur u kryqëzua në moshën 33 vjeçare (1 Pjetrit 2:22-24; Hebrenjve 7:26).

Jezusi mund ta mposhtte djallin dhe mund t'i shpengonte të gjithë njerëzit sepse Ai nuk kishte asnjë mëkat. Fakti që Ai ishte i pa mëkat u vërtetua nëpërmjet shumë veprave të fuqishme të Tij. Ai përzuri demonë, bëri të verbrit të shohin, të shurdhët të dëgjonin, të çalët të ecnin, dhe shëroi sëmundje të pashërueshme. Stuhia e fortë pushoi dhe era e furishme ndaloi kur Ai i qortoi erën dhe i tha ujit, "Pusho dhe fashitu!" (Marku 4:39)

Së fundi, Ai duhet të ketë dashuri flijuese

Edhe një i pasur nuk do ta shpengonte dot një tokë nëse ai nuk do të kishte dashuri për njeriun që shiti tokën. Në të njëjtën mënyrë, shpenguesi duhet të ketë dashuri për mëkatarët deri në atë pikë sa të flijojë veten e Vet për të zgjidhur një herë dhe për të gjithë, problemet e mëkateve.

Te Libri i Ruthit 4:1-6, Boazi ishte plotësisht në dijeni të varfërisë së Naomit dhe i tha të afërmit të saj më të ngushtë – një shpengues, që të blinte sërish tokën e saj nëse dëshironte. Por, burri refuzoi, duke i thënë Boazit, *"Unë nuk mund ta shpengoj për vete, sepse do të shkatërroj trashëgiminë time; shpengo ti atë që duhet të shpengoja unë, sepse unë nuk mund ta shpengoj"* (v. 6). Ai nuk e shpengoi tokën për Naomin dhe Ruthin megjithëse kishte para të mjaftueshme për ta bërë këtë gjë, sepse ai nuk kishte dashuri flijuese. Në fund, Boazi, shpenguesi më i afërt pas tij, e shpengoi tokën sepse ai vetë e kishte këtë dashuri flijuese.

Boazi u bë shpenguesi i ligjshëm dhe u martua me Ruthin sepse ai kishte dashuri të mjaftueshme për të shpenguar tokën e Naomit. Djali të cilin e lindën Boazi me Ruthin ishte stërgjyshi i Mbretit David dhe u regjistrua në gjenealogjinë familjare të Jezusit.

Jezusi u kryqëzua në dashuri. Jezusi ishte Fjala, por u bë mish dhe erdhi në këtë tokë. Ai nuk ishte pasardhës i Adamit sepse ishte ngjizur nëpërmjet Frymës së Shenjtë kështu që Ai lindi pa mëkatin origjinal. Jezusi kishte pushtetin t'i shpengonte të gjithë njerëzit nga mëkatet e tyre sepse Ai vetë ishte pa mëkat.

Sidoqoftë, Ai nuk mund të bëhej Shpengues pa një dashuri frymërore flijuese edhe nëse do të kishte tri cilësitë tjera. Ai duhej të merrte dënimin e mëkateve, për të cilat ishin dënuar njerëzit, në mënyrë që t'i shpengonte të gjithë njerëzit nga mëkatet.

Ai duhej të trajtohej si krimineli më i keq dhe më i rrezikshëm dhe të varej në kryqin prej druri. Ai duhej të fyhej, tallej dhe duhej të derdhte gjithë gjakun e ujin nga trupi i Tij për të shpëtuar njerëzimin. Ai duhej të paguante një çmim të lartë dhe të kryente një flijim të madh.

Nuk mund të gjeni asgjëkund në historinë njerëzore një rast kur një princ i pafajshëm vdes për popullin e tij të lig e të trashë. Jezusi është Biri i vetëm i Perëndisë së Plotfuqishëm, Mbreti mbi Mbretër, Zoti mbi zotë dhe Zot i gjithë krijimit. Jezusi kaq madhështor, fisnik dhe pafaj u var në kryq dhe vdiq duke derdhur gjakun e Tij. Çfarë dashurie të pamatshme që kishte Ai për ne!

Në fakt, Jezusi bëri vetëm vepra të mira gjatë gjithë jetës së Tij. Ai u dha falje mëkatarëve, shëroi lloj-lloj të sëmurësh, çliroi shumë njerëz nga demonët, dha lajmin e mirë të paqes, gëzimit e dashurisë dhe u dha njerëzve një shpresë të sinqertë për parajsën dhe shpëtimin. Mbi të gjitha, Ai dha jetën e Vet për mëkatarët.

Romakëve 5:7-8 thotë, *"Vështirë në fakt se vdes dikush për një të drejtë; mbase ndonjë do të guxonte të vdiste për një njeri të mirë. Por Perëndia e tregon dashurinë e tij ndaj nesh në atë që, kur ende ishim mëkatarë, Krishti vdiq për ne.''* Perëndia Atë dërgoi Birin e Tij të vetëmlindur, Jezusin, për ne që nuk jemi as të drejtë dhe as të mirë dhe lejoi që Ai të varej në kryq dhe të vdiste në të. Në këtë mënyrë Ai tregoi dashurinë e Tij të madhe.

Prandaj, lutem në emër të Perëndisë, që ju ta kuptoni se nuk mund të shpëtoheni në emër të askujt tjetër përveç emrit Jezu Krisht, që të fitoni të drejtën të bëheni fëmijë të Perëndisë duke pranuar Jezu Krishtin si dhe të gëzoni gjithmonë një jetë fitimtare me sigurinë e shpëtimit!

Kapitulli 5

PSE JEZUSI ËSHTË SHPËTIMTARI YNË I VETËM?

- Provania e shpëtimit nëpërmjet
  Jezu Krishtit
- Pse u var Jezusi në kryqin prej druri?
- Nuk ka asnjë emër tjetër në botë
  përveç emrit "Jezu Krisht"

"Ky është guri që ju, ndërtuesit, e hodhët poshtë dhe që u bë guri i qoshes. Dhe në asnjë tjetër nuk ka shpëtim, sepse nuk ka asnjë emër tjetër nën qiell që u është dhënë njerëzve dhe me anë të të cilit duhet të shpëtohemi."

Veprat e Apostujve 4:11-12

Kur të kuptoni provaninë e thellë dhe të kujdesshme të Perëndisë për rritjen e njerëzve do ta doni Atë me gjithë zemrën tuaj. Do të admironi dashurinë dhe urtësinë e Tij, kur të kuptoni provaninë e shpëtimit nëpërmjet Jezu Krishtit.

Atëherë, si filloi të plotësohej nëpërmjet Jezu Krishtit provania e shpëtimit që ishte fshehur përpara fillimit të kohës? Më parë ju tregova që Perëndia i drejtësisë kishte përgatitur atë që plotësonte kushtet për shpengimin e të gjithë njerëzve sipas ligjit frymëror dhe se nuk ekziston askush tjetër përveç Jezusit nën qiell që i plotëson cilësitë.

Jezusi është i vetmi që ishte njeri, por jo pasardhës i Adamit sepse Ai u ngjiz prej Frymës së Shenjtë dhe erdhi në tokë në mish. Ai kishte edhe fuqinë dhe dashurinë t'i shpengonte të gjithë njerëzit. Kështu që, duke u kryqëzuar Ai mundi të hapte rrugën e shpëtimit për qeniet njerëzore.

Prandaj, te Veprat 4:12 thuhet, *"Dhe në asnjë tjetër nuk ka shpëtim, sepse nuk ka asnjë emër tjetër nën qiell që u është dhënë njerëzve dhe me anë të të cilit duhet të shpëtohemi."* Kushdo që pranon Jezu Krishtin dhe beson në të merr faljen e të gjitha mëkateve dhe shpëtohet. Ai do të dalë nga errësira në dritë dhe do të marrë autoritetin dhe bekimet e fëmijëve të Perëndisë.

Tani, do t'ju shpjegoj pse duhet të besoni në Jezusin i cili u kryqëzua që ju të shpëtoheni dhe të merrni autoritetin dhe bekimet e një fëmije të Perëndisë.

Provania e shpëtimit nëpërmjet Jezu Krishtit

Perëndia e përgatiti rrugën e shpëtimit përpara fillimit të kohës. Libri i Zanafillës profetizoi për Jezusin dhe sekretin e shpëtimit të njerëzve nëpërmjet kryqit.

Zanafilla 3:14-15 thotë:

> *Atëherë Zoti Perëndi i tha gjarprit: "Me qenë se bëre këtë gjë, qofsh i mallkuar ndër gjithë kafshët dhe tërë bishat e fushave! Ti do të ecësh mbi barkun tënd dhe do të hash pluhur gjithë ditët e jetës sate. Dhe unë do të shtie armiqësi midis teje dhe gruas, midis farës sate dhe farës së saj; fara e saj do të shtypë kokën tënde, dhe ti do të plagosësh thembrën e farës së saj."*

Siç diskutuam më parë, në mënyrë frymërore, "gjarpri" i referohet djallit dhe "ngrënia e pluhurit" simbolizon djallin që sundon mbi njerëzit e krijuar nga pluhuri i tokës. Gjithashtu, "gruaja" simbolizon "Izraelin" dhe "fara e gruas" i referohet Jezusit. Fraza "Ti [gjarpri] do ta plagosësh thembrën e farës së saj" nënkupton që Jezusi do të kryqëzohet, dhe "fara e saj do të shtypë kokën tënde [gjarprit]" nënkupton që Jezusi do të shkatërrojë sundimin e Satanit duke u ringjallur nga të vdekurit.

Satani nuk mundi ta kuptojë planin e Perëndisë

Perëndia e kishte mbajtur të fshehur provaninë e shpëtimit në mënyrë që Satani të mos e dinte dhe të mos e kuptonte urtësinë e Tij.

Satani provoi të vrasë pasardhësin e gruas përpara se të shtypej. Ai mendonte se mund ta kishte përgjithnjë autoritetin që i ishte dorëzuar nga Adami, i cili nuk iu bind Perëndisë. Por, Satani nuk e dinte se kush ishte pasardhësi i gruas. Prandaj, ai u përpoq t'i vriste të gjithë profetët që donte Perëndia që nga koha e Dhjatës së Vjetër.

Kur lindi Moisiu, djalli bëri që Faraoni, mbreti i Egjiptit, të vriste çdo djalë të lindur nga gratë e hebrenjve (Eksodi 1:15-22). Kur Jezusi u ngjiz nga Fryma e Shenjtë dhe erdhi në tokë në mish, Satani bëri të njëjtën gjë me Mbretin Herod.

Por, Perëndia e dinte planin e armikut, Satanit. Engjëlli i Zotit iu shfaq në ëndërr Jozefit dhe i tha atij të shkonte në Egjipt me foshnjën dhe Marinë. Perëndia lejoi që familja të jetonte atje deri sa Mbreti Herod vdiq.

Kryqëzimi i Jezusit i lejuar nga Perëndia

Jezusi u rrit nën mbrojtjen e Perëndisë dhe e filloi misionin e Tij në moshën 30 vjeçare. Ai kaloi përmes Galilesë duke mësuar nëpër sinagoga, duke shëruar të gjitha llojet e sëmundjeve mes njerëzve, duke ringjallur të vdekurit, dhe duke u predikuar ungjillin të varfërve (Mateu 4:23, 11:5).

Ndërkohë, Satani planifikoi sërish që kryepriftërinjtë, mësuesit e ligjit dhe farisenjtë ta vrisnin Jezusin. Por siç e dini nga Bibla, asnjë njeri i lig mundi ta prekte Jezusin sepse të gjitha ngjarjet gjatë jetës së Tij ndodhën sipas provanisë së Perëndisë.

Perëndia e lejoi Satanin ta kryqëzonte Jezusin vetëm pas tre vjetësh nga fillimi i misionit të tij. Jezusit iu vu një kurorë me gjemba dhe vdiq në kryq duke vuajtur me dhimbje të mëdha nga gozhdimi i duarve dhe këmbëve.

Kryqëzimi është mënyra më mizore e ekzekutimit. Satani u kënaq shumë pasi e vrau Jezusin kaq mizorisht. Ai këndoi gjithë gëzim këngën e fitores sepse mendoi se do të vazhdonte ta sundonte botën sepse nuk ekzistonte asnjë që mund ta mposhte sundimin e tij. Megjithatë, këtu ishte fshehur provania sekrete e Perëndisë.

Djalli shkeli ligjin frymëror

Perëndia nuk e përdori pushtetin e Tij absolut sovran kundër ligjit sepse Ai është i drejtë. Ai e kishte përgatitur rrugën e shpëtimit me anë të ligjit frymëror përpara fillimit të kohës, sepse Ai bën gjithçka sipas ligjit frymëror.

Duke qenë se sipas ligjit frymëror paga e mëkatit është vdekja (Romakëve 6:23), askush nuk do të vdesë nëse nuk ka mëkat. Megjithatë, Satani e kryqëzoi Jezusin i cili ishte i panjollë dhe pa mëkat (1 Pjetrit 2:22-23). Duke vepruar kështu, armiku djall, shkeli ligjin frymëror dhe u mashtrua nga vetë kurthi i tij. Ai u kthye në instrument për shpëtimin e njerëzve, shpëtim që ishte planifikuar nga Perëndia. Pasardhësi i gruas ia shtypi kokën ashtu siç ishte profetizuar te Zanafilla.

Në përgjithësi, gjarpri mund të rezistojë edhe nëse i shkel bishtin apo i pret trupin, por nuk mund të rezistojë dot nëse e kap nga koka. Prandaj, kuptimi frymëror i frazës, "Dhe unë do të shtie armiqësi midis teje dhe gruas, midis farës sate dhe farës së saj; fara e saj do të shtypë kokën tënde, dhe ti do të plagosësh thembrën e farës së saj," është se për shkak të Jezu Krishtit, Satani do të humbasë pushtetin dhe autoritetin e tij. Gjarpri që godet thembrën e pasardhësit të gruas në kuptimin frymëror do të thotë që Satani do ta kryqëzojë Jezusin, dhe kjo u plotësua ashtu siç ishte parathënë te Zanafilla 3:15.

Shpëtimi nëpërmjet kryqëzimit të Jezusit

Rruga e shpëtimit që ishte e fshehur nga Perëndia përpara fillimit të kohës u plotësua kur Jezusi u ringjall ditën e tretë pas kryqëzimit.

Rreth 6,000 vite më parë, Adamit iu desh t'i dorëzonte djallit autoritetin e dhënë nga Perëndia sepse njeriu shkeli ligjin e botës frymërore me mosbindjen e tij (Luka 4:6). Megjithatë, 4,000 vite më vonë, Satani mori rrugën e shkatërrimit duke thyer ligjin frymëror.

Prandaj, djallit iu desh t'i çlironte ata që pranonin Jezusin si Shpëtimtarin e tyre dhe besuan në emrin e Tij, dhe morën të drejtën të bëhen fëmijë të Perëndisë. A do ta kishte kryqëzuar Jezusin djalli nëse do ta kishte ditur zgjuarsinë e Perëndisë? Aspak! 1Korintasve 2:8 na kujton *"[diturinë] të cilën asnjë nga pushtetarët e kësaj kohe nuk e ka njohur; sepse, po ta kishin njohur, nuk do të kishin kryqëzuar Zotin e lavdisë."*

Ata që nuk e kuptojnë këtë fakt gjithashtu pyesin, "Pse nuk mundi ta mbronte Perëndia i Plotfuqishëm Birin e Tij nga vdekja? Pse e lejoi të vdiste në kryq?" Por, nëse e kuptoni plotësisht provaninë e kryqit, do të kuptoni pse Jezusi duhej të kryqëzohej dhe se si më pas do të bëhej Mbret mbi mbretër e Zot mbi zotë pas fitores së Tij triumfuese mbi djallin. Kushdo që beson në Jezusin si Shpëtimtarin që vdiq mbi kryq dhe u ringjall tri ditë më vonë për të shpenguar njerëzit nga mëkatet e tyre, mund të deklarohet i drejtë dhe mund të shpëtohet.

Pse u var Jezusi në kryqin prej druri?

Pse duhej të varej Jezusi në një kryq prej druri? Pse duhej të ishte kryqi i druri? Mes një shumëllojshmërie mënyrash ekzekutimi, Jezusi vdiq në një kryq prej druri. Sipas Galatasve 3:13-14, ekzistojnë tri arsye frymërore pse Jezusi u var në një kryq prej druri.

Së pari, për të na shpenguar ne nga mallkimi i ligjit

Te Galatasve 3:13 thotë, *"Krishti na shpengoi nga mallkimi i ligjit, sepse u bë mallkim për ne (duke qenë se është shkruar: 'I mallkuar është kushdo që varet në dru')."* Këtu shpjegohet se Jezusi na shpengoi nga mallkimi i ligjit duke u varur në një kryq prej druri.

I gjithë njerëzimi ishte i mallkuar dhe i destinuar për rrugën e vdekjes për shkak të mosbindjes së njeriut të parë, Adamit, siç shkruan te Romakëve 6:23, "paga e mëkatit është vdekja." Por, Perëndia dha Birin e Tij Jezusin për njerëzimin dhe lejoi që Ai të varej në një kryq prej druri për t'i shpenguar ata nga mallkimi i ligjit (Ligji i Përtërirë 21:23).

Jezusi derdhi gjakun e Tij të çmuar në kryq. Vëzhgoni vargjet 11 dhe 14 nga Levitiku 17:

Sepse jeta e mishit është në gjak. Prandaj ju kam urdhëruar ta vini mbi altar për të bërë shlyerjen për jetën tuaj, sepse është gjaku që bën shlyerjen e fajit për jetën. (v. 11).

sepse është jeta e çdo mishi; gjaku i tij mban jetën e tij... (v.14).

Libri i Levitikut shkruan se jeta qëndron te gjaku sepse çdo kafshë ka nevojë për gjakun që të jetojë dhe do të vdiste pa të.

Sidoqoftë, kur një person vdes, trupi i tij shndërrohet në pluhur, dhe shpirti i tij shkon në parajsë ose në ferr. Për të marrë jetën e përjetshme, duhet që t'ju jenë falur të gjitha mëkatet. Që t'ju falen mëkatet, duhet të derdhet gjak siç shkruan te Hebrenjve 9:22, *"Dhe sipas ligjit, gati të gjitha gjërat pastrohen me anë të gjakut; dhe pa derdhur gjak nuk ka ndjesë."* Për këtë arsye, njerëzit gjatë kohërave të Dhjatës së Vjetër duhej të ofronin gjakun e kafshëve sa herë që mëkatonin. Por Jezusi derdhi gjakun e Tij të çmuar një herë e përgjithmonë që njerëzit të faleshin dhe të merrnin jetën e përjetshme sepse Ai vetë nuk e kishte mëkatin origjinal dhe vetë nuk kishte mëkatuar.

Prej gjakut të çmuar të Jezusit ju mund të merrni jetën e përjetshme. Kjo do të thotë që Jezusi vdiq në vendin tuaj dhe hapi rrugën që ju të bëheni fëmijë i Perëndisë.

Së dyti, për të dhënë bekimin e Abrahamit

Gjysma e parë e Galatasve 3:14 thotë *"Që bekimi i Abrahamit t'u vijë johebrenjve me anë të Jezu Krishtit, që ne të marrim premtimin e Frymës me anë të besimit."* Kjo do të thotë që Perëndia e jep bekimin e Abrahamit jo vetëm për izraelitët, por edhe për johebrenjtë që deklarohen të drejtë duke pranuar Jezusin si Shpëtimtarin e tyre.

Abrahami u quajt "ati i besimit" dhe "mik i Perëndisë' dhe jetoi i bekuar me fëmijë, jetë të gjatë, pasuri etj. Arsyeja pse Abrahami u bekua aq shumë është shkruar te Zanafilla 22:15-18:

> *Engjëlli i Zotit e thirri për të dytën herë Abrahamin nga qielli dhe tha: "Unë betohem për veten time, thotë Zoti, se ti e bëre këtë dhe nuk kurseve tët bir, të vetmin bir që ke, unë me siguri do të të bekoj fort dhe do të shumoj pasardhësit e tu si yjet e qiellit dhe si rëra që ndodhet në brigjet e detit dhe trashëgimtarët e tu do të zotërojnë portat e armiqve të tij. Dhe tërë kombet e tokës do të bekohen te pasardhësit e tu, sepse ti iu binde zërit tim"*

Abrahami u bind kur Perëndia i tha *"Largohu nga vendi yt, nga të afërmit e tu dhe nga shtëpia e babait tënd, dhe shko në vendin që do të të tregoj."* (Zanafilla 12:1). Ai u bind pa u ankuar dhe pa u justifikuar edhe kur Perëndia e urdhëroi, *"Merr tani birin tënd, birin tënd të vetëm, atë që ti do, Isakun, shko në vendin e Moriahve dhe sakrifikoje në një nga malet që do të të tregoj"* (Zanafilla 22:2). Kjo ishte e mundur për Abrahamin sepse ai besonte në Perëndinë që mund të ringjallte të vdekurit (Hebrenjve 11:19). Ai ishte bekim dhe ishte ati i besimit sepse kishte një besim shumë të fortë.

Prandaj, fëmijët e Perëndisë që pranojnë Jezusin si Shpëtimtarin e tyre duhet të kenë besimin e Abrahamit. Atëherë ju do të jeni në gjendje t'i jepni lavdi Perëndisë duke pranuar të gjitha bekimet e tokës.

Së treti, për të dhënë premtimin e Frymës

Pjesa e dytë e vargut te Galatasit 3:14 thotë, *"Që ne të marrim premtimin e Frymës me anë të besimit."* Kjo do të thotë që kushdo që beson se Jezusi vdiq mbi kryqin prej druri për njerëzimin, çlirohet nga mallkimi i ligjit dhe merr premtimin e Frymës së Shenjtë. Kushdo që e pranon Jezusin si Shpëtimtar merr autoritetin e një fëmije të Perëndisë dhe Frymën e Shenjtë si dhuratë dhe siguri (Gjoni 1:12; Romakëve 8:16).

Kur e merrni Frymën e Shenjtë, ju mund ta thërrisni Perëndinë "Abba, Atë" (Romakëve 8:15), emri juaj shkruhet në Librin e Jetës në parajsë (Luka 10:20), dhe bëheni qytetarë të qiejve (Filipianëve 3:20). Kjo ndodh sepse Fryma e Shenjtë, i cili është zemra dhe forca e Perëndisë, ju drejton drejt jetës së përjetshme duke ju ndihmuar të kuptoni fjalën e Perëndisë dhe të jetoni me besim sipas fjalës së Tij.

Sidoqoftë, ju do të shpëtoheni jo vetëm kur të njihni Jezusin si Shpëtimtarin tuaj, por edhe të besoni që Ai theu autoritetin e vdekjes dhe u ringjall. Romakëve 10:9 flet për këtë: *"Sepse, po të rrëfesh me gojën tënde Zotin Jezus, dhe po të besosh në zemrën tënde se Perëndia e ngjalli prej së vdekurish, do të shpëtohesh."*

Përpara fillimit të kohës, Perëndia kishte përgatitur planin e madh që do t'i bënte ata të cilët do të besonin në Jezusin si Shpëtimtar, të bashkoheshin me Perëndinë dhe që t'i drejtonte drejt shpëtimit. Plani është shumë i mrekullueshëm e misterioz. Qeniet njerëzore duhej të ndiqnin rrugën e vdekjes për shkak të mëkatit të njeriut të parë, sipas ligjit të botës frymërore i cili thotë që "Paga e mëkatit është vdekja." Por nga i njëjti ligj ata mund të çliroheshin nga mallkimi i ligjit dhe të shpëtoheshin në besim sepse Satani shkeli ligjin e botës shpirtërore.

Qeniet njerëzore duhej të vuanin nga dhimbjet, problemet dhe vdekja që solli armiku i tyre djalli kur u bënë skllevër të mëkateve të tyre për shkak të mosbindjes së tyre. Por, kushdo që pranon Jezusin si Shpëtimtar dhe merr Frymën e Shenjtë mund të fitojë shpëtimin, jetën e përjetshme, ringjalljen dhe lumenj pafund me bekime.

Privilegji dhe bekimi që iu jepën fëmijëve të Perëndisë

Kushdo që hap zemrën e tij dhe pranon Jezu Krishtin merr faljen, merr të drejtën për t'u bërë fëmijë i Perëndisë dhe gëzon paqe e dashuri në zemrën e tij. Kjo është e mundur sepse Jezusi i mori të gjitha mëkatet tona një herë e përgjithmonë duke u kryqëzuar. Kështu, në Psalmin 103:12 thuhet, *"Sa larg është lindja nga perëndimi, aq shumë Ai ka larguar nga ne fajet tona."* Gjithashtu, te Hebrenjve 10:16-18 lexojmë që *"Kjo është Besëlidhja që Unë do të bëj me ata pas atyre ditëve, thotë*

Perëndia, 'Unë do t'i shtie ligjet e mia në zemrat e tyre dhe do t'i shkruaj në mendjet e tyre', shton: 'Dhe nuk do t'i kujtoj më mëkatet e tyre dhe paudhësitë e tyre'. Edhe atje ku ka ndjesë të këtyre gjërave, nuk ka më ofertë për mëkatin."

Asgjë në botë nuk meriton të krahasohet me të drejtën që u jepet fëmijëve të Perëndisë nëpërmjet besimit. Në këtë botë, të drejtat që kanë fëmijët e një mbreti apo presidenti janë shumë të fuqishme. Sa e madhe duhet të jetë atëherë e drejta e fëmijëve të Perëndisë Krijuesit, i cili sundon botën, mbretëron në historinë njerëzore dhe në univers?

Perëndia nuk e konsideron si besim të vërtetë kur thua vetëm, "Jezusi është Shpëtimtari." Duhet të kuptoni kush është Jezu Krishti, pse është Ai i vetmi Shpëtimtar për ju, dhe të keni besim të vërtetë bazuar në këtë njohuri. Me këtë besim të vërtetë, atëherë, mund të kuptoni provaninë e Perëndisë të fshehur në kryq dhe mund të rrëfeni, "Zoti është Krishti dhe Biri i Perëndisë së gjallë!" dhe mund të jetoni sipas vullnetit të Perëndisë. Pa këtë besim të vërtetë, është shumë e vështirë që të keni besimin që rrjedhë nga zemra, dhe të jetoni sipas fjalës së Perëndisë. Ashtu si na tha Jezusi te Mateu 7:21, *"Jo çdo njeri që më thotë: 'Zot, Zot' do të hyjë në mbretërinë e qiejve; por do të hyjë ai që kryen vullnetin e Atit tim që është në qiej."* Jezusi deklaroi qartë se do të shpëtoheshin vetëm ata që i thërrasin Jezusit, "Zot, Zot" dhe që jetojnë sipas vullnetit dhe fjalës së Perëndisë.

Nuk ka asnjë emër tjetër në botë përveç emrit "Jezu Krisht"

Veprat 4 përshkruan një skenë në të cilën Pjetri dhe Gjoni dëshmojnë me guxim emrin e Jezu Krishtit përpara Sinedrit. Ata besonin me sinqeritet që nuk kishte asnjë emër tjetër përveç emrit "Jezu Krisht" nëpërmjet të cilit njeriu mund të arrinte shpëtimin, dhe Pjetrit, i cili ishte i mbushur me Frymën e Shenjtë, iu dha mundësia të shpallte që *"në asnjë tjetër nuk ka shpëtim, sepse nuk ka asnjë emër tjetër nën qiell që u është dhënë njerëzve dhe me anë të të cilit duhet të shpëtohemi."* (Veprat 4:12).

Çfarë nënkuptimesh frymërore ka në emrin "Jezu Krisht"? Pse nuk na ka dhënë asnjë emër tjetër Perëndia përveç emrit Jezu Krisht me anë të të cilit duhet të arrijmë shpëtimin?

Dallimi mes emrit "Jezus" dhe "Jezu Krisht"

Veprat 16:31 na tregon që *"Beso në Zotin Jezu Krisht dhe do të shpëtohesh, ti dhe shtëpia jote."* Ekziston një arsye e rëndësishme pse thotë "Zoti Jezus," dhe jo thjesht "Jezus."

Këtu, "Jezus" i referohet një njeriu që do të shpëtojë popullin e Tij nga mëkatet e tyre. "Krisht" është një fjalë greke që në hebraisht do të thotë "Mesia". Është "i vajosuri (Veprat 4:27)" dhe i referohet Shpëtimtarit që është Ndërmjetësi mes Perëndisë dhe njerëzve. Pra, "Jezus" është emri i shpëtimtarit të ardhshëm, por "Krisht" është emri i Shpëtimtarit që tashmë ka shpëtuar njerëz.

Gjatë ditëve të Dhjatës së Vjetër, Perëndia e vajoste personin që bëhej mbret, prift, ose profet duke derdhur vaj mbi kokën e personit që do të vajosej (Levitiku 4:3; 1 Samuelit 10:1; 1 Mbretërve 19:16). Vaji simbolizon Frymën e Shenjtë, prandaj, të vajosësh dikë do të thotë, t'i japësh Frymën e Shenjtë personit të zgjedhur nga Perëndia.

Jezusi ishte i vajosur si Mbreti, Kryeprifti, dhe Profeti, dhe erdhi në këtë botë në mish për të shpëtuar të gjitha qeniet njerëzore sipas provanisë së Perëndisë, destinuar përpara fillimit të kohës. Ai u kryqëzua për të na shpenguar ne, dhe u bë Shpëtimtari ynë duke u ringjallur ditën e tretë. Ai është Shpëtimtari që ka plotësuar provaninë e shpëtimit të Perëndisë. Do të thotë, Ai është Krishti.

Jezusit para kryqëzimit i referohemi vetëm si "Jezus". Por, pas kryqëzimit dhe ringjalljes, duhet t'i drejtohemi si "Jezu Krisht," "Zoti Jezus," ose "Zot."

Ju duhet të dini që ekziston një ndryshim i madh pushteti mes, "Jezus" dhe "Jezu Krisht." "Jezus" është emri me të cilin Ai është quajtur përpara se të plotësonte provaninë e shpëtimit dhe djalli nuk frikësohet shumë para këtij emri. Por, emri "Jezus Krisht," i përmbledh këto tri aspekte: gjakun që na shpengoi nga mëkatet tona; ringjalljen që shkatërroi autoritetin e vdekjes; dhe jetën e përjetshme. Përpara këtij emri, djalli dridhet nga frika.

Shumë njerëz neglizhojnë këtë fakt sepse nuk e kuptojnë ndryshimin. Por, është e vërtetë që veprat dhe përgjigja e Perëndisë do të jenë të ndryshme në varësi të emrit që thërrisni (Veprat 3:6).

Nëse i luteni Perëndisë në emrin e Zotit tonë Jezu Krisht dhe e mbani këtë fakt në mendje, ju do të jetoni një jetë fitimtare me përgjigje të shpejta dhe të shumta nga Perëndia juaj i Plotfuqishëm.

Bindja e plotë e Jezusit

Megjithëse ishte Perëndi në esencën e Tij, Jezusi nuk e konsideroi barazinë me Perëndinë si diçka ku ai të mbahej fort, dhe nuk kërkoi të drejtat e Tij si Perëndi. Ai e bëri Veten asgjë; Ai mori vendin e përulur të një skllavi dhe u shfaq në formën e një qenieje njerëzore.

Një shërbëtor i mirë nuk ka vullnet të tijin. Ai punon sipas vullnetit të zotërisë së tij dhe jo sipas vullnetit të vet. Detyra e shërbëtorit është t'i bindet vullnetit të zotërisë edhe nëse kjo bie në kundërshtim me vullnetin ose ndjenjën e tij. Jezusi iu bind vullnetit të Perëndisë me zemrën e një shërbëtori të mirë, dhe kështu mundi të përmbushte misionin e Tij për të shpëtuar njerëzimin.

Perëndia e ngriti Jezusin, i cili iu bind vullnetit të Perëndisë duke thënë, "Po" dhe "Amen," në vendin më të lartë dhe bëri që shumë njerëz të rrëfejnë që Ai është Zot.

Prandaj edhe Perëndia e lartësoi madhërisht dhe i dha një emër që është përmbi çdo emër, që në emër të Jezusit të përkulet çdo gju i krijesave (ose gjërave) qiellore, tokësore dhe nëntokësore, dhe çdo gjuhë të rrëfejë se Jezu Krishti është Zot, për lavdi të Perëndisë Atë. (Filipianëve 2:9-11).

Emri "Zoti Jezus" dëshmon pushtetin e Perëndisë

Te Gjoni 1:3 shkruan, *"Të gjitha gjërat u bënë me anë të Tij, dhe pa atë nuk u bë asnjë nga ato që u bënë."* Duke qenë se të gjitha gjërat në botë u krijuan nëpërmjet Jezusit, Ai ka autoritetin të sundojë mbi të gjitha gjërat si Krijues. Kur Jezusi, Biri i Perëndisë Krijuesit urdhëroi gjërat pa jetë si era dhe valët e detit, ato iu bindën. Kur Ai e mallkoi fikun ai u vyshk menjëherë. Jezusi kishte autoritetin të falte mëkatet dhe të shpëtonte mëkatarët nga dënimi për mëkatet e tyre. Kështu, Jezusi i tha një të paralizuari te Mateu 9:2, *"Dhe ja, iu paraqit një paralitik i shtrirë në vig; dhe Jezusi, kur pa besimin që kishin ata, i tha paralitikut: 'Merr zemër, o bir, mëkatet e tua të janë falur!'"*

Jezusi poashtu kishte pushtetin të shëronte të gjitha llojet e sëmundjeve dhe paaftësive fizike, dhe të ringjallte të vdekurit. Gjoni 11 përshkruan një skenë në të cilën Llazari i vdekur doli nga varri me duart dhe këmbët e mbështjella me fashë prej liri kur Jezusi e thirri me zë të lartë, "Llazar, dil!". Ai kishte vdekur para katër ditësh dhe mbante erë qelbëse, por doli nga varri si njeri i shëndetshëm.

Në të njëjtën mënyrë, Jezusi ju jep gjithçka që e kërkoni me besim sepse Ai ka fuqinë e mrekullibërëse të Perëndisë.

Jezu Krishti, Dashuria e Perëndisë

Siç thotë te 1 Gjonit 4:10, *"Në këtë është dashuria: jo se ne e kemi dashur Perëndinë, por që ai na ka dashur ne dhe dërgoi Birin e tij për shlyerjen e mëkateve tona,"* Perëndia na e tregoi dashurinë e tij mahnitëse. Ai dërgoi Birin e Tij të vetëmlindurin si flijim pajtues përderisa ne ishim ende mëkatarë. Perëndisë duroi një dhimbje të madhe dhe hapi rrugën e shpëtimit kur Biri i Tij u gozhdua dhe derdhi gjakun në kryq. Si u ndje Perëndia i dashurisë kur shikoi Birin e Tij të Vetëmlindurin të kryqëzohej? Perëndia nuk ishte në gjendje ta shihte

Atë i ulur në fronin e Tij. Mateu 27:51-54 na tregon sa shumë vuajti Perëndia kur Jezusi u kryqëzua.

> *Dhe ja, veli i tempullit u shqye në dy pjesë, nga maja e deri në fund; toka u drodh dhe shkëmbinjtë u çanë; varret u hapën dhe shumë trupa të të shenjtëve që flinin u ringjallën; dhe, të dalë nga varret mbas ringjalljes së Jezusit, hynë në qytetin e shenjtë dhe iu shfaqën shumëkujt. Tani centurioni dhe ata që bashkë me të ruanin Jezusin, kur panë tërmetin dhe ngjarjet e tjera, u trembën shumë dhe thanë: "Me të vërtetë ky ishte Biri i Perëndisë!"*

Kjo tregon qartë se Jezusi u kryqëzua jo për shkak të mëkateve të Tij, por për shkak të dashurisë së madhe të Perëndisë që dëshiron t'i drejtojë të gjithë njerëzit drejt rrugës së shpëtimit. Por, ka shumë njerëz që nuk e pranojnë ose nuk e kuptojnë këtë dashuri të madhe të Perëndisë.

Pas mosbindjes së Adamit, qeniet njerëzore nuk mund të ishin në bashkësi me Perëndinë dhe u bënë njerëz me natyrë mëkatare. Por, Jezusi erdhi në tokë dhe u bë Ndërmjetësi mes nesh dhe Perëndisë, në mënyrë që t'u jepte të gjithë njerëzimit bekimet e Emanuelit (Mateu 1:23). Nëpërmjet dhimbjes dhe vuajtjeve të Jezusit në kryq, ne mund të kemi paqe dhe pushim vërtetë.

Prandaj, shpresoj që ju të kuptoni dashurinë e madhe të Perëndisë që dha Birin e Tij të vetëm si shpagim për të na shpenguar nga mëkatet dhe vdekja e përjetshme, të kuptoni dashurinë flijuese të Zotit i cili, megjithëse ishte pa mëkat, u kryqëzua për ne dhe hapi rrugën e shpëtimit.

Kapitulli 6

PROVANIA E KRYQIT

- Lindur në një stallë dhe i vendosur
  në grazhd
- Jeta e Jezusit në varfëri
- U rrah dhe derdhi gjakun e Tij
- Jezusi veshi kurorën me gjemba
- Rrobat dhe tunika e Jezusit
- I gozhduar në duar dhe këmbë
- Këmbët e Jezusit nuk u thyen por
  brinja e Tij u shpua

"Megjithatë ai mbante sëmundjet tona dhe kishte marrë përsipër dhembjet tona; por ne e konsideronim të goditur, të rrahur nga Perëndia dhe të përulur. Por ai u tejshpua për shkak të shkeljeve tona, u shtyp për paudhësitë tona; ndëshkimi për të cilin kemi paqen është mbi të, dhe për shkak të vurratave të tij ne jemi shëruar. Ne të gjithë endeshim si dele; secili prej nesh ndiqte rrugën e vet, dhe Zoti bëri që të bjerë mbi të paudhësia e ne të gjithëve."

Isaia 53:4-6

Në planin e Perëndisë për të fituar fëmijë të vërtetë, pjesa më e rëndësishme është se Jezusi erdhi në mish në këtë botë, atij iu shkaktuan shumë vuajtje, dhe vdiq në kryq. Nëpërmjet gjithë kësaj, ai përgatiti rrugën për shpëtimin e qenieve njerëzore.

Provania e Perëndisë në kryq ka një kuptim të thellë frymë. Jezusi, Biri i vetëm-lindur i Perëndisë, duke braktisur lavdinë e qiejve, lindi në një stallë kafshësh, dhe jetoi në varfëri gjatë gjithë jetës së Tij.

Përveç kësaj, Ai u rrah me kamxhik dhe u gozhdua në këmbë e duar, veshi një kurorë me gjemba, derdhi gjak dhe ujë kur iu shpua brinja me heshtë. Çdo vuajtje që përjetoi Jezusi përmban dashurinë e pamasë të Perëndisë.

Kur të kuptoni plotësisht kuptimin frymë të kryqit dhe vuajtjeve të Jezusit, zemra juaj me siguri që do të preket nga dashuria e Perëndisë dhe do të fitoni besim të vërtetë. Gjithashtu, ju mund të merrni përgjigje për të gjitha problemet që keni në jetë, si varfëria e sëmundjet, dhe gjithashtu përgjigje për mbretërinë e përjetshme të qiejve.

Lindur në stallë dhe i vendosur në grazhd

Jezusi, duke qenë në natyrën e Tij vetë Perëndia, ishte zoti i të gjitha gjërave në qiell dhe në tokë, dhe qenia më e lavdishme. Por megjithatë, Ai erdhi në mish në këtë botë për të shpenguar njerëzit nga mëkati dhe për t'i drejtuar ata drejt shpëtimit. Jezusi është Biri i vetëm-lindur i Krijuesit të Plotfuqishëm. Pse atëherë, nuk lindi në një vend luksoz ose të paktën të lindte në një dhomë të rehatshme? A nuk mund të shkaktonte Perëndia që Ai të lindte në një vend madhështor? Pse atëherë lejoi që Jezusi të lindte në një stallë dhe të vendosej në një grazhd? Këtu ka një kuptim të thellë frymëror. Ju duhet të dini që Jezusi lindi në mënyrën më të lavdishme. Megjithëse njerëzit nuk mund të shihnin me sytë e tyre fizik, Perëndia ishte aq i kënaqur me lindjen e Jezusit saqë Ai e rrethoi Jezusin fëmijë me shumë engjëj dhe dritat e lavdisë së një ushtrie qiellore. Ndjesinë e gëzimit të Tij mund ta ndjeni nga Luka 2:14, ku është shkruan si vijon: *"Lavdi Perëndisë në vendet më të larta, dhe paqe mbi tokë njerëzve mbi të cilët qëndron mirëdashja e Tij."* Perëndia kishte përgatitur barinjtë e mirë dhe dijetarët nga Lindja dhe i drejtoi ata të adhuronin fëmijën Jezus.

Gjithë lavdërimet dhe adhurimi u bënë sepse me ardhjen e Tij në këtë botë, Jezusi do të hapte derën e shpëtimit. Shumë njerëz do të hynin në mbretërinë e përjetshme si fëmijë të Perëndisë, dhe Jezusi Biri i Perëndisë do të ishte Mbret mbi mbretër dhe Zot mbi zota.

Provania e Perëndisë e fshehur në lindjen e Jezusit

Kur Jezusi u lind, Cezar Augusti lëshoi një dekret për regjistrimin e popullsisë në të gjithë Perandorinë Romake. Hebrenjtë në atë kohë ishin nën sundimin kolonial të Romës dhe u kthyen në qytetet prej nga ishin, në zbatim të urdhrit të Cezarit.

Jozefi gjithashtu sëbashku me të fejuarën e tij Marinë shkuan nga qyteti i Nazaretit në Galile për në Betlehem, qytetin e Davidit, sepse ai i përkiste shtëpisë dhe vijës familjare të Davidit. Maria ishte e fejuar me Jozefin dhe përpara se të shkonin atje ngjizi një fëmijë me Frymën e Shenjtë. Gjatë qëndrimit të tyre ne Betlehem ajo lindi të parëlindurin Jezus.

Emri "Betlehem" do të thotë "Shtëpia e Bukës," dhe ishte qyteti prej nga ishte Mbreti David (1 Samuelit 16:1). Mikea 5:2 shkruan për qytetin e Betlehemit: *"Por ti, o Betlem Efratah, megjithëse je i vogël midis mijërave të Judës, nga ti do të dalë për Mua Ai që do të jetë sundues në Izrael, origjinat e të cilit janë nga kohërat e lashta, nga ditët e përjetësisë."* Betlehemi ishte profetizuar si vendlindja e Mesisë.

Në atë kohë, nuk kishte vende nëpër hane për Marinë dhe Jozefin, sepse mijëra vetë kishin ardhur në Betlehem për t'u regjistruar. Atje, Maria e lindi fëmijën në një stallë. Ajo e mbështolli Atë me pelena dhe e vendosi në një grazhd, një enë të gjatë druri që përdoret për të ushqyer lopët ose kuajt.

Atëherë, pse lindi Jezusi në një mënyrë kaq modeste dhe të përulur, ndërkohë që Ai erdhi si Shpëtimtari i njerëzimit?

Shpengimi i njerëzve si kafshë

Predikuesi 3:18 thotë, *"Thashë në zemrën time: 'Për sa u përket kushteve në të cilat ndodhen bijtë e njerëzve, Perëndia i vë në provë, që ata vetë të kuptojnë që janë si kafshë.'"* Njerëzit që kanë humbur shëmbëllytrën e Perëndisë, janë si kafshë në sytë e

Tij. Njeriu i parë Adami ishte fillimisht një qenie e gjallë, e krijuar në shëmbëlltyrën e Perëndisë. Ai ishte edhe njeri frymëror sepse Perëndia i mësoi atij vetëm Fjalën e së vërtetës.

Megjithatë, Adami hëngri nga fryti i pemës së njohjes të së mirës dhe të keqes në kundërshtim me urdhërimin e Perëndisë, prandaj fryma e tij vdiq dhe nuk mund të komunikonte më me Perëndinë. Ai gjithashtu nuk ishte më zot i krijimit. Satani e nxiti Adamin të ndiqte natyrën e vet mëkatare, dhe zemra e tij e pastër dhe e vërtetë u kthye në një zemër të papastër e të keqe.

Në jetën tuaj të përditshme, mund të keni dëgjuar ndonjëherë shprehjen "Ai është si kafshë." Shpesh dëgjojmë në media për njerëz që janë si kafshë. Për të përfituar, njerëz të tillë mashtrojnë dhe gënjejnë fqinjët, klientët, miqtë, dhe pjesëtarët e familjes. Prindërit dhe fëmijët ndonjëherë urrehen aq shumë sa duken gati të vrasin njëri tjetrin.

Njerëzit guxojnë t'i bëjnë këto vepra të liga sepse që nga vdekja e frymës, shpirti është bërë zot i njeriut, dhe për shkak të mëkateve, ata kanë humbur shëmbëlltyrën e Perëndisë. Ashtu si kafshët që janë krijuar vetëm me shpirt dhe trup, edhe këta njerëz nuk mund të hyjnë në qiell dhe nuk mund ta thërrasin Perëndinë "Abba Atë". Jezusi lindi në një stallë për të shpenguar njerëzit që janë si kafshë.

Jezusi është ushqimi i vërtetë shpirtëror

Jezusi u vendos në një grazhd ku hanin kuajt, për t'u bërë ushqimi i vërtetë frymëror për njerëzit që ishin si kafshë (Gjoni 6:51).

Me fjalë të tjera, ishte provania hyjnore ajo që drejtonte

njeriun drejt shpëtimit të plotë duke i mundësuar atij të rimerrte shëmbëlltyrën e Perëndisë dhe të kryente detyrën e plotë të njeriut. Cila është atëherë kjo detyrë e plotë e njeriut? Predikuesi 12:13-14 na jep disa pamje të saj:

> *Të dëgjojmë, pra, përfundimin e gjithë ligjëratës: "Ki frikë nga Perëndia dhe respekto urdhërimet e Tij, sepse kjo është tërësia e njeriut." Sepse Perëndia do të vërë të gjykohet çdo vepër, edhe çdo gjë që është fshehur, qoftë e mirë apo e keqe.*

Çfarë është "frika e Perëndisë"? Fjalët e Urta 8:13 na thotë që, *"Frika e Zotit është të urresh të keqen."* Prandaj, të kesh frikën e Perëndisë është të mos pranosh më të keqen dhe në të njëjtën kohë ta largosh çdo të keqe nga brendësia e zemrës.

Nëse vërtet keni frikën e Perëndisë, duhet të bëni çdo gjë që të largoni çdo lloj të keqe, të luftoni kundër mëkatit dhe ta largoni atë deri në derdhjen e gjakut. Ashtu si studentët që mësojnë shumë për të siguruar një të ardhme më të mirë, ashtu edhe ju duhet të bëni gjithçka që të keni frikën e Perëndisë dhe të plotësoni detyrën e plotë të njeriut për të gëzuar dashurinë dhe bekimet e Perëndisë.

Në Bibël mund të gjeni urdhërimet që Perëndia jep për fëmijët e Tij në formën, "bëj këtë, mos bëj këtë, dhe largo këtë." Nga ana tjetër, Perëndia na tregon se ajo që duhet të bëjnë fëmijët e Perëndisë është "të luten, të duan, të japin falënderime e shumë të tjera." Gjithashtu, Perëndia na urdhëron që të mos bëjmë gjëra që na çojnë në vdekje si urrejtja, tradhtia bashkëshortore dhe dehja.

Ai na udhëzon gjithashtu t'u bindemi disa urdhërimeve siç janë "Mbaje Sabatin ditë të shenjtë," "Mbaj premtimet që bën," e të tilla si këto. Perëndia na nxit gjitashtu që të largojmë gjërat e dëmshme, duke thënë, "Shmangni çdo lloj të keqe," "Largoni lakminë," e kështu me radhë.

Detyra e plotë e njeriut është të ketë frikë Perëndinë dhe të mbajë urdhërimet e Tij. Në Ditën e Gjykimit ne do të jemi përgjegjës përpara Perëndisë, për secilën nga veprat tona. Për çdo vepër të fshehtë qoftë e mirë apo e keqe. Pra, kur jetoni si kafshët, pa përmbushur detyrën e plotë të njeriut, është e natyrshme që të flakeni në ferr në ditën e gjykimit të Perëndisë.

Jezusi lindi në një stallë dhe u vendos në një grazhd për të shpenguar njerëzit që janë si kafshët dhe për t'u bërë ushqimi i tyre shpirtëror.

Jeta e Jezusit në varfëri

Gjoni 3:35 thotë, *"Ati e do Birin dhe i ka dhënë në dorë çdo gjë."* Lexojmë te Kolosianëve 1:16, *"Sepse në Të u krijuan të gjitha gjërat, ato që janë në qiejt dhe ato mbi dhe, gjërat që duken dhe ato që nuk duken: frone, zotërime, principata dhe pushtete; të gjitha gjërat janë krijuar me anë të Tij dhe në lidhje me Të."* Me fjalë të tjera, Jezusi është Biri i vetëm i Perëndisë Krijuesit, dhe Zot i të gjitha gjërave në qiell dhe mbi tokë.

Pse atëherë erdhi Ai në këtë botë në mënyrë kaq të përulur e modeste dhe jetoi në varfëri, megjithëse ishte Perëndia i Plotfuqishëm i cili është i pasur pa fund?

Për të shpenguar njerëzit nga varfëria

2 Korintasve 8:9 thotë, *"Sepse ju e njihni hirin e Zotit tonë Jezu Krisht, i cili, duke qenë i pasur, u bë i varfër për ju, që ju të bëheni të pasur me anë të varfërisë së Tij."* Këtu manifestohet provania e dashurisë së mahnitshme e Perëndisë. Jezusi, megjithëse Mbret mbi mbretër, Zot mbi zota, dhe Biri i vetëm i Perëndisë Krijuesit, braktisi gjithë lavdinë qiellore, erdhi në këtë botë, jetoi në varfëri duke duruar përçmimet dhe keqtrajtimet e njerëzve në mënyrë që të shpengoj qeniet njerëzore nga varfëria.

Në fillim, Perëndia krijoi njeriun që të merrte dhe të hante fruta pa derdhur djersë, dhe që të gëzonte një jetë të begatë pa u lodhur në punë. Pasi njeriu i parë, Adami, nuk iu bind fjalës së Perëndisë dhe u korruptua, si rezultat njeriu mund të ushqehej vetëm duke u lodhur në punë dhe duke derdhur djersë. Për shkak të kësaj, njeriu shpesh jeton në ngushticë e varfëri.

Varfëria vetë nuk është mëkat, dhe Jezusi nuk e derdhi gjakun e Tij që të na shpengonte nga varfëria. Varfëria është mallkim që u manifestua pas mosbindjes së Adamit ndaj Perëndisë. Prandaj Jezusi ju bëri të pasur duke jetuar në varfëri.

Disa thonë se varfëria që Jezusi kishte gjatë gjithë jetës do të thotë varfëri shpirtërore. Sidoqoftë, duke qenë se Jezusi u ngjiz me anë të Frymës së Shenjtë dhe është një me Perëndinë Atë, nuk është e drejtë që të mendojmë që Ai ishte i varfër shpirtërisht.

Duhet të mbani në mend faktin që Jezusi jetoi në varfëri për t'ju shpenguar nga varfëria dhe që të keni një jetë të plotë me falënderime për dashurinë dhe hirin e Perëndisë.

Disa thonë se është gabim të kërkosh pará në lutje. Ndërsa

disa të tjerë mendojnë që nëse je i krishterë, duhet të jetosh në varfëri. Megjithatë, ky nuk është vullneti absolut i Perëndisë.

Në Bibël mund të lexojmë shumë fjalë bekimesh. Për shembull, te Ligji i Përtërirë 28:2-6 lexojmë:

> *Të gjitha këto bekime do të bien mbi ty dhe do të të zënë, në rast se dëgjon zërin e Zotit, Perëndisë tënd: Do të jesh i bekuar në qytete dhe në fshatra. I bekuar do të jetë edhe fryti i barkut tënd, fryti i tokës dhe i bagëtisë sate, pjelljet e lopëve të tua dhe fryti i deleve të tua. Të bekuara do të jenë shporta dhe magjja jote. Do të jesh i bekuar kur hyn dhe i bekuar kur del.*

3 Gjonit 1:2 na nxit, *"Shumë i dashur, unë dëshiroj të kesh mbarësi në çdo gjë dhe të gëzosh shëndet të mirë, ashtu si ka mbarësi shpirti yt."* Në fakt, njerëzit e përzgjedhur të Perëndisë si Abrahami, Isaku, Jakobi, Jozefi dhe Danieli kishin jetë shumë të begata.

Që të jetoni një jetë të pasur

Në drejtësinë e Tij, Perëndia bën që ju të korrni atë që mbillni. Ashtu si prindërit që duan t'u japin më të mirën fëmijëve të tyre, edhe Perëndia juaj i dashur dëshiron t'ju japë gjithçka që ju e kërkoni me besim (Marku 11:24).

Perëndia dëshiron t'ju japë përgjigje dhe bekime, por ju nuk mund të merrni asgjë nëse nuk kërkoni apo kur kërkoni pa mendjemprehtësi. Pra, nëse mundoheni të korrni diçka pa mbjellë gjë më parë, ju talleni me Perëndinë dhe jeni në kundërshtim me ligjin frymëror.

Disa mund të thonë, "Unë dua të mbjell, por nuk mundem sepse jam i varfër." Megjithatë, në Bibël mund të gjeni shumë njerëz që ishin shumë të varfër, por bënë gjithçka që mundën që të mbillnin dhe, si shpërblim, u bekuan me begati.

Te 1 Mbretërve 17, shohim që vendi u pllakos me një zi buke për tri vite e gjysmë. Gjatë kësaj zie, një e ve në Zarefat të Sidonit gatoi një kulaç të vogël për profetin Elija me një grusht miell në një poçe dhe pak vaj në një enë, të cilat ishin gjithçka që ajo kishte. Perëndia u kënaq shumë me shërbimin që ajo i bëri shërbëtorit të Tij dhe e bekoi atë me bollëk: poçja e miellit nuk mbaronte së nxjerri miell dhe ena e vajit nuk u tha deri në ditën kur Perëndia i dha vendit shi (1 Mbretërve 17:14).

Në një rast tjetër, gjatë kohës së Jezusit, një e ve e varfër hodhi në thesarin e tempullit dy monedha shumë të vogla që vlenin vetëm pak qindarka. Por megjithatë, Jezusi e lavdëroi atë, duke thënë se e veja e varfër hodhi më shumë pará se të gjithë të tjerët. Megjithë varfërinë e saj ajo dha çdo gjë, gjithçka që kishte, ndërsa të tjerët dhanë vetëm një pjesë të asaj që posedonin (Marku 12:42-44).

Gjëja më e rëndësishme është qëllimi juaj për t'i dhënë gjithçka Perëndisë. Perëndia nuk sheh sasinë e ofertës suaj, por pëlqen aromën e këndshme të dashurisë dhe besimit që ndodhet në ofertën tuaj dhe ju bekon me bollëk.

U rrah dhe derdhi gjakun e Tij

Para kryqëzimit, ushtarët romakë e tallën dhe e përbuzën

Jezusin duke e qëlluar në fytyrë, duke e pështyrë, dhe gjëra të tjera si këto. Ata e fshikulluan Jezusin me një kamxhik që e kishte majën prej shiriti lëkure me copa me gjemba.

Në ato ditë, ushtarët romakë ishin forcat ushtarake më të disiplinuara e më të forta në botë. Sa e fortë duhet të ketë qenë dhimbja kur i hoqën rrobat Jezusit dhe e fshikulluan? Kur ia fshikullonin trupin me kamxhik, Atij i çahej mishi, i dilnin kockat, dhe gjaku i vërshonte.

Për të plotësuar profecinë e Isaias *"I paraqita kurrizin tim atij që më rrihte dhe faqet e mia atij që më shkulte mjekrën; nuk ia fsheha fytyrën time poshtërimit dhe të pështyrave,"* (Isaia 50:6), Jezusi nuk u përpoq asnjëherë të shmangte fshikullimet.

Për të shëruar sëmundjet dhe lëngatat

Pse atëherë u fshikullua me kamxhik Jezusi dhe pse e derdhi gjakun? Pse lejoi Perëndia që kjo t'i ndodhte Birit të Tij? Isaia 53 shpjegon qëllimin e vuajtjeve të Jezusit.

Por ai u tejshpua për shkak të shkeljeve tona, u shtyp për paudhësitë tona; ndëshkimi për të cilin kemi paqen është mbi të, dhe për shkak të vurratave të tij ne jemi shëruar. Ne të gjithë endeshim si dele; secili prej nesh ndiqte rrugën e vet, dhe Zoti bëri që të bjerë mbi të paudhësia e ne të gjithëve. (Isaia 53:5-6).

Jezusi u shpua dhe u shtyp për shkeljet dhe padrejtësitë tona. Ai u ndëshkua, u fshikullua dhe derdhi gjak për t'ju dhënë paqe dhe për t'ju çliruar nga të gjitha sëmundjet.

Te Mateu 9, kur Jezusi shëroi një paralitik të shtrirë në rrogoz, në fillim Ai zgjidhi problemin e mëkatit duke thënë, "Mëkatet e tua të janë falur." Vetëm atëherë i tha, "Ngrihu, merr vigun tënd dhe shko në shtëpi."

Te Gjoni 5, pasi Jezusi shëroi një person që kishte qenë i paralizuar për tridhjetë e tetë vite, i tha, *"Ja, ti u shërove; mos mëkato më që të mos të të bëhet një gjë më e keqe"* (Gjoni 5:14). Bibla na thotë që sëmundjet vijnë si pasojë e mëkateve tuaja. Kështu që ju nevojitet dikush që të mund të zgjidhë problemin tuaj të mëkatit, për t'ju çliruar nga sëmundjet. Por, pa derdhjen e gjakut, nuk mund të ketë falje (Levitiku 17:11).

Ja pse, gjatë kohës së Dhjatës së Vjetër, kur dikush mëkatonte, prifti therte një kafshë si flijim pajtues. Por, juve nuk ju nevojitet të therni kafshë si flijime pasi Jezusi erdhi në mish në këtë botë dhe derdhi gjakun e Tij pa mëkat, të panjollë e të fuqishëm. Gjaku i shenjtë i Jezusit shleu të gjitha mëkatet e njerëzve në të kaluarën, në të tashmen dhe në të ardhmen.

Për të marrë mbi Vete lëngatat dhe sëmundjet tona

Mateu 8:17 thotë, *"Që kështu të përmbushej fjala e profetit Isaia kur tha: 'Ai i mori lëngatat tona dhe i mbarti sëmundjet tona.'"* Pra, nëse e dini pse u fshikullua Jezusi dhe pse u derdh gjaku i tij, nëse besoni në të nuk është e nevojshme që ju të vuani nga dobësitë dhe sëmundjet.

1 Pjetri 2:24 thotë, *"Ai Vetë i barti mëkatet tona në trupin e Tij mbi drurin e kryqit që ne, të vdekur për mëkate, të rrojmë për drejtësi; dhe me vurratat e Tij ju u shëruat."* Koha e kryer është përdorur në këtë

varg sepse Jezusi i kishte shlyer të gjitha mëkatet e njerëzve.

Megjithëse thonë se besojnë faktin që Jezusi mori mbi vete dobësitë dhe sëmundjet tona duke u torturuar dhe duke derdhur gjakun e Tij, pse atëherë disa nga ne ende vuajnë nga sëmundje të ndryshme?

Perëndia thotë te Eksodi 15:26, *"Në qoftë se ti dëgjon me vëmendje zërin e Zotit, Perëndisë tënd, dhe bën atë që është e drejtë në sytë e Tij dhe dëgjon urdhërimet e Tij dhe respekton tërë ligjet e Tij, Unë nuk do të jap asnjë nga ato sëmundje që u kam dhënë Egjiptasve, sepse Unë jam Zoti që të shëron."* Kjo do të thotë që nëse bëni atë që është e drejtë në sytë e Perëndisë, asnjë sëmundje nuk do t'ju prekë, sepse Perëndia me sytë e Tij si zjarr flakërues ju mbron nga sëmundjet.

Le të marrim një shembull. Kur një fëmijë vjen në shtëpi duke qarë pasi e ka rrahur djali i fqiut , reagimi dhe qëndrimi i prindërve ndaj këtij incidenti mund të jetë shumë i ndryshëm në varësi të besimit të tyre.

Dikush mund ta mësojë fëmijën kështu: "Pse të rrahin gjithmonë ty? Nëse të qëllojnë, të paktën godite edhe ti dy a tri herë." Një prind tjetër mund të shkojë ta takojë e të ankohet te prindi i fëmijës që i ka rrahur fëmijën. Disa prindër të tjerë nuk veprojnë kështu, por në zemër mund të zemërohen ose indinjohen.

Por, Perëndia ju udhëzon të mposhtni të ligën me të mirë, t'i doni armiqtë tuaj, dhe të kërkoni paqe me këdo, duke thënë, *"Por unë po ju them: Mos i rezisto të ligut; madje, në qoftë se dikush të qëllon mbi faqen e djathtë, ktheja dhe tjetrën"* (Mateu 5:39).

Prandaj, nëse bëni atë që është e drejtë në sytë e Tij, nuk është e vështirë që t'i mbani urdhërimet dhe urdhrat e Perëndisë. Nëse vazhdoni të luteni dhe bëni më të mirën tuaj, hiri dhe fuqia e

Perëndisë vijnë mbi ju, dhe mund të bëni çdo gjë me lehtësi me ndihmën e Frymës së Shenjtë.

Nëse i largoni mëkatet dhe bëni atë që është e drejtë në sytë e Perëndisë, sëmundjet nuk mund të vijnë mbi ju. Edhe nëse mbi ju vijnë sëmundje, Perëndia Shëruesi ju fal mëkatet dhe ju shëron plotësisht nëse përpiqeni të zbuloni se çfarë gabimi keni në sytë e Perëndisë dhe pendoheni me gjithë zemër.

Megjithëse mund të rrëfeni me buzë që Perëndia është i plotfuqishëm, nëse mbështeteni te bota ose shkoni në spital kur keni probleme ose sëmundje, Perëndia nuk është i kënaqur sepse kjo dëshmon që ju nuk besoni në të vërtetë në Perëndinë e Plotfuqishëm (2 Kronikave 16).

Jezusi veshi kurorën me gjemba

Kurora në fakt është për një mbret me veshje mbretërore. Megjithëse Jezusi ishte Biri i Vetëmlindur i Perëndisë, Mbreti mbi mbretër dhe Zoti mbi zota, Ai veshi një kurorë prej gjembash të gjatë dhe të fortë në vend të një kurore të bukur prej ari, argjendi e gurësh të çmuar.

Atëherë ushtarët e guvernatorit, mbasi e çuan Jezusin në pretoriumin e guvernatorit, mblodhën rreth Tij gjithë kohortën. Dhe, pasi e zhveshën, i hodhën mbi trup një mantel të kuq. Dhe i thurën një kurorë me ferra, ia vunë mbi krye dhe i dhanë një kallam në dorën e djathtë; dhe, duke u gjunjëzuar përpara Tij, e përqeshnin duke thënë:

'Tungjatjeta, o mbret i Judenjve!' Pastaj e pështynë, ia morën kallamin dhe me të i binin në kokë. (Mateu 27:27-30).

Ushtarët romakë mblodhën gjemba për të bërë me to një kurorë të ngushtë për kokën e Jezusit dhe ia vendosën me forcë në kokë. Gjembat i shpuan ballin dhe kokën, e gjaku i rrodhi mbi fytyrë. Pse lejoi Perëndia i Plotfuqishëm që Biri i Tij i vetëmlindur të mbante kurorë me gjemba, të vuante dhimbjet ndëshkuese, dhe të derdhte gjakun?

Së pari, Jezusi e veshi kurorën me gjemba për të na shpenguar nga mëkatet që bëjmë në mendjet tona.

Kur njeriu i krijuar nga Perëndia komunikonte me Të dhe i bindej fjalës së Tij, ai nuk kryente asnjë mëkat sepse gjithmonë mendonte në përputhje me vullnetin e Perëndisë dhe i bindej Atij.

Megjithatë, kur u tundua nga gjarpri dhe pranoi mendimin e dhënë nga Satani, ai mëkatoi. Më parë nuk kishte menduar kurrë që të hante frytin e pemës së njohjes të së mirës dhe të keqes. Por, pasi u tundua, e hëngri sepse i dukej i mirë për ushqim, i këndshëm për sytë dhe i dëshirueshëm për të fituar urtësi.

Po ashtu, Satani, i cili bëri që njeriu i parë Adami dhe Eva të mos i bindeshin Perëndisë, punon tani që t'ju bëjë të mëkatoni në mendime.

Në trurin njerëzor janë disa qeliza përgjegjëse për kujtesën. Që nga lindja, ajo që keni parë, dëgjuar dhe që keni mësuar vendoset në qelizat e kujtesës bashkë me ndjenjat tuaja për ngjarje, persona dhe informacione të veçanta. Ne e quajmë këtë "njohuri." Ajo që quajmë "mendim" është procesi i riprodhimit të kësaj njohurie të ruajtur, nëpërmjet punës së shpirtit.

Njerëzit janë rritur në ambiente të ndryshme. Ajo që kanë parë, dëgjuar dhe mësuar është e ndryshme te gjithsecili dhe po ashtu është e ndryshme edhe ajo që është futur në trurin e tyre. Edhe nëse ajo që kanë parë, dëgjuar dhe mësuar është e njëjtë, secili ka ndjenjat e veta në atë kohë. Dhe kështu është e paevitueshme që njerëzit të kenë vlera të ndryshme.

Fjala e Perëndisë shpesh nuk është në përputhje me njohurinë dhe teorinë tonë. Për shembull, mund të mendoni se nëse kërkoni të lartësoheni, duhet të ndërmerrni të gjithë hapat e mundshëm për të fituar mbi të tjerët. Por, Perëndia mëson se kushdo që e përul veten do të lartësohet (Mateu 23:12).

Shumica e njerëzve mendojnë se është shumë e natyrshme që t'i urrejnë armiqtë e tyre, por Perëndia ju thotë, "Duaji armiqtë", dhe "Nëse armiku yt është i uritur, jepi të hajë; nëse ka etje, jepi diçka për të pirë."

Mendimet e Perëndisë janë frymore, por mendimet e njerëzve janë të mishta e materialiste. Satani ju jep mendime të mishta që t'ju tundojë të shmangni Perëndinë, t'ju turbullojë që të mos arrini besimin e vërtetë, dhe të ju shtyj të ndiqni rrugët e botës, duke ju çuar kështu në mëkat dhe në vdekjen e përjetshme.

Te Mateu 16:21, dhe në vargjet në vazhdim, Jezusi u shpjegon dishepujve të Tij se si Ai do të vuante shumë, dhe që do të vdiste në kryq për t'u ringjallur ditën e tretë. Kur Pjetri dëgjoi këtë, ai e mori Jezusin mënjanë dhe filloi ta qortojë, duke i thënë, *"O Zot, Të shpëtoftë Perëndia; kjo nuk do të Të ndodhë kurrë"* (v. 22). Por, Jezusi iu kthye dhe i tha Pjetrit me zemërim, *"Shporru prej meje, o Satan! Ti je një skandal për mua, sepse s'ke ndër mend punët e Perëndisë, por punët e njerëzve"* (v. 23). Kur Jezusi tha me zemërim "Shporru prej meje, o Satan," Ai nuk donte të thoshte që Pjetri ishte Satani, por që Satani vetë punonte në mendjen e Pjetrit për të penguar punën e Perëndisë.

Jezusi duhej të mbartte kryqin për shpëtimin e njerëzimit në përputhje me vullnetin e Perëndisë, por Pjetri u përpoq Ta pengonte me mendimet e tij të mishta që të mos përmbushte vullnetin e Perëndisë.

Apostulli Pal shkruan në 2 Korintasve 10:3-6 si vijon:

Sepse, edhe pse ecim në mish, nuk luftojmë sipas mishit, sepse armët e luftës sonë nuk janë prej mishi, por të fuqishme në Perëndinë për të shkatërruar fortesat, që të hedhim poshtë mendimet dhe çdo lartësi që ngrihet kundër njohjes së Perëndisë dhe t'ia nënshtrojmë çdo mendim dëgjesës së Krishtit, dhe jemi gati të ndëshkojmë çdo mosbindje, kur të bëhet e përkryer bindja juaj.

Ju duhet të hidhni poshtë argumentet dhe arsyetimin tuaj personal, të cilat shpesh punojnë kundër mbretërisë së Perëndisë. Çdo mendim duhet ta bëni që t'i bindet Krishtit me qëllim që të jetoni sipas së vërtetës. Dhe atëherë do të bëheni njeri i frymës dhe i besimit.

Ju duhet ta largoni mendimin që duhet ta godisni dikë dy herë nëse ai ju qëllon sepse nuk dëshironi të turpëroheni, ky mendim i mishtë është kundrejt së vërtetës.

Prandaj, duhet t'i braktisni të gjitha mëkatet që vijnë nëpërmjet mendimeve. Për të zgjidhur përfundimisht problemin e mëkateve, duhet në radhë të parë të braktisni epshet e mishit, epshin e syve dhe krenarinë e jetës. Këto janë mendimet e gabuara me të cilat lavdërohet Satani.

Epshet e mishit, pra mendimet që krijohen në mendje, janë dëshira kundër vullnetit të Perëndisë. Galatasve 5:19-21 i rendit kështu këto epshe:

Dhe veprat e mishit janë të zbuluara dhe janë: kurorëshkelja, kurvëria, ndyrësia, shthurja, idhujtaria, magjia, armiqësimi, grindjet, xhelozitë, mëritë, zënkat, përçarjet, tarafet, smira, vrasjet, të dehurit, grykësia dhe gjëra të ngjashme me këto, për të cilat po ju paralajmëroj, si kurse ju thashë edhe më parë, se ata që i bëjnë këto gjëra nuk do të trashëgojnë mbretërinë e Perëndisë.

Dëshira për të bërë atë që Perëndia ju urdhëron ta braktisni, është epshi i mishit.

Epshi i syve të dikujt do të thotë që mendja e tij ndikohet shumë nga ajo që sheh dhe dëgjon, dhe më pas njeriu fillon të ndjekë dëshirat që lindin në mendjen e tij. Kur dikush do botën, duke kërkuar epshin e syve të tij, vetëm këto dëshira i duken të vlefshme dhe nuk mund të kënaqet përpara asgjëje.

Njeriu bëhet krenar kur arrin të ketë kënaqësinë e botës në ndjekjen e epshit të mishit dhe të syve. Kjo quhet krenari e jetës.

Për të na shpenguar nga çdo lloj imoraliteti, shkelje dhe e keqe, Jezusi veshi një kurorë me gjemba dhe derdhi gjakun e Tij. Duke qenë se vetëm gjaku pa mëkat dhe i panjollë i Jezusit mund të na shpengonte nga mëkatet tona, Ai na shpengoi nga të gjitha mëkatet e kryera në mendimet tona duke veshur kurorën me gjemba dhe duke derdhur gjakun e Tij.

Së dyti, Jezusi e veshi kurorën me gjemba që njerëzit të vishnin kurora më të mira në qiell.

Arsyeja tjetër për veshjen e kurorës me gjemba ishte që t'u mundësonte njerëzve të merrnin kurora më të mira. Ashtu siç ju shpengoi nga varfëria dhe ju dha pasuri duke jetuar vetë një jetë të varfër, ashtu edhe veshi kurorën me gjemba që ju të keni kurora më të mira në qiell.

Kurora pa fund janë përgatitur për fëmijët e Perëndisë në qiell. Në garat e atletikës, fituesve u jepen çmime të tilla si medalje ari, argjendi, apo bronzi, sipas renditjes së tyre. Po ashtu, edhe në qiell ekzistojnë kurora të ndryshme.

Kjo është një kurorë që nuk prishet siç shpjegohet te 1 Korintasve 9:25: *"Dhe kushdo që merr pjesë në garë kontrollon veten në të gjitha; dhe ata e bëjnë këtë për të marrë një kurorë që prishet, kurse ne për një kurorë që nuk prishet"* Një kurorë që nuk prishet është përgatitur për fëmijët e Perëndisë që luftojnë të largojnë mëkatet e tyre. Kurora e Lavdisë është e përgatitur për ata që largojnë mëkatet e tyre dhe jetojnë në përputhje me fjalën e Perëndisë dhe e përlëvdojnë Atë (1 Pjetrit 5:4). Kurora e jetës është përgatitur për ata që e duan Perëndinë, i janë besnik Atij deri në vdekje dhe shenjtërohen duke braktisur çdo lloj të keqeje (Jakobi 1:12; Zbulesa 2:10).

Kurora e drejtësisë u jepet atyre, që ashtu si apostulli Pal, u shenjtëruan duke larguar të gjitha mëkatet e tyre dhe e kryen plotësisht misionin e tyre, në përputhje me vullnetin e Perëndisë (2 Timoteut 4:8).

Gjithashtu, te Zbulesa 4:4 shpjegohet që *"Dhe rreth e qark fronit ishin njëzet e katër frone, dhe mbi frone pashë ndenjur njëzet e katër pleq të veshur me petka të bardha; dhe mbi kryet e tyre kishin kurora."* Kurora e artë është përgatitur për ata që arrijnë nivelin e pleqve dhe do të ndihmojnë Perëndinë në Jerusalemin e Ri. Këtu, "pleq" nuk i referohet njerëzve që u jepet ky titull në kishat e kësaj bote, por përshkruan njerëz të njohur nga Perëndia, si pleq, sepse janë të shenjtë dhe besnikë në gjithë shtëpinë e Perëndisë dhe kanë një besim të pandryshueshëm prej ari. Perëndia u jep kurora fëmijëve të Tij në varësi se sa i kanë larguar mëkatet dhe si e kanë kryer misionin e Perëndisë. Fëmijët e Perëndisë do të jenë të madhërishëm në qiell dhe do të marrin kurora më të mira nëse nuk mendojnë se si të kënaqin dëshirat e natyrës mëkatare mirëpo sillen siç duhet, në përputhje me fjalën e Perëndisë (Romakëve 13:13-14), (Galatasve 5:16), dhe nëse e kryejnë detyrën dhe misionin e tyre me besnikëri!

Po ashtu, Jezusi ju shpengoi nga të gjitha mëkatet që keni kryer në mendjet tuaja duke veshur një kurorë gjembash dhe duke derdhur gjakun e Tij. Sa mirënjohës duhet të jeni që Ai po përgatit kurora më të mira në qiell për t'jua dhënë sipas masës së besimit tuaj dhe përmbushjes së misionit!

Prandaj, duhet ta kuptoni sa e lavdishme është që të kualifikohesh për të marrë këto kurora. Duhet të keni zemrën e Zotit tuaj duke braktisur çdo lloj të keqe. Duhet ta kryeni mirë misionin tuaj, dhe duhet të jeni besnik në të gjithë shtëpinë e Perëndisë. Shpresoj që ju të merrni kurorën më të mirë në qiell.

Rrobat dhe tunika e Jezusit

Jezusi, i cili ishte duke veshur një kurorë me gjemba në kokë dhe duke derdhur gjak në tërë trupin për shkak të fshikullimit të ashpër, erdhi në Golgotë, një vend që përdorej për kryqëzime.

Kur ushtarët romakë e kryqëzuan Jezusin, ata i hoqën rrobat, i ndanë ato në katër pjesë, nga një për secilin. Ndërsa tunikën nuk e ndanë, por hodhën short për të.

Dhe ushtarët, mbasi e kishin kryqëzuar Jezusin, morën rrobat e Tij dhe bënë katër pjesë, një pjesë për çdo ushtar, dhe tunikën. Por tunika ishte pa tegel, e endur një copë nga maja e deri në fund. Prandaj ata i thanë njëri-tjetrit: "Nuk e grisim, por hedhim short kujt t'i bjerë"; që të përmbushej Shkrimi, që thotë: "I ndanë midis tyre rrobat e mia, dhe hodhën short për tunikën time." Ushtarët, pra, i bënë këto gjëra. (Gjoni 19:23-24).

Pse e shpjegon në detaje fjala e Perëndisë ndarjen e rrobave dhe të tunikës së Jezusit? Historia e Izraelit që nga viti 70 pas Krishtit është e ngulitur thellë në kuptimin frymor të kësaj ngjarje.

Zhveshja dhe kryqëzimi

Sipas Mateut 27:22-26, me kërkesë të hebrenjve që nuk e njihnin Jezusin si Mesinë, Jezusi u dënua me kryqëzim nga Ponc Pilati pasi ishte tallur e përbuzur në mënyra të ndryshme.

Pas veshjes së kurorës me gjemba dhe pasi e tallën dhe e shanë, Atë e detyruan të mbante kryqin në Golgotë dhe atje e kryqëzuan. Pilati urdhëroi ushtarët të vendosnin mbi kokën e Tij akuzën me shkrim në të cilën shkruhej, *"KY ËSHTË JEZUSI, MBRETI I JUDENJVE"* (Mateu 27:37).

Shënimi ishte shkruar në hebraisht, latinisht dhe greqisht.

Hebraishtja ishte gjuha tradicionale e hebrenjve, popullit të përzgjedhur të Perëndisë. Latinishtja ishte gjuha zyrtare e Perandorisë romake, kombit më të fuqishëm të asaj kohe dhe greqishtja ishte gjuha që dominonte kulturën në botë. Pra, shënimi në këto tri gjuhë, simbolizon që e gjithë bota e njohu vërtet Jezusin si mbretin e hebrenjve dhe si Mbret mbi mbretër.

Pasi lexuan shënimin, te Gjoni 19:21-22, shumë hebrenj protestuan te Pilati që të mos shkruante, "Mbreti i Hebrenjve", por të shkruante "Ai tha, 'Unë jam Mbreti i Judenjve.'" Megjithatë, Pilati iu përgjigj atyre, "Atë që kam shkruar e kam shkruar," dhe nuk e ndryshoi. Kjo do të thotë që edhe vetë Pilati e njihte Jezusin si mbretin e hebrenjve.

Ashtu siç e njohu Pilati Jezusin si mbret të judenjve, Ai me të vërtetë është Biri i vetëm i Perëndisë, Mbreti mbi mbretër, dhe Zoti mbi zota. Megjithatë, përpara shumë njerëzve që po e shikonin, Jezusit ia zhveshën rrobat dhe e kryqëzuan në kryq. Kështu, Atij iu desh të duronte një turp shumë të madh.

Ne jetojmë në këtë botë të ligë, duke harruar detyrën e plotë të njeriut. Dhe për të na shpenguar nga të gjitha llojet e turpit, pisllëqeve, ligësive, shkeljeve dhe imoralitetit, Jezusit Mbret mbi mbretër i zhveshën rrobat dhe tunikën dhe vuajti turpin përderisa shumë njerëz e shikonin. Nëse kuptoni kuptimin frymor në këtë, ju nuk mund të bëni asgjë tjetër veçse të jeni mirënjohës.

Ndarja e rrobave të Jezusit në katër pjesë

Ushtarët romakë e zhveshën Jezusin lakuriq dhe e kryqëzuan. Rrobat ia morën dhe i ndanë në katër pjesë, por për tunikën e Tij hodhën short.

Logjikisht mund të kuptojmë që rrobat e Tij nuk ishin as të bukura e as të shtrenjta. Pse atëherë i ndanë ushtarët rrobat e Tij në katër pjesë?

A e dinin, me largpamësi, që Jezusi do nderohej si Mesia dhe dëshironin të mbanin një copë veshjeje që t'ua linin fëmijëve e nipërve si thesar të çmuar të familjes? Jo, nuk ishte ashtu.

Psalmi 22:18 profetizon, *"Ndajnë midis tyre rrobat e mia dhe hedhin në short tunikën time."* Perëndia i lejoi ushtarët romakë që të merrnin rrobat e Tij për të plotësuar këtë varg (Gjoni 19:24).

Atëherë, çfarë nënkuptimi frymor kanë rrobat e Jezusit? Pse i ndanë rrobat e tij në katër pjesë, nga një për secilin? Pse nuk e ndanë tunikën? Pse lejoi Perëndia që kjo histori të shkruhej që më parë?

Duke qenë se Jezusi është mbreti i hebrenjve, rrobat e tij i referohen kombit të Izraelit ose popullit hebre. Kur ushtarët romakë i ndanë rrobat në katër pjesë, rrobat e humbën formën e tyre. Kjo kishte kuptimin që Izraeli si komb do të shkatërrohej. Gjithashtu kjo tregon se emri Izrael do të mbetej ashtu si mbetën pjesët e rrobave. Në fund të fundit, të gjitha fjalët e shkruara për rrobat e Tij profetizonin që populli hebre do të shpërndahej në të gjitha anët si rezultat i shkatërrimit të kombit të tyre. Historia e Izraelit vërteton që kjo profeci është plotësuar.

Katërdhjetë vite pas vdekjes së Jezusit në kryq, një gjeneral romak i quajtur Titus, shkatërroi Jerusalemin. Tempulli i Perëndisë u shkatërrua plotësisht dhe nuk mbeti gur mbi gur. Kombi i Izraelit pushoi së ekzistuari, hebrenjtë u shpërndanë kudo dhe u persekutuan e madje u vranë. Kjo shpjegon arsyen pse hebrenjtë kanë jetuar në të katër anët e botës deri në ditët e sotme.

Mateu 27:23 përshkruan një skenë të tmerrshme në të cilën Pilati i thotë turmës së njerëzve që Jezusi është pa faj, por ata thërrasin edhe më fort që ai ta kryqëzonte. Në këtë moment, Pilati mori ujë dhe lau duart për të treguar që nuk ishte përgjegjës për vdekjen e Jezusit të pafajshëm, duke thënë, *"Unë jam i pafaj për gjakun e këtij të drejti; mendojeni ju"* (v. 24). Më pas turma iu përgjigj, *"Le të jetë gjaku i tij mbi ne dhe mbi fëmijët tanë!"* (v. 25).

Një element mbresëlënës është që historia e Izraelit tregon qartë se sa hebrenj dhe pasardhës të tyre derdhën gjak, si për të përmbushur kërkesën që i bënë Ponc Pilatit. Katër dekada nga vdekja e Jezusit, 1.1 milionë hebrenj u vranë. Gjatë Luftës së Dytë Botërore, edhe Gjermania naziste vrau rreth 6 milionë hebrenj. Filmi "Lista e Shindlerit" shfaq skena tragjike ku hebrenjtë, pa bërë dallim nëse ishin meshkuj apo fermra, të vegjël apo pleq, u vranë krejtësisht të zhveshur. Edhe një krimineli i lejohet të mbajë rroba të pastra kur ekzekutohet, por hebrenjtë i zhveshën lakuriq kur i vranë.

Populli hebre nuk e kishte njohur Jezusin Mesinë. Ata e zhveshën lakuriq dhe e kryqëzuan. Ashtu siç thërritën, "Le të jetë gjaku i tij mbi ne dhe fëmijët tanë," për shekuj me radhë mbi popullin e Izraelit ranë fatkeqësi të tmerrshme.

Tunika e Jezusit pa tegel por e endur në një të vetme

Gjoni 19:23 e përshkruan tunikën e Jezusit: *"Por tunika*

ishte pa tegel, e endur një copë nga maja e deri në fund."
Këtu, "pa tegel" në këtë varg do të thotë që tunika nuk ishte e
qepur me disa copa së bashku. Shumica e njerëzve nuk janë të
interesuar të dinë se si janë bërë rrobat e tyre, nëse rrobat i kanë
të endura nga fillimi në fund, apo nga fundi në fillim. Atëherë,
pse Bibla e përshkruan me hollësi tunikën e Jezusit?

Bibla na thotë që paraardhësi i të gjithë njerëzve është Adami,
paraardhësi i besimit është Abrahami, dhe paraardhësi i Izraelit
është Jakobi. Vini re se Perëndia na mëson se paraardhësi Izraelit
nuk është Abrahami, por Jakobi sepse dymbëdhjetë fiset e
Izraelit erdhën nga dymbëdhjetë djemtë e Jakobit. Themeluesi i
kombit të Izraelit është Jakobi megjithëse paraardhësi i besimit
është Abrahami.

Perëndia e bekoi kështu Jakobin te Zanafilla 35:10-11:

> *"Emri yt është Jakob; ti nuk do të quhesh më Jakob,*
> *por emri yt do të jetë Izrael". Dhe i vuri emrin Izrael.*
> *Pastaj Perëndia i tha: "Unë jam Perëndia i*
> *Plotfuqishëm; ti bëhu i frytshëm dhe shumëzo; një komb,*
> *madje një tërësi kombesh do të rrjedhin prej teje, dhe*
> *disa mbretër kanë për të dalë nga ijët e tua;"*

Sipas fjalës së Perëndisë të përmendur në këto vargje,
dymbëdhjetë bijtë e Jakobit do të krijonin kombin e Izraelit.
Izraeli ishte shtet i bashkuar deri kur u nda në ditët e Mbretit
Rehoboam në Izraelin në Veri dhe Judenë në Jug.

Më pas, Izraeli në Veri u përzie me johebrenj, por Judea mbeti
e bashkuar. Sot, popullsia e Judesë quhet judenj. Fakti që tunika

e Jezusit ishte e qepur si një e tërë nga lart poshtë, do të thotë që kombi i Izraelit e mbajti unitetin si pasardhës të Jakobit deri në ditët e sotme.

Hedhja e shortit për tunikën jo të grisur të Jezusit

Këtu tunika nënkupton zemrën e popullit. Duke qenë se Jezusi është mbret i Izraelit, tunika e Tij nënkupton zemrën e popullit hebre.

Izraelitët, si populli i zgjedhur i Perëndisë nëpërmjet atit të besimit Abrahamit, kanë adhuruar Perëndinë e vërtetë mbi të gjitha gjërat. Fakti që ata nuk e ndanë tunikën nënkupton që shpirti i popullit hebre i cili adhuron Perëndinë, është ruajtur mirë pa u grisur në copa, megjithëse kombi apo vetë qeveria e Izraelit janë shkatërruar disa herë.

Në fakt, Bibla profetizon që johebrenjtë nuk do të mund ta zhduknin shpirtin e Izraelitëve që jetonte thellë në zemrat e tyre. Pra, zemra e tyre është mbajtur përherë drejt Perëndisë, megjithëse kombi i Izraelit është shkatërruar nga johebrenjtë. Perëndia zgjodhi izraelitët si popullin e Tij sepse ata kanë një zemër të tillë të pandryshueshme, dhe ata i ka përdorur për të themeluar mbretërinë dhe drejtësinë e Tij.

Edhe sot, izraelitët përpiqen të zbatojnë ligjin me një zemër të pandryshueshme sepse, ata janë pasardhës të Jakobit i cili kishte një zemër të pandryshueshme. Izraelitët çuditën mbarë botën kur fituan pavarësinë me 14 Maj 1948, shumë kohë pasi kishin humbur vendin e tyre. Pas kësaj, ata janë zhvilluar në shpejtësi dhe janë kthyer në një nga vendet më të përparuara dhe me më shumë influencë në botë poashtu e kanë treguar edhe një herë epërsinë dhe shpirtin e tyre kombëtar.

Ashtu si ushtarët romakë që nuk mundën ta ndanin tunikën e Jezusit e cila ishte e thurur në një të vetme nga lart poshtë, as johebrenjtë nuk mundën ta shkatërrojnë shpirtin Izraelit që adhuron Perëndinë. Në fund, izraelitët, si pasardhës të Jakobit, themeluan një shtet të pavarur dhe plotësuan vullnetin e Perëndisë për popullin e Tij të zgjedhur.

Izraeli në fund të kohës së profetizuar në Bibël

Ashtu siç parashikoi historinë e Izraelit nëpërmjet rrobave dhe tunikës së Jezusit, Perëndia na dha edhe një shenjë tjetër për ditët e fundit të botës.

Ezekieli 38:8-9 thotë:

> *Mbas shumë ditësh ti do të ndëshkohesh. Në vitet e fundit do të sulesh kundër vendit që nuk iu shmang shpatës, banorët e të cilit janë mbledhur nga shumë popuj, në malet e Izraelit, që kanë qenë për shumë kohë një shkreti; tani ata, të nxjerrë nga popujt, do të banojnë të gjithë të sigurt. Ti do të ngjitesh, do të vish si një tufan, do të jesh si një re që mbulon vendin, ti me gjithë trupat e tua dhe shumë popuj bashkë me ty.*

"Mbas shumë ditësh" në këto vargje është periudha e kohës nga lindja e Jezusit deri në Ardhjen e Tij të Dytë, dhe "në vitet e fundit" i referohet viteve të fundit para ardhjes së Dytë të Jezusit.

"Malet e Izraelit" tregojnë Jerusalemin, i cili shtrihet në pllaja të larta rreth 760 metra mbi nivelin e detit. Prandaj, thënia se në të ardhmen shumë njerëz do të mblidhen nga shumë vende, parashikon se izraelitët nga e gjithë bota do të kthehen në tokën e tyre kur të afrohen ditët e Kthimit të Jezusit.

Ky parashikim u vërtetua, kur Izraeli u shkatërrua nga Perandoria romake në vitin 70 pas Krishtit dhe pastaj fitoi pavarësinë në vitin 1948. Izraeli ishte i zbrazët deri kur u bë i pavarur, por tani është kthyer në një nga vendet më të zhvilluara në botë.

Dhjata e Re profetizon edhe pavarësinë e Izraelit. Jezusi na udhëzon te Mateu 24:32-34:

Tani mësoni nga fiku këtë shëmbëlltyrë: kur tashmë degët e tij njomësohen dhe nxjerrin gjethet, ta dini se vera është afër. Kështu edhe ju, kur t'i shihni të gjitha këto gjëra, ta dini se ai është afër, madje te dera. Në të vërtetë po ju them se ky brez nuk do të kalojë, pa u realizuar të gjitha këto.

Kjo ishte përgjigja e Jezusit për dishepujt e Tij, të cilët e pyetën për shenjën e Ardhjes së Tij të Dytë dhe fundin e kohës.

Pema e fikut në këto vargje i referohet Izraelit. Kur gjethet e fikut bien dhe fryn era, ju e kuptoni që dimri është afër. Po ashtu kur fillojnë të çelin sythat e fikut dhe gjethet, ju e kuptoni që vera është duke ardhur. Me këtë shëmbëlltyrë, Jezusi shpjegon se kur Izraeli të rindërtohet pas një kohe të gjatë shkatërrimi, pra kur populli i Izraelit të fitojë sërish pavarësinë, Ardhja e Dytë e Jezusit do të jetë shumë afër.

Ju nuk e dini sa i gjatë është "ky brez" që përmend Jezusi në varg, por e dini se kur do të plotësohet me siguri ajo që tha Ai. Keni dëshmuar tashmë pavarësinë e Izraelit, prandaj është shumë e lehtë të kuptohet që Ardhja e Dytë e Jezusit është shumë afër.

Shenjat e fundit të kohës

Te Mateu 24, kur dishepujt e Tij e pyetën për shenjat e fundit të kohës, Jezusi ua shpjegoi ato me hollësi. Por, Ai nuk u tregoi orën dhe ditën e saktë, duke thënë, *"Tani sa për atë ditë dhe për atë orë, askush s'e di, as engjëjt e qiejve, as Biri, por vetëm Ati im"* (Mateu 24:36).

Kjo do të thotë se Ai si Bir i Njeriut që erdhi në mish në këtë botë nuk e dinte orën apo ditën e saktë. Kjo nuk do të thotë se Jezusi si një person i Trinisë nuk e dinte këtë pas kryqëzimit, ringjalljes dhe ngjitjes në qiell.

Duke thënë shumë gjëra mbi shenjat e fundit të kohës, Jezusi ju paralajmëroi, *"Dhe duke qenë se paudhësia do të shumohet, shumëkujt do t'i ftohet dashuria; por ai që do të ngulmojë deri në fund do të shpëtohet."* (Mateu 24:12-13).

Sot, mund ta ndjeni shumë lehtë që ligësia është duke u rritur dhe dashuria duke u ftohur. Është shumë e vështirë të gjesh ngrohtësi. Jezusi tha te Mateu 24:14, *"Dhe ky ungjill i mbretërisë do të predikohet në gjithë botën si një dëshmi për gjithë kombet, dhe atëherë do të vijë mbarimi."* Ungjilli tashmë është predikuar në të katër anët e tokës.

Ne jetojmë në një "fshat global" ku çdo cep i globit është i arritshëm me anë të mjeteve të transportit ose komunikimit. Edhe ky fenomen është parashikuar te Danieli 12:4: *"Por ti,*

Daniel, mbaji të fshehura këto fjalë dhe vulose librin deri në kohën e mbarimit; shumë njerëz do ta shfletojnë dhe dituria do të shtohet. " Në një ambient të tillë, ungjilli është shpërndarë me shpejtësi në mbarë botën.

Është e vërtetë që edhe nëse ungjilli është predikuar në të gjithë botën, ka njerëz që nuk e kanë pranuar Jezusin sepse nuk i kanë hapur zemrat. Gjithashtu mund të ketë vende të largëta ku fara e ungjillit nuk është shpërndarë ende.

Të gjitha profecitë në Dhjatën e Vjetër janë plotësuar dhe pothuajse janë plotësuar edhe shumica e profecive në Dhjatën e Re. I gjithë Shkrimi është i frymëzuar nga Fryma e Shenjtë, pra, fjala e Perëndisë është e saktë dhe nuk përmban gabime. Edhe shkronja më e vogël apo pika më e vogël e shkruar me penë nuk do të ndryshohet në Fjalën e Perëndisë. Perëndia e ka përmbushur fjalën dhe premtimet e Tij dhe, vetëm pak gjëra mbeten të paplotësuara, dhe këtu përfshihen Ardhja e Dytë e Zotit tonë Jezu Krisht, Shtatë Vitet e Fatkeqësive të Mëdha, Mijëvjeçari i Ri, dhe Gjykimi i Madh i Fronit të Bardhë.

I gozhduar në duar dhe këmbë

Kryqëzimi ishte një nga metodat më mizore të ekzekutimit të vrasësve dhe tradhtarëve. Duart i shtriheshin në një kryq druri. Personi gozhdohej në duar e këmbë dhe lihej i varur mbi kryq për një kohë të gjatë deri sa të vdiste. Prandaj, i kryqëzuari kalonte dhimbje të tmerrshme deri sa të jepte shpirt.

Jezusi Biri i Perëndisë bëri vetëm gjëra të mira në këtë botë dhe nuk kishte as mëkat e as njollë. Pse atëherë u gozhdua Jezusi në këmbë e duar duke derdhur gjakun në kryq?

Dhimbja e gozhdimit të duarve dhe këmbëve

Jezusin e dënuan me vdekje në kryq dhe e çuan në vendin e kryqëzimit në Golgota. Me urdhër të centurionit dy ushtarë romakë, një që mbante një gozhdë të madhe hekuri dhe një tjetër me çekan në dorë, filluan t'i gozhdonin duart dhe këmbët. Pastaj e ngritën kryqin lart. A mund ta imagjinoni sa e dhimbshme duhet të ketë qenë kjo?

Jezusi i pafajshëm vuajti dhimbje të tmerrshme kur gozhdat iu ngulën në trup. Ndërsa ushtarët ngritën kryqin, trupi i Tij tërhiqej nga pesha dhe gozhdët i çanin duart e këmbët.

Kur dikujt i pritej koka, dhimbja mbaronte në një moment. Por vdekja në kryq ishte shumë më e dhimbshme sepse i kryqëzuari qëndronte i varur, derdhte gjak, dhe vuante nga dehidratimi dhe lodhja ekstreme deri në momentin e vdekjes.

Në një ditë me diell në shkretëtirë si ajo, insekte e parazitë fluturonin mbi trupin e Tij për të pirë gjak nga plagët nga duart dhe këmbët e Tij . Sikur të mos mjaftonte kjo, njerëz të ligj i drejtonin gishtërinjtë, e pështynin, e tallnin, e shanin dhe e ofendonin. Disa madje e përbuznin duke i thënë, *"Ti që e shkatërron tempullin dhe e rindërton për tri ditë, shpëto vetveten; në qoftë se je Biri i Perëndisë, zbrit nga kryqi!"* (Mateu 27:40).

Jezusin e shoqëroi një dhimbje e papërshkrueshme gjatë kryqëzimit. Por Ai e dinte shumë mirë që duke mbajtur mëkatet dhe mallkimet në kryq do të hapte rrugën për shpengimin e njerëzimit nga mëkatet dhe do t'i bënte ata fëmijë të Perëndisë.

Dhimbja e vërtetë për Të vinte nga diku tjetër. Ende kishte njerëz që nuk e njihnin këtë provani të Perëndisë ose që në ligësinë e tyre nuk e pranuan shpëtimin. Kjo i sillte Jezusit dhimbje edhe më të madhe.

Mëkatet e kryera me duar dhe këmbë

Në momentin kur në zemër ngjizet mendimi mëkatar, ai i nxit duart dhe këmbët të kryejnë mëkate. Duke qenë se ka një ligjfrymor që thotë se paga e mëkatit është vdekja, atëherë për mëkatet ju duhet të hidheni në ferr dhe të vuani përgjithmonë.

Ja pse Jezusi thotë, "Dhe nëse këmba jote të skandalizon për mëkat, preje; është më mirë për ty të hysh i çalë në jetë, se sa të kesh dy këmbë dhe të të hedhin në Gehena, në zjarrin e pashueshëm, atje ku krimbi i tyre nuk vdes dhe zjarri nuk fiket. Dhe nëse syri yt të skandalizon për mëkat, nxirre; është më mirë për ty të hysh me një sy në jetë sesa të kesh dy sy dhe të të hedhin në Gehenën e zjarri." (Marku 9:45-47).

Sa herë keni mëkatuar me duart e me këmbët që nga lindja? Disa njerëz rrahin të tjerë në zemërim. Disa vjedhin dhe disa të tjerë humbin pasuri të tëra duke luajtur kumar. Njerëzit bëhen të dhunshëm me këmbët e tyre dhe shkojnë aty ku nuk duhet të shkojnë. Prandaj, nëse këmbët ju bëjnë të mëkatoni, është më mirë që t'i prisni dhe të hyni në qiell pa këmbë sesa të hidheni në ferr me të dyja këmbët.

Sa mëkate keni kryer me sytë? Lakmia dhe tradhtia bashkëshortore ju djegin nga brenda kur shihni diçka që nuk duhet ta kishit parë me sy. Prandaj, Jezusi tha që nëse sytë ju bëjnë të mëkatoni, është më mirë t'i nxirrni e të hyni në qiell sesa të hidheni në ferr pasi të keni kryer mëkate me to.

Gjatë kohës së Dhjatës së Vjetër, nëse dikush kryente mëkat me syrin e tij, ai sy nxirrej; nëse dikush kryente mëkat me dorën ose këmbën e vet, dora ose këmba pritej; nëse dikush kryente vrasje apo tradhti bashkëshortore, ai duhej të vritej me gurë (Ligji i Përtërirë 19:19-21).

Pa vuajtjet e Jezu Krishtit në kryq, edhe sot, fëmijët e Perëndisë duhej të prisnin duart apo këmbët nëse do të kryenin mëkate me to. Por Jezusi mori kryqin dhe u gozhdua në duar e këmbë, dhe derdhi gjakun e Tij. Duke vepruar kështu, Ai lau mëkatet që kryeni me duart e këmbët tuaja dhe tani nuk është më e nevojshme që ju të vuani apo të paguani për mëkatet tuaja. Sa e madhe që është kjo dashuri!

Duhet të mbani mend se Ai ju pastron nga të gjitha mëkatet nëse ecni në dritë ashtu siç Ai është në dritë, dhe nëse i rrëfeni mëkatet tuaja dhe ktheheni te Ai (1 Gjonit 1:7).

Pra, është e rëndësishme që ta mbushni zemrën me të vërtetën për të pasur një jetë si fitimtarë duke pasur një zemër mirënjohëse e të pastër që është e përqendruar gjithmonë te Perëndia.

Këmbët e Jezusit nuk u thyen por brinja e Tij u shpua

Kur vdiq Jezusi ishte e premte, dita përpara Sabatit. Në ato ditë, e shtuna respektohej si dita e Sabatit (pushimit), dhe hebrenjtë nuk donin që trupat të liheshin nëpër kryqe gjatë Sabatit.

Pra, siç mund të lexoni te Gjoni 19:31, hebrenjtë i kërkuan Pilatit t'u thyente këmbët të kryqëzuarve dhe t'i zbriste trupat nga kryqi.

Me lejen e Ponc Pilatit, ushtarët thyen këmbët e hajdutëve që ishin kryqëzuar në të dy anët e Jezusit. Por Jezusit nuk ia thyen këmbët sepse Ai kishte vdekur. Në ato kohëra, ata që kryqëzoheshin konsideroheshin të mallkuar dhe kjo ishte arsyeja pse ushtarët ua thyenin këmbët. Prandaj, në faktin që ata nuk i thyen këmbët e Jezusit qëndron një provani hyjnore.

Pse nuk u thyen këmbët e Jezusit?

Jezusi i cili nuk kishte mëkat, u bë mallkim për ne dhe u var në kryq për të shpenguar qeniet njerëzore nga mallkimi i ligjit. Satani nuk mund t'ia thyejë këmbët Atij sepse Jezusi nuk vdiq për shkak të mëkateve të Tij, por sipas provanisë së Perëndisë.

Perëndia e ruajti Jezusin që këmbët e Tij të mos thyheshin, për të përmbushur Psalmin 34:20, që thotë, *"Ai i ruan tërë kockat e Tij, dhe asnjë prej tyre nuk copëtohet."*

Te Numrat 9:12, Perëndia u thotë izraelitëve që të mos i thyejnë asnjë kockë qengjit kur e hanë. Gjithashtu Ai thotë te Eksodi 12:46 që izraelitët mund ta hanin mishin e qengjit, por nuk duhej t'i thyenin asnjë kockë.

"Qengji" i referohet Jezusit që ishte pa mëkat dhe i panjollë. Ai sakrifikoi veten e Tij si flijim pajtues për qeniet njerëzore dhe mëkatet e tyre, nga dashuria që kishte për ne. Në përputhje me Shkrimet, Eksodi 12:46, që thotë, *"Qengji do të hahet vetëm në një shtëpi; asnjë pjesë të mishit të tij nuk do ta nxirrni jashtë shtëpisë dhe nuk do të thyeni asnjë kockë të tij,"* asnjë nga kockat e Jezusit nuk u thye.

Brinja e Tij e shpuar me heshtë

Gjoni 19:32-34 përshkruan edhe një skenë tjetër të kobshme:

> *Ushtarët, pra, erdhën dhe ia thyen kërcinjtë të parit*
> *dhe pastaj edhe tjetrit që ishte kryqëzuar me të; por, kur*
> *erdhën te Jezusi, dhe si panë se ai tashmë kishte vdekur,*
> *nuk ia thyen kërcinjtë, por njëri nga ushtarët ia tejshpoi*
> *brinjën me një heshtë, dhe menjëherë i doli gjak e ujë.*

Megjithëse ushtari e dinte që Jezusi kishte vdekur, pse atëherë e shpoi brinjën e Jezusit me heshtë, duke nxjerrë papritur gjak dhe ujë? Kjo dëshmon për ligësinë e njeriut.

Megjithëse ishte Perëndi, Jezusi nuk kërkoi dhe as u mbajt fort te të drejtat e Tij si Perëndi. Përkundrazi, Ai e bëri veten e Tij asgjë. Ai zuri vendin e përulur të një skllavi dhe u shfaq në formën e një qenieje njerëzore. I bindur, Ai e përuli veten edhe më tej duke vuajtur në kryq vdekjen e një kriminelii. Në këtë mënyrë, Jezusi e hapi derën e shpëtimit për ju (Filipianëve 2:6-8).

Gjatë jetës së Tij në këtë botë, Jezusi u dha të burgosurve lirinë, u dha të varfërve pasuri dhe shëroi të sëmurët dhe të dobëtit. Ai nuk kishte mjaftë kohë të hante e të flinte sepse Ai bëri gjithçka që të shpallte fjalën e Perëndisë për të shpëtuar sa më shumë shpirtra që të ishte e mundur. Ai shkonte në kodër të lutej edhe kur dishepujt e Tij pushonin.

Shumë hebrenj e persekutuan Atë duke e përbuzur, megjithëse, Ai bëri vetëm të mira dhe në fund, me ligësinë e tyre ata e kryqëzuan në kryq. Një ushtar romak e shpoi me heshtë, megjithëse e dinte që Ai kishte vdekur. Kjo na tregon që njerëzit ishin mbushur plot me ligësi.

Perëndia ju tregoi dashurinë e Tij të madhe duke dërguar Birin e Tij të vetëm Jezu Krisht dhe duke lejuar që Ai të kryqëzohej në kryq për t'ju shpenguar nga mëkatet, megjithë ligësinë e qenieve njerëzore.

Derdhja e gjakut dhe ujit nga brinja e Tij

Siç përmendëm më lart, në ligësinë e tij, një ushtar romak e shpoi Jezusin në brinjë me heshtë, megjithëse e dinte që Jezusi kishte vdekur. Kur i shpoi brinjën, prej trupit të Jezusit rrodhi gjak dhe ujë. Ky episod ka tre kuptime.

E para, tregon që Jezusi erdhi në mish si Biri i Njeriut. Gjoni 1:14 thotë, *"Dhe Fjala u bë mish dhe banoi ndër ne; dhe ne soditëm lavdinë e Tij, si lavdia e të vetëmlindurit prej Atit, plot hir e të vërtetë."* Perëndia erdhi në këtë botë në mish dhe Ai ishte Jezusi.

Mëkatarët nuk mund ta shohin Perëndinë sepse ata do të zhdukeshin nëse do ta shihnin. Prandaj, Perëndia nuk mund të shfaqet në mënyrë të drejtpërdrejtë përpara njerëzve dhe kjo është arsyeja pse Jezusi erdhi në këtë botë në mish dhe dha shumë prova që ne të besonim në Perëndinë.

Bibla ju tregon që Jezusi ishte njeri si të gjithë ju. Marku 3:20 thotë, *"Pastaj hynë në një shtëpi. Dhe u mblodh përsëri një turmë aq e madhe, sa që as bukë s'mund të hanin."* Mateu 8:24 na thotë, *"Dhe ja, që u ngrit në det një stuhi aq e madhe, sa valët po e mbulonin barkën, por Ai flinte."*

Disa njerëz mund të pyesin, si mund të kishte uri apo dhimbje Jezusi, Biri i Perëndisë. Jezusi ishte prej kockash dhe muskujsh dhe i duhej të hante dhe të flinte. Ai po ashtu ndjente dhimbje njësoj siç ndiejmë edhe ne.

Fakti që nga trupi i Tij rrodhi gjak dhe ujë kur e shpuan me heshtë, jep një provë bindëse që Jezusi erdhi në këtë botë në mish, megjithëse ishte Biri i Perëndisë.

Së dyti, kjo është një dëshmi tjetër që edhe nëse je i krijuar prej mishi mund të kesh natyrë hyjnore. Perëndia dëshiron që fëmijët e Tij të jenë të shenjtë e të përsosur siç është Ai. Kështu Ai thotë, *"Jini të shenjtë, sepse Unë jam i shenjtë"* (1 Pjetrit 1:16) dhe *"Jini, pra, të përkryer, ashtu siç është i përsosur Ati juaj, që është në qiej"* (Mateu 5:48). Ai ju inkurajon duke thënë, *"Me anë të të cilave na u dhuruan premtimet e çmueshme dhe shumë të mëdha, që nëpërmjet tyre të bëheni pjesëtarë të natyrës hyjnore, duke i shpëtuar prishjes që është në botë për shkak të lakmisë."* (2 Pjetrit 1:4), dhe *"Kini në ju po atë ndjenjë që ishte në Jezu Krishtin"* (Filipianëve 2:5).

Jezusi erdhi në këtë botë në mish dhe u bë shërbëtor sipas vullnetit të Perëndisë, dhe e plotësoi të gjithë detyrën e Tij. Ai e përmbushi ligjin me dashuri duke i mposhtur sprovat dhe mundimet duke jetuar sipas fjalës së Perëndisë.

Megjithëse ishte njeri si ju, Ai e pranoi dhimbjen me vullnet të plotë, ndoqi vullnetin e Perëndisë me durim dhe vetëkontroll, dhe u vetësakrifikua në dashuri duke vdekur në kryq, pa bërë rezistencë e pa u ankuar.

Atëherë, si mund të marrim pjesë ne në natyrën hyjnore me

zemrën e Krishtit Jezus?

Ju duhet të kryqëzoni natyrën tuaj mëkatare me pasione e dëshira, dhe duhet të keni dashuri frymërore e të luteni me ngulm për të marrë pjesë në natyrën hyjnore duke pasur të njëjtin qëndrim si Jezusi.

Nga ana tjetër, dashuria e mishit është egoiste, dhe kjo dashuri ftohet me kalimin e kohës. Njerëzit me këtë lloj dashurie e tradhtojnë njërit – tjetrin dhe vuajnë me dhimbje kur nuk kuptohen me njëri – tjetrin.

Nga ana tjetër, Perëndia dëshiron që ju të keni dashuri të durueshme, të mirë dhe jo egoiste. Pra, është dashuria frymore ajo që nuk ndryshon kurrë dhe është e gjallë çdo ditë. Ju mund të keni qëndrimin e Jezusit duke pasur dashurinë frymore dhe mund të largoni çdo të keqe nëpërmjet lutjeve me ngulm.

Kushdo mund të marrë hirin dhe fuqinë e Perëndisë nëse kërkon ndihmën e Tij në agjërim dhe lutje. Perëndia punon që të largojë çdo lloj të keqe dhe ju do të shkëlqeni si dielli në mbretërinë e qiejve nëse keni dashuri frymore. Ju do të prodhoni nëntë frytet e Frymës së Shenjtë (Galatasve 5) dhe do të merrni Bekimet (Mateu 5).

Së treti, gjaku dhe uji që rrodhi nga trupi i Jezusit kanë fuqinë që t'ju çojnë drejt një jete të vërtetë e të përjetshme.

Gjaku dhe uji i Jezusit ishin pa mëkat e panjollë sepse Ai nuk kishte mëkatin origjinal dhe nuk kishte kryer asnjë mëkat. Ishin ky gjak dhe ujë që mund të ringjalleshin. Për shkak se Ai derdhi gjakun e shenjtë, mëkatet ju janë pastruar, dhe ju vetë mund të keni jetën e vërtetë që çon në shpëtim, ringjallje dhe jetë të përjetshme.

Uji që rrodhi nga trupi i Jezusit simbolizon ujin e jetës, fjalën e Perëndisë. Ju mund të mbusheni me të vërtetën dhe të jeni fëmijë të vërtetë të Perëndisë nëse e kuptoni fjalën e Tij dhe i largoni mëkatet tuaja, duke jetuar sipas fjalës së Tij.

Jezusi, pa mëkat dhe i panjollë, dha gjithçka që t'ju jep një jetë të vërtetë deri në derdhjen e gjakut dhe ujit, megjithëse ju nuk ishit më të mirë sesa kafshët.

Shpresoj që ta kuptoni që ju jeni shpëtuar pa ju dashur që ta paguani çmimin, dhe mund t'i largoni mëkatet duke u lutur me ngulm në besim për të pasur një jetë të frytshme në Jezu Krishtin.

Kapitulli 7

SHTATË FJALËT E FUNDIT TË JEZUSIT NË KRYQ

- Atë, fali ata
- Sot do të jesh me Mua në Parajsë
- O grua, ja biri yt; ja nëna jote
- *Eloi, Eloi, lama sabaktani?*
- Kam etje
- U krye
- Atë, në duart e Tua po e dorëzoj
  frymën Time

"Dhe Jezusi tha: 'O Atë, fali ata sepse nuk dinë ç'bëjnë.' Pastaj, pasi i ndanë rrobat e Tij, hodhën short.... "(v. 34)

... Pastaj i tha Jezusit: "Zot, kujtohu për mua kur të vish në mbretërinë Tënde." Atëherë Jezusi i tha: "Në të vërtetë po të them: sot do të jesh me Mua në parajsë." Ishte afërsisht ora e gjashtë dhe errësira e mbuloi gjithë vendin deri në orën e nëntë. Dielli u err dhe perdja e tempullit u nda në mes. Dhe Jezusi bërtiti me zë të lartë dhe tha: "O Atë, në duart e Tua po e dorëzoj frymën Tim!" Dhe, si tha këto, dha frymën. (v. 40-46)

Luka 23:34, 40-46

Shumë njerëz kur janë pranë vdekjes kujtojnë jetën e tyre. Ata lenë fjalët e fundit për pjesëtarët e familjes dhe për miqtë. Jezusi u bë mish, erdhi në këtë botë sipas provanisë së Perëndisë, dhe tha shtatë fjalë në kryq ndërkohë që jepte shpirtin. Këto quhen "Shtatë fjalët e fundit të Jezusit në kryq." Le të shqyrtojmë kuptimin frymëror të shtatë fjalëve të fundit të Jezusit mbi kryq.

Atë, fali ata

Autori i letrës drejtuar Filipianëve e përshkruan Jezusin si vijon:

Kini në ju po atë ndjenjë që ishte në Jezu Krishtin, i cili, edhe pse ishte në trajtë Perëndie, nuk e çmoi si një gjë ku të mbahej fort për të qenë barabar me Perëndinë, por e zbrazi veten e Tij, duke marrë trajtë shërbëtori, e u bë i ngjashëm me njerëzit; dhe duke u gjetur nga pamja e jashtme posi njeri, e përuli vetveten duke u bërë i bindur deri në vdekje, deri në vdekje të kryqit. (Filipianëve 2:5-8).

Jezusi u kryqëzua në kryq për të treguar dashurinë e Tij dhe bindjen ndaj Perëndisë, në mënyrë që të hapte rrugën e shpëtimit për mëkatarët. Njerëzit që qëndronin rreth kryqit bashkë me udhëheqësit e tyre e tallnin Jezusin (Luka 23:35).

Ushtarët e tallën, i ofruan të pinte uthull dhe i thanë, *"Nëse ti je mbreti i Judenjve, shpëto veten!"* (v. 37) Njëri nga kriminelët që ishte kryqëzuar bashkë me Të po sillej keq me të duke i thënë, *"Nëse Ti je Krishti, shpëto vetveten dhe neve!"* (v. 39)

> *Dhe kur arritën në vendin që quhet "Kafka", aty e kryqëzuan Atë dhe keqbërësit, njërin në të djathtë dhe tjetri në të majtë. Dhe Jezusi tha: "O Atë, fali ata sepse nuk dinë ç'bëjnë." Pastaj, pasi i ndanë rrobat e Tij, hodhën short. (Luka 23:33-34).*

Ndërkohë që merrte frymë për herë të fundit, Jezusi iu lut Perëndisë duke kërkuar që t'i falte "O Atë, fali ata sepse nuk dinë ç'bëjnë." Jezusi i kërkoi Atit të kishte mëshirë dhe të falte njerëzit që nuk e dinin se Jezusi, Biri i Perëndisë, po kryqëzohej për të falur mëkatet e tyre. Ndoshta ata as që e kuptonin se veprimet që bënin ishin mëkat. Kjo është fjala e Tij e parë nga kryqi.

Jezusi lutet në dashuri për njerëzit që po e kryqëzonin

Jezusi, Biri i Perëndisë, u lut për ata që e kryqëzuan megjithëse nuk kishte asnjë mëkat apo njollë. Sa e thellë dhe e madhe është dashuria e Tij! Jezusi shumë lehtë mund të kishte zbritur nga kryqi për të shmangur kryqëzimin duke qenë se Ai është një me Perëndinë e Plotfuqishëm dhe ka pushtet nga Perëndia Atë. Por ai u kryqëzua për të plotësuar planin e shpëtimit sipas vullnetit të Perëndisë. Prandaj, Ai mund t'i duronte të gjitha vuajtjet dhe turpin, të lutej për ata me një dashuri të dëshpëruar dhe të kërkonte që ata të faleshin.

Jezusi u lut me ngulm, "Atë, fali ata; sepse nuk dinë çfarë po bëjnë." Këtu, "ata" nuk i referohet thjeshtë atyre që e kryqëzuan dhe e tallën, por përfshin të gjitha qeniet njerëzore që nuk e pranojnë Jezu Krishtin por vazhdojnë të jetojnë në errësirë. Ashtu si njerëzit që e kryqëzuan Jezusin, Birin e Perëndisë, shumë të tjerë mëkatojnë sepse nuk e njohin Jezu Krishtin dhe të vërtetën.

Djalli i përket errësirës dhe e urren dritën, prandaj ai e kryqëzoi Jezusin, dritën e vërtetë. Sot, djalli kontrollon njerëzit që i përkasin errësirës dhe i bën që ata të përndjekin ata që ecin në dritë.

Si mund të reagoni ndaj përndjekësve që nuk e njohin të vërtetën?

Me fjalët e para në kryq, Jezusi ju mëson se cili është vullneti i Perëndisë dhe si duhet të jetë qëndrimi i një të krishteri. Te Mateu 5:44, shkruan, *"Por unë po ju them: "Duani armiqtë tuaj, bekoni ata që ju mallkojnë, u bëni të mirë atyre që ju urrejnë, dhe lutuni për ata që ju keqtrajtojnë dhe ju përndjekin."* Pra, duhet të lutemi për të gjithë ata që ju përndjekin, duke thënë "Atë, fali. Ata nuk e dinë se çfarë po bëjnë. Bekoji që edhe ata të pranojnë Zotin e të takoheni sërish në qiell."

Sot do të jesh me Mua në Parajsë

Kur u kryqëzua Jezusi në Golgota, në vendin e Kafkës, së bashku me të u kryqëzuan edhe dy kriminelë, (Luke 23:33).

Një nga kriminelët filloi ta fyejë, por tjetri e qortoi kriminelin e parë, u pendua, dhe e pranoi Jezusin si Shpëtimtarin e tij personal. Atëherë Jezusi i premtoi atij që ai do të ishte në Parajsë me Të. Kjo është fjala e dytë e Jezusit në kryq.

Tani një nga keqbërësit e kryqëzuar e shau duke thënë: "Nëse Ti je Krishti, shpëto vetveten dhe neve." Por ai tjetri duke u përgjigjur e qortoi duke i thënë: "A s'ke frikë nga Perëndia, që je nën të njëjtin dënim? Në realitet, ne me të drejtë jemi dënuar, sepse po marrim ndëshkimin e merituar për ato që kemi kryer, ndërsa ky nuk ka bërë asnjë të keqe." Pastaj i tha Jezusit: "Zot, kujtohu për mua kur të vish në mbretërinë Tënde." Atëherë Jezusi i tha: "Në të vërtetë po të them: sot do të jesh me Mua në parajsë." (Luka 23:39-43).

Jezusi shpalli se Ai ishte Mesia i cili mund të falte mëkatarët kur pendoheshin dhe mund t'i shpëtonte nëpërmjet fjalës së Tij të dytë nga kryqi.

Kur lexojmë Katër Ungjijtë, përgjigjet e dy kriminelëve janë shkruar në mënyra të ndryshme. Te Mateu 27:44, thotë, *"Po ashtu e fyenin edhe cubat që ishin kryqëzuar me Të."* Te Marku 15:32, thotë, *"Krishti, mbreti i Izraelit, le të zbresë tani nga kryqi që ta shohim dhe ta besojmë. Edhe ata që ishin kryqëzuar bashkë me Të, e fyenin Atë."* Nga këta dy Ungjij, lexojmë që të dy kriminelët e fyen Jezusin.

Por, te Luka 23, lexojmë që njëri nga kriminelët e qortoi tjetrin dhe u pendua për mëkatet e tij, pastaj pranoi Jezu

Krishtin dhe u shpëtua. Arsyeja për këtë nuk është se Ungjijtë nuk përputhen me njëri – tjetrin. Përkundrazi, në provaninë e Tij, Perëndia i lejoi autorët të shkruanin në mënyra të ndryshme. Në Bibël janë të përmbledhura provania e Perëndisë dhe elementet historike. Nëse gjithçka do të ishte shkruar me hollësi, nuk do të mjaftonin as një mijë Bibla.

Sot, nëse regjistron diçka me kamera, mund ta shohësh më vonë. Por në kohën e Jezusit, nuk kishte pajisje të tilla prandaj nuk mund të bëhej as edhe foto, megjithëse ishin ngjarje të rëndësishme. Ata vetëm mund t'i shkruanin këto ngjarje. Me ndryshime të vogla, ju mund ta përjetoni dhe ta rijetoni më me realizëm një situatë të caktuar.

Kuptimi më i qartë i kryqëzimit të Jezusit

Kur Jezusi shpalli ungjillin, atë e ndiqnin pas turma të mëdha. Disa donin të dëgjonin mesazhin e Tij, disa donin të shihnin mrekullitë dhe shenjat hyjnore, disa donin ushqim, ndërsa disa të tjerë shitën pronat e tyre për t'i shërbyer Jezusit dhe për të ndjekur. Te Luka 9, Jezusi falënderoi Perëndinë për pesë bukë dhe dy peshq. Numri i atyre që hëngrën ishte rreth pesë mijë vetë (Luka 9:12-17). Imagjinoni sa shumë njerëz, duke përfshirë ata që e donin apo e urrenin Jezusin dhe të tjerë në turmë, duhet të jenë mbledhur në vendin ku u kryqëzua Ai. Turma rrethoi kryqin prandaj ushtarët e ndaluan turmën me heshtat dhe mburojat e tyre. Nga rrethi i njerëzve pranë kryqit, imagjinoni ata që i ulërinin dhe e ofendonin Jezusin. Madje e ofendoi edhe një nga kriminelët që ishte varur në njërën anë të Jezusit.

Kush mund të kishte qenë në gjendje të dëgjonte se çfarë tha krimineli i parë? Ka të ngjarë të ketë pasur shumë rrëmujë dhe vetëm njerëzit që qëndronin shumë pranë Jezusit mund t'i dëgjonin fjalët e Tij. Krimineli tjetër i tha diçka Jezusit me një shprehje të keqe në fytyrë. Ky kriminel, në fakt, ishte ai që qortoi kriminelin që ofendoi Jezusin. Megjithatë, ata që ishin larg, në anën e kundërt të kryqit, mund të kenë menduar se ky kriminel po qortonte Jezusin që ishte në mes.

Në atë gjendje plot zhurmë, shkrimtarët e Ungjijve të Mateut dhe Markut nuk do të ishin në gjendje ta dëgjonin qartë kriminelin që po pendohej dhe menduan se edhe ai po e qortonte Jezusin. Prandaj ata shkruan që të dy kriminelët e qortuan Jezusin.

Nga ana tjetër, shkruesi i Ungjillit të Lukës dëgjoi me qartësi, prandaj e dinte se njëri nga të dy kriminelët nuk e ofendoi, përkundrazi u pendua. Shkrues të ndryshëm ishin në vende të ndryshme prandaj edhe shkruajtën ndryshe.

Perëndia, i cili di gjithçka, i lejoi ata të shkruanin në mënyra të ndryshme në mënyrë që brezat e mëvonshëm të mund ta dallonin qartë që ajo ishte një situatë e veçantë.

Parajsa për kriminelin e penduar

Jezusi i premtoi kriminelit që u pendua në kryq përpara vdekjes, "Ti do të jesh me Mua në Parajsë." Kjo ka kuptim frymor.

Parajsa, mbretëria e Perëndisë, është shumë e madhe – përtej imagjinatës suaj. Edhe Jezusi na ka thënë te Gjoni 14:2, *"Në shtëpinë e Atit tim ka shumë banesa; përndryshe do t'ju thoja. Unë po shkoj t'ju përgatis një vend."* Psalmisti na nxit që ta lavdërojmë Atë, *"mbi qiejt më të lartë, dhe ujërat që janë mbi qiej!"* (Psalmi 148:4). Nehemia 9:6 përlëvdon Perëndinë që krijoi qiejt, madje edhe qiejt më të lartë. 2 Korintasve 12:2 flet për *"Unë njoh një njeri në Krishtin, i cili, para katërmbëdhjetë vjetësh (a ishte në trup, a ishte jashtë trupit, nuk e di; Perëndia e di), u rrëmbye gjer në të tretin qiell."* Te Zbulesa 21:2, thotë që në Jerusalemin e Ri ndodhet froni i Perëndisë.

Në qiell ka shumë banesa. Megjithatë, nuk ju lejohet të jetoni në çdo vend që dëshironi. Perëndia i drejtësisë shpërblen secilin prej jush në përputhje me atë që keni bërë në këtë botë: sa ndiqni shembullin e Zotit tuaj dhe punoni për mbretërinë e Perëndisë dhe sa mblidhni thesare në qiell (Mateu 11:12; Zbulesa 22:12).

Gjoni 3:6 thotë, *"Çfarë ka lindur nga mishi është mish, ndërsa çfarë ka lindur nga Fryma është frymë."* Në varësi të masës një person i largon nga vetja gjërat e mishit dhe bëhet person frymëror, vendet në qiell do të ndahen në grupe të të njëjtit nivel frymëror.

Sigurisht, çdo vend në parajsë është shumë i bukur sepse aty mbretëron Perëndia. Megjithatë, edhe brenda qiellit ka ndryshime. Për shembull, në një qytet stili i jetesës, hobit, standardet e jetës e të tjera, janë shumë ndryshe nga ato në fshat. Në të njëjtën mënyrë, qyteti i shenjtë, Jerusalemi i ri, është vendi më i lavdishëm në qiell. Aty është froni i Perëndisë dhe ku do të banojnë fëmijët që janë më shumë si Ai.

Megjithatë, Parajsa është vendi ku jeton krimineli që u pendua në minutën e fundit para vdekjes në kryq, dhe ndodhet në periferitë e qiellit. Aty do të jetojnë shumë të tjerë që morën shpëtim të turpshëm. Këta njerëz e pranuan Jezu Krishtin, por nuk vazhduan që të ndryshonin shpirtërisht.

Pse hyri në Parajsë krimineli i penduar?

Ai në zemrën e tij rrëfeu me sinqeritet që ishte mëkatar, dhe pranoi Jezusin si Shpëtimtarin e tij. Megjithatë, ai nuk i largoi mëkatet e tij, nuk jetoi sipas fjalës së Perëndisë dhe nuk ungjillëzoi të tjerët. Ai nuk punoi për Perëndinë. Ai nuk bëri asgjë për të marrë çmimet në parajsë. Kjo është arsyeja pse hyri në Parajsë në vendin më të ulët në qiell.

Rënia e Jezusit në Varrin e Epërm

Megjithëse Jezusi i premtoi kriminelit, "Sot do të jesh me Mua në Parajsë," kjo nuk do të thotë që Jezusi në qiell jeton vetëm në Parajsë. Jezusi, Mbreti mbi mbretër, dhe Zoti mbi zot, sundon dhe jeton me fëmijët e Perëndisë në të gjithë qiellin, duke përfshirë Parajsën dhe Jerusalemin e Ri. Në këtë kuptim, Ai jeton në Parajsë si dhe në vende të tjera në qiell.

Kur Jezusi i tha kriminelit të penduar, "Sot do të jesh me Mua në Parajsë," "sot" nuk i referohet thjesht ditës specifike kur Jezusi vdiq mbi kryq apo ndonjë dite tjetër në veçanti. Jezusi përmendi që Ai do të ishte me kriminelin e penduar kudo që krimineli të ishte që nga momenti që ai do të bëhej fëmijë i Perëndisë.

Nëse i referohemi Biblës, Jezusi nuk shkoi në Parajsë pas vdekjes. Te Mateu 12:40, Jezusi u thotë disa farisenjve se, *"Në fakt ashtu si Jona qëndroi tri ditë e tri net në barkun e peshkut të madh, kështu Biri i njeriut do të qëndrojë tri ditë e tri net në zemër të tokës."* Efesianëve 4:9 thotë, *"Tani kjo: "Ai u ngjit", ç'do të thotë tjetër përveç se ai më parë edhe kishte zbritur në pjesët më të ulëta të dheut?"*

Gjithashtu, 1 Pjetrit 3:18-19 thotë, *"Sepse edhe Krishti ka vuajtur një herë për mëkatet, i drejti për të padrejtët, për të na çuar te Perëndia. U vra në mish, por u ngjall nga Fryma, me anë të së cilës ai shkoi t'u predikojë frymërave që ishin në burg."* Jezusi shkoi në Varrin e Epërm dhe u predikoi ungjillin frymëve përpara se të ringjallej ditën e tretë. A ishte e nevojshme kjo?

Përpara se Jezusi të vinte në këtë botë, shumë njerëz gjatë Dhjatës së Vjetër dhe madje edhe në kohën e Dhjatës së Re nuk e patën mundësinë të dëgjonin ungjillin, por jetuan në perëndishmëri duke pranuar Perëndinë. Mos do të thotë kjo që të gjithë shkuan në ferr sepse nuk e dinin kush ishte Jezusi?

Perëndia dërgoi Birin e Tij në këtë botë dhe kushdo që e pranon Atë do të shpëtohet. Perëndia nuk mund ta kishte filluar rritjen e njerëzve për të shpëtuar vetëm ata që pranuan Jezu Krishtin pas kryqëzimit të Tij. Ata që nuk kishin mundësinë të dëgjonin ungjillin, por jetuan me ndërgjegje të pastër, do të gjykohen sipas ndërgjegjes së tyre.

Ata njerëz të mirë në zemër mblidhen kështu në "Varrin e Epërm." Por është "Hadesi" vendi ku do të jetojnë shpirtrat e këqij deri në Ditën e Gjykimit. Pas kryqëzimit të Tij, Jezusi shkoi në Varrin e Epërm dhe u predikoi ungjillin shpirtrave që nuk e njihnin ungjillin. Ata jetuan me ndërgjegje të mirë dhe ishin të denjë për t'u shpëtuar.

Nuk ka emër tjetër nën qiell që u është dhënë njerëzve, me anë të të cilit ata duhet të shpëtohen përveç emrit Jezu Krisht.

Kjo është arsyeja pse Jezusi shkoi dhe u predikoi veten e Tij frymëve në mënyrë që ta pranonin dhe të shpëtoheshin.

Bibla thotë që frymët e shpëtuara përpara kryqëzimit të Jezusit shkojnë në gjirin e Abrahamit (Luka 16:22), por pas ringjalljes së Jezusit shkojnë pranë Tij.

Shpëtimi sipas gjykimit të ndërgjegjes

Përpara se Jezusi të vinte në këtë botë për të përhapur ungjillin, njerëzit e mirë kishin jetuar duke ndjekur drejtësinë në zemrat e tyre. Ky është ligji i ndërgjegjes. Njerëzit e mirë nuk bënin ligësi edhe kur kishin probleme dhe vështirësi, sepse ata dëgjonin zërin e zemrës së tyre.

Romakëve 1:20 thotë, *"Në fakt cilësitë e tij të padukshme, fuqia e Tij e përjetshme dhe hyjnia e Tij, duke qenë të dukshme nëpërmjet veprave të Tij që nga krijimi i botës, shihen qartë, me qëllim që ata të jenë të pafalshëm."*

Duke parë universin dhe se si gjithçka në tokë është në harmoni, njerëzit me zemër të mirë besojnë se ekziston jeta e përjetshme. Ja pse ata nuk jetojnë sipas natyrës së tyre mëkatare. Ata e kontrollojnë veten që të mos gëzojnë kënaqësitë e botës, duke pasur frikën e Perëndisë.

Romakëve 2:14-15 thotë, *"Në fakt kur johebrenjtë, që s'kanë ligjin, nga natyra bëjnë punët e ligjit, ata, megjithëse s'kanë ligjin, janë ligj për vetveten; këta tregojnë veprën e ligjit të shkruar në zemrat e tyre për dëshminë që jep ndërgjegjja e tyre, dhe sepse mendimet e tyre shfajësojnë ose edhe akuzojnë njëri-tjetri."*

Perëndia e dha ligjin vetëm për hebrenjtë dhe jo për johebrenjtë. Megjithatë, kur johebrenjtë jetojnë sipas ligjit të zemrave të tyre, ndërgjegjes që kanë dhe praktikojnë, është njësoj sikur të jetonin sipas ligjit. Nuk mund të thoni që ata që nuk besuan në Jezu Krishtin nuk mund të shpëtohen sepse nuk kanë dëgjuar kurrë ungjillin në jetën e tyre.

Mes atyre që vdiqën pa e njohur Jezu Krishtin, kishte njerëz që mund ta kontrollonin veten kundër mendimeve të liga për shkak të zemrave tyre të pastra. Këta njerëz do të shpëtohen sipas gjykimit të ndërgjegjes së tyre nga Perëndia.

O grua, ja biri yt; ja nëna jote

Apostulli Gjon shkroi atë që pa dhe dëgjoi në kryqin ku ishte varur Jezusi. Aty ishin shumë gra, Maria - nëna e Jezusit, Salomeja - motra e nënës së Tij; Maria - gruaja e Klopas dhe Maria Magdalenë. Te Gjoni 19:26-27, Jezusi i thotë nënës së Tij të trishtuar që ta mendojë Gjonin si birin e saj, dhe Gjonit i tregon të kujdeset për të si për nënën e vet:

Atëherë Jezusi, kur pa nënën e tij dhe pranë saj dishepullin që donte, i tha nënës së tij: "O grua, ja biri yt!" Pastaj i tha dishepullit: "Ja nëna jote!" Dhe që në atë moment ai e mori në shtëpinë e vet.

Pse e thirri Jezusi Marinë "grua" dhe jo "nënë"?

Fjala "nënë" nuk flitet nga Jezusi, por nga kjo perspektivë është shkruar nga apostulli Gjon. Pse atëherë, e thirri Jezusi "grua" nënën e Tij që e kishte lindur?

Kur i referohemi Biblës, Jezusi nuk e thërriste atë "nënë."

Për shembull, te Gjoni 2:1-11, Jezusi kreu mrekullinë e Tij të parë duke kthyer ujin në verë para se të fillonte shërbesën e Tij. Kjo mrekulli ndodhi në një dasmë në Kanë të Galilesë. Në dasmë ishin ftuar edhe Jezusi me dishepujt e Tij. Kur mbaroi vera, Maria i tha Jezusit "nuk kanë më verë" sepse ajo e dinte që si Bir i Perëndisë, Jezusi ishte në gjendje ta kthente ujin në verë. Atëherë Jezusi i tha, *"Ç'ke me mua, o grua? Ora ime s'ka ardhur akoma!"* (v. 4).

Jezusi iu përgjigj se koha që Ai të tregonte Veten si Mesia nuk kishte ardhur ende, megjithëse Marisë i vinte keq që nuk kishte më verë për miqtë. Kuptimi frymëror i kthimit të ujit në verë ishte që Jezusi do të derdhte gjakun e Tij mbi kryq.

Jezusi shpalli që Ai kishte ardhur në këtë botë si Shpëtimtari ynë duke plotësuar planin hyjnor në kryq për shpëtimin e njerëzimit. Prandaj Ai e quajti Marinë "grua" dhe jo "nënë."

Jezusi, Shpëtimtari ynë, është Perëndia Trini dhe Krijuesi. Perëndia Krijuesi ështe KUSH AI ËSHTË (Eksodi 3:14), dhe është i Pari dhe i Fundit (Zbulesa 1:17, 2:8). Pra, Jezusi nuk ka nënë dhe kjo ishte arsyeja pse Jezusi e quajti Marinë, "grua," dhe jo "nënë."

Sot, shumë fëmijë të Perëndisë i referohen Marisë si "nëna e shenjtë" e Jezusit, dhe madje bëjnë statuja të saj dhe e adhurojnë. Duhet të kuptoni që kjo është absolutisht e gabuar sepse ajo nuk është nëna e Shpëtimtarit tonë (Eksodi 20:4).

Qytetaria qiellore

Jezusi e ngushëlloi Marinë që po vuante tmerrësisht nga kryqëzimi i Tij dhe i tha dishepullit të Tij të dashur, Gjonit, që të kujdesej për Marinë si për nënën e vet. Megjithëse po vuante dhimbje të tmerrshme në kryq, Jezusi ende mendonte thellë se çfarë do t'i ndodhte Marisë pas vdekjes së Tij. Këtu mund të provoni dashurinë e Tij.

Me fjalën e tretë të Jezusit në kryq, mund të kuptojmë që në besim, të gjithë ne, jemi motra dhe vëllezër – jemi familja e Perëndisë. Te Mateu 12 tregohet një skenë ku Jezusin vjen ta takojë familja e Tij. Kur i thonë që nëna dhe vëllezërit po e presin jashtë, Ai i thotë turmës:

> *Por Ai duke iu përgjigjur, i tha atij që e kishte lajmëruar: "Kush është nëna ime dhe kush janë vëllezërit e mi?". E shtriu dorën e vet drejt dishepujve të vet dhe tha: "Ja nëna ime dhe vëllezërit e mi. Sepse kushdo që kryen vullnetin e Atit tim që është në qiej, më është vëlla, motër dhe nënë." (Mateu 12:48-50).*

Ashtu siç rritet besimi juaj pasi pranoni Jezu Krishtin, po ashtu bëhet më e qartë edhe qytetaria juaj në qiell dhe doni më shumë vëllezërit dhe motrat në Krisht sesa anëtarët e familjes biologjike. Nëse anëtarët e familjes nuk janë fëmijë të Perëndisë, familja biologjike nuk mund të jetë përgjithnjë "familje". Marrëdhëniet në familjen tënde do të përfundojnë pas vdekjes. Nëse ata nuk besojnë në Jezu Krishtin ose nuk jetojnë sipas vullnetit të Perëndisë, ata do të shkojnë në ferr sepse paga e mëkatit është vdekja (Mateu 7:21).

Trupi kthehet në pluhur pas vdekjes, por fryma që keni është e pavdekshme. Nëse frymën tuaj e merr Perëndia, mbetet thjesht një trup i vdekur që kalbet shpejt. Perëndia e krijoi njeriun e parë nga pluhuri dhe fryu frymën e jetës brenda vrimave të hundës së tij, prandaj fryma e tij është e pavdekshme. Është Perëndia Ai që bën të lindë fryma jote e përjetshme dhe krijon trupin tënd që kthehet në pluhur. Prandaj, Ai është Ati juaj i vërtetë.

Mateu 23:9 na thotë *"Dhe përmbi tokë mos thirrni askënd atë tuaj, sepse vetëm një është Ati juaj, Ai që është në qiej."* Kjo nuk do të thotë që nuk duhet t'i duam personat jobesimtarë në familjen tonë. Është shumë e rëndësishme që ata t'i doni me të vërtetë, t'u predikoni ungjillin, dhe t'i drejtoni që të pranojnë Jezu Krishtin.

Eloi, Eloi, lama sabaktani?

Jezusi u kryqëzua në kryq në orën e tretë. Nga ora e gjashtë e gjithë toka u errësua deri në orën e nëntë kur dha frymën e fundit. Për ta shndërruar këtë me konceptin modern të kohës, Ai u kryqëzua në orën nëntë të mëngjesit dhe tre orë më vonë, në mesditë, e gjithë toka u errësua deri në orën tre pasdite.

> *Dhe në të nëntën orë Jezusi bërtiti me zë të lartë: "Eloi, Eloi; lama sabaktani?", që e përkthyer do të thotë: "Perëndia im, Perëndia im, përse më ke braktisur?" (Marku 15:33-34)*

Gjashtë orë më vonë, në orën e nëntë, Jezusi i thirri Perëndisë, "Eloi, Eloi, lama sabaktani?" Kjo është fjala e katërt e Jezusit nga kryqi.

Jezusi ishte i rraskapitur sepse kishte qëndruar i varur mbi kryq për gjashtë orë duke derdhur gjak dhe ujë nën diellin e fortë të shkretëtirës. Ai ishte plotësisht i rraskapitur. Pse atëherë thirri Ai? Secila nga shtatë fjalët e Jezusit mbi kryq ka kuptim frymëror. Nëse nuk do t'i dëgjonte kush, ato do kishin qenë të padobishme. Por shtatë fjalë duhej të shkruheshin në Bibël qartë me qëllim që të gjithë të kuptonin vullnetin e Perëndisë.

Prandaj, Ai i thirri këto shtatë fjalë nga kryqi me gjithë fuqinë e Tij në mënyrë që të gjithë ata që ishin prezent rreth kryqit, ta dëgjonin qartë dhe t'i shkruanin.

Disa thonë se Jezusi i thirri me zemërim Perëndisë, sepse i ishte dashur të vinte në botë në mish dhe të duronte dhimbje të mëdha pa qenë e nevojshme. Por, kjo është absolutisht e pavërtetë.

Pse thirri Jezusi, *"Eloi, Eloi, lama Sabaktani?"*

Arsyeja pse Ai erdhi në tokë ishte të shkatërronte punën e djallit dhe të hapte derën e shpëtimit për ne.

Në këtë mënyrë, Jezusi iu bind vullnetit të Perëndisë deri në vdekje dhe e sakrifikoi plotësisht veten e Tij. Përpara kryqëzimit, Ai u lut me ngulm dhe djersa i binte në tokë si pika gjaku (Luka 22:42-44). Ai e mbajti barrën e Tij duke i ditur plotësisht vuajtjet që do të vuante në kryq.

Ai i duroi keqtrajtimet dhe vuajtjet në kryq sepse e dinte planin e Perëndisë për njerëzit. Si mund atëherë të mos e pranonte Jezusi përballjen me vdekjen? Thirrja e Tij nuk ishte psherëtimë dëshpërimi apo përbuzje ndaj Perëndisë. Jezusi kishte arsye për ta bërë këtë gjë.

Së pari, Jezusi dëshironte t'i shpallte botës se Ai po kryqëzohej për të shpenguar të gjithë mëkatarët nga mëkatet e tyre.

Ai dëshironte që të gjithë të kuptonin që Ai e la lavdinë e Tij në qiell dhe u braktis plotësisht nga Perëndia megjithëse Ai ishte Biri i vetëm i Perëndisë. Ai thirri që të gjithë ta dinin se Ai po vuante dhimbje të tmerrshme në kryq për të shpëtuar mëkatarët nga mëkati. Bibla tregon se Ai e thërriste Perëndinë "Ati im", por në kryq Jezusi e thirri "Perëndia im." Kjo sepse Jezusi mori kryqin për mëkatarët dhe mëkatarët nuk mund ta thërrisnin Perëndinë "Atë."

Në atë moment, Perëndia e kishte trajtuar Jezusin si mëkatar, duke mbajtur të gjitha mëkatet e njerëzimit, dhe Jezusi nuk guxonte ta thërriste Perëndinë "Atë." Është njësoj siç e thërrisni ju Perëndinë "Abba", "Atë" kur keni dashuri reciproke, por kur jeni larg Perëndisë për shkak të mëkateve ose kur jeni të dobët në besim, e thërrisni "Perëndi" në vend të "Atë".

Perëndia dëshiron që të gjithë njerëzit të bëhen fëmijët e Tij të vërtetë që mund ta thërrasin "Atë" duke pranuar Jezu Krishtin dhe duke ecur në dritë.

Së dyti, Jezusi dëshironte t'i paralajmëronte njerëzit që nuk e njihnin vullnetin e Perëndisë të cilët ende jetonin në errësirë.

Perëndia e dërgoi në botë Birin e Tij të vetëm Jezu Krisht dhe lejoi që Ai të tallej dhe të kryqëzohej nga vetë krijesat e Tij. Jezusi e dinte pse Perëndia e braktisi Birin e Tij, por turma që po e kryqëzonte nuk e njihte vullnetin e Perëndisë. Ai thirri, "Perëndia im, Perëndia im, pse më ke braktisur?" për ata që nuk dinin ta kuptonin dashurinë e Perëndisë, që të pendoheshin në mënyrë që të ktheheshin në rrugën e shpëtimit.

Kam etje

Në Dhjatën e Vjetër, ka një numër të madh profecish për vuajtjet e Jezusit mbi kryq. Te Psalmi 69:21 shkruan, *"Më dhanë përkundrazi vrer në vend të ushqimit dhe për të ma shuar etjen më dhanë për të pirë uthull."* Siç ishte parathënë në Psalm, kur Jezusi tha, "Kam etje," njerëzit ngjyen një sfungjer në uthull, e vunë sfungjerin në majë të një dege hisopi dhe ia afruan Jezusit te goja.

Pas kësaj, Jezusi, duke ditur që tashmë çdo gjë ishte kryer, që të përmbushej Shkrimi, tha: "Kam etje!" Por aty ishte një enë plot me uthull. Pasi shtinë një sfungjer në uthull dhe e vunë në majë të një dege hisopi, ia afruan te goja (Gjoni 19:28-29).

Kohë përpara se Jezu Krishti të lindte në qytetin e Betlehemit, psalmisti pa në një vegim që Jezusi do të kryqëzohej dhe do të vdiste mbi kryq, dhe shkroi për këtë gjë. Jezusi tha, "Kam etje" në mënyrë që të përmbushej Shkrimi.

Le të mendojmë për kuptimin frymëror të fjalës së pestë të Jezusit mbi kryq, "Kam etje."

Jezusi deklaron etjen e Tij shpirtërore

Shumë njerëz mund ta durojnë urinë, por jo etjen. Jezusi ishte krejtësisht i lodhur sepse kishte qenë i gozhduar në kryq për gjashtë orë dhe kishte derdhur gjakun e Tij nën diellin përvëlues të shkretëtirës. Etja e Tij ishte përtej imagjinatës.

Kjo nuk do të thotë që Jezusi nuk mund ta duronte etjen që kishte kur tha, "Kam etje." Ai e dinte që shumë shpejtë do të kthehej pranë Perëndisë në paqe.

Në fakt, Ai kishte më shumë dhimbje nga etja shpirtërore sesa nga etja fizike. Kjo është dëshira e fortë që kërkon Jezusi nga fëmijët e Perëndisë: "Kam etje sepse kam derdhur gjakun Tim. Ma shuaj etjen duke paguar për gjakun Tim."

Dy mijë vite kanë kaluar që nga vdekja e Jezusit në kryq, por Ai ende na thotë që ka etje. Etja e Tij vinte nga derdhja e gjakut. Ai derdhi gjakun e Tij për faljen e mëkateve tuaja dhe për t'ju dhënë juve jetën e përjetshme.

Jezusi ju thotë që ka etje që t'ju tregojë gatishmërinë e Tij për të shpëtuar shpirtrat e humbur. Prandaj, fëmijët e Perëndisë që shpëtohen nga gjaku i Jezusit, duhet ta kompensojnë gjakun e Tij.

Mënyra për të paguar për gjakun e Tij dhe për të shuar etjen e Tij është që t'i drejtoni drejt parajsës, njerëzit që janë në rrugën e ferrit.

Prandaj, duhet t'i jeni mirënjohës Jezusit që derdhi gjakun e Tij. Shuajani etjen Atij duke drejtuar njerëz të tjerë drejt rrugës së shpëtimit.

U krye

Te Gjoni 19:30, Jezusi mori pijen dhe tha, "U krye" dhe më pas vari kokën dhe dha frymë. Jezusi pranoi sfungjerin në majën e bimës së hisopit. Kjo ndodhi jo sepse Ai nuk mundi të duronte etjen, por sepse në këtë gjendet një kuptim frymëror. Arsyeja pse Jezusi erdhi në mish në këtë botë ishte që të kryqëzohej në kryq për mëkatet e njerëzimit. Në dashurinë e Tij të madhe për ne, Jezusi përmbushi ligjin e Dhjatës së Vjetër dhe barti mbi vete gjithë mëkatet dhe mallkimet e qenieve njerëzore. Gjatë kohës së Dhjatës së Vjetër, njerëzit kur mëkatonin, i ofronin Perëndisë flijime të gjakut të kafshëve. Por Jezusi bëri një flijim të vetëm për mëkatet e të gjitha kohërave duke derdhur vetë gjakun e Tij (Hebrenjve 10:11-12). Prandaj, mëkatet e tua falen kur pranon Jezu Krishtin, sepse Ai të ka shpenguar tashmë. Hiri i shpengimit nëpërmjet Jezu Krishtit i referohet verës së re, dhe Ai piu uthull vere që të na jepte verë të re.

Kuptimi frymëror i fjalës "U krye"

Jezusi tha, "U krye" dhe dha frymë. Çfarë kuptimi frymëror ka kjo?

Jezusi u bë mish, erdhi në tokë, predikoi ungjillin, shëroi të gjitha sëmundjet dhe dobësitë si dhe hapi rrugën e shpëtimit duke marrë kryqin për të gjithë ata që ishin destinuar të vdisnin.

Ai e plotësoi ligjin e Dhjatës së Vjetër me dashuri, duke u flijuar deri në vdekje. Ai fitoi ndaj djallit duke e shkatërruar plotësisht punën e tij. Në këtë mënyrë, Ai përmbushi planin hyjnor për shpëtimin e njerëzimit. Ja pse Jezusi tha në kryq, "U krye".

Perëndia dëshiron që të gjithë fëmijët e Tij të plotësojnë gjithçka duke jetuar sipas vullnetit të Perëndisë ashtu si Biri i Tij i vetëm Jezusi, i cili plotësoi gjithë provaninë e shpëtimit duke iu bindur Perëndisë aq sa flijoi jetën e Tij sipas vullnetit dhe planit të Perëndisë.

Në këtë mënyrë, edhe ju duhet të imitoni zemrën e Zotit tuaj duke fituar dashuri frymërore: duke prodhuar nëntë frytet e Frymës së Shenjtë (Galatasve 5:22-23) dhe duke përmbushur Bekimet (Mateu 5:3-10). Më pas duhet të jeni besnik në punën që ju jepet nga Zoti. Duhet të sillni sa më shumë njerëz te Zoti duke u lutur me ngulm, duke predikuar ungjillin, dhe duke shërbyer në kishë.

Shpresoj që të gjithë ju, si fëmijë të çmuar të Perëndisë, ta mposhtni botën me besim të patundur, me shpresën në qiell, dhe me dashuri të thellë për Perëndinë. Rrëfeni, "U krye" duke iu bindur Perëndisë dhe vullnetit të Tij ashtu siç na ka treguar Zoti ynë Jezu Krisht.

Atë, në duart e Tua e dorëzoj frymën Time

Në kohën kur tha fjalët e Tij të fundit në kryq, Jezusi ishte krejtësisht i rraskapitur. Në këto kushte, Jezusi thirri me zë të lartë, "Atë, në duart e Tua po e dorëzoj frymën tim."

> *Dhe Jezusi bërtiti me zë të lartë dhe tha: "O Atë, në duart e tua po e dorëzoj frymën tim!" Dhe, si tha këto, dha frymë (Luka 23:46).*

Mund të vini re që Jezusi e quajti Perëndinë, "Atë" dhe jo "Ati im." Kjo tregon se Jezusi tanimë e kishte kryer misionin e Tij si flijim pajtues.

Jezusi i dorëzoi Perëndisë frymën dhe shpirtin

Pse erdhi Jezusi në tokë si Shpëtimtari ynë dhe dorëzoi frymën e shpirtin në duart e Perëndisë?

Njeriu përbëhet nga fryma, shpirti dhe trupi (1 Thesanikasve 5:23). Kur vdes, fryma dhe shpirti largohen nga trupi. Nëse është fëmijë i Perëndisë, fryma dhe shpirti kthehen te Ati. Në rast të kundërt, fryma dhe shpirti shkojnë në ferr (Luka 16:19-31). Trupi i tij varroset dhe kthehet në pluhur.

Jezusi, Biri i Perëndisë, u bë mish dhe erdhi në këtë botë. Ai kishte frymë, shpirt dhe trup, njësoj siç kemi edhe ne. Kur u kryqëzua, trupi i Tij vdiq, por nuk vdiqën fryma dhe shpirti i Tij; Ai e dorëzoi frymën dhe shpirtin në duart e Perëndisë.

Kur vdesim, Perëndia merr si shpirtin ashtu edhe frymën. Nëse Perëndia merr vetëm frymën, por jo shpirtin, nuk mund ta përjetoni asnjëherë lumturinë e vërtetë në qiell dhe nuk mund të jeni mirënjohës nga thellësia e zemrës. Pse? Sepse nuk do të kujtoni dot gjërat që kanë dalë nga shpirti siç janë lotët, dhimbja, vuajtja dhe gjërat e tjera që keni duruar mbi tokë. Ja pse Perëndia merr frymën dhe shpirtin bashkë.

Pse atëherë ia dorëzoi Jezusi frymën dhe shpirtin Perëndisë? Sepse Perëndia është Krijuesi që sundon mbi çdo gjë në univers dhe kujdeset për jetën, vdekjen, mallkimin dhe bekimin. Pra, çdo gjë i përket Perëndisë dhe është nën sundimin e Tij. Perëndia është i Vetmi që u përgjigjet lutjeve tuaja. Prandaj, vetë Jezusi duhej të lutej për të dorëzuar frymën dhe shpirtin e Tij te Perëndia Atë (Mateu 10:29-31).

Jezusi u lut me zë të lartë

Pse u lut Jezusi me zë të lartë megjithëse ishte në mes të vuajtjeve të mëdha, duke thënë, "Atë, në duart e Tua e dorëzoj frymën time"?

Sepse Ai donte që njerëzit të dëgjonin dhe të kuptonin se të thërrasësh në lutje është vullneti i Perëndisë. Lutja e tij për dorëzimin e frymës te Perëndia ishte po aq me ngulm sa edhe lutja që Ai bëri në Getsemani pak kohë përpara arrestimit.

Lutja e Jezusit, "Atë, në duart e Tua e dorëzoj frymën time," dëshmon gjithashtu që Jezusi kishte përmbushur çdo gjë sipas vullnetit të Perëndisë. Kjo do të thotë që, Ai mund ta dorëzonte frymën e Tij te Perëndia me krenari pasi kishte përmbushur veprën e Tij, duke iu bindur plotësisht Perëndisë.

Apostulli Pal rrëfente, *"Luftën e mirë e luftova, e përfundova vrapimin, e ruajta besimin. Pas kësaj më pret gati kurora e drejtësisë që Perëndia, gjykatësi i drejtë, do të ma japë atë ditë, dhe jo vetëm mua, por edhe gjithë atyre që presin me dashuri të shfaqurit e Tij."* (2 Timoteut 4:7-8).

Edhe Stefani jetoi sipas vullnetit të Perëndisë dhe e ruajti besimin. Ja pse ai mund të lutej, "Zoti Jezus, pranoje frymën time" ndërkohë që merrte frymë për herë të fundit (Veprat 7:59). Apostulli Pal dhe Stefani nuk mund të luteshin ashtu nëse do të kishin jetuar sipas botës, në ndjekje të kënaqësive të natyrës mëkatare.

Në të njëjtën mënyrë, edhe ju mund të thoni me krenari, "U krye" dhe "Atë, në duart e Tua e dorëzoj frymën time," ashtu siç tha Jezusi, poqëse keni jetuar vetëm sipas vullnetit të Perëndisë Atë.

Çfarë ndodhi pas vdekjes së Jezusit?

Jezusi vdiq në kryq duke lënë pas me zë të lartë fjalët e Tij të fundit. Ishte ora e nëntë (ora tre pasdite). Megjithëse ishte ditë, errësira mbuloi gjithë tokën nga ora e gjashtë (mesdita) deri në orën e nëntë dhe veli i tempullit u shqye në dysh (Luka 23:44-45).

Dhe ja, veli i tempullit u shqye në dy pjesë, nga maja e deri në fund; toka u drodh dhe shkëmbinjtë u çanë; varret u hapën dhe shumë trupa të të shenjtëve që flinin u ringjallën; dhe, të dalë nga varret mbas ringjalljes së Jezusit, hynë në qytetin e shenjtë dhe iu shfaqën shumëkujt. (Mateu 27:51-53).

Në këtë frazë ka një kuptim të rëndësishëm frymëror, "veli i tempullit u shqye në dy pjesë nga maja e deri në fund." Veli i gjatë i tempullit shërbente për të ndarë Vendin e Shenjtë nga Vendi Shumë i Shenjtë. Askush nuk mund të hynte në Vendin e Shenjtë përveç priftit dhe vetëm kryeprifti mund të hynte një herë në vit në Vendin Shumë të Shenjtë.

Shqyerja e velit të tempullit tregoi se Jezusi e ofroi Veten si flijim pajtues për të shembur murin e mëkateve. Përpara se veli të shqyhej në dysh, kryeprifti ofroi flijim për mëkatet për të gjithë njerëzit the ndërmjetësoi për ta te Perëndia.

Edhe ju mund të keni marrëdhënie të drejtpërdrejtë me Perëndinë sepse muri i mëkateve tanimë u shemb me vdekjen e Jezusit. Kjo do të thotë se kushdo që beson në Jezu Krishtin mund të hyjë në shenjtërore dhe të adhurojë e t'i lutet Perëndisë pa ndërmjetësimin e kryepriftërinjve apo profetëve.

Prandaj, autori i Hebrenjve thekson, *"Duke pasur, pra, o vëllezër, liri të plotë për të hyrë në shenjtërore me anë të gjakut të Jezusit, me anë të një udhe të re dhe të gjallë që Ai përuroi për ne me anë të velit, domethënë të mishit të Tij"* (Hebrenjve 10:19-20).

Toka u drodh dhe shkëmbinjtë u çanë. Të gjitha këto ngjarje të jashtëzakonshme tregojnë se e gjithë natyra u drodh. Kjo tregonte hidhërimin e Perëndisë për shkak të ligësisë së njeriut. Perëndia ishte shumë i lënduar sepse zemra e njeriut ishte tepër e ngurtësuar dhe nuk e pranoi Jezu Krishtin, megjithëse Ai kishte dhënë Birin e Tij të vetëm për t'i shpëtuar ata.

Varret u hapën dhe trupat e shumë njerëzve të shenjtë që kishin vdekur u ringjallën. Kjo është dëshmia e ringjalljes që kushdo që beson në Jezu Krishtin falet dhe jeton sërish.

Prandaj, shpresoj të gjeni kuptimin frymor dhe dashurinë e Perëndisë në shtatë fjalët e Tij të fundit në kryq që të mund të keni një jetë të krishterë fitimtare, duke pritur me padurim shfaqjen e Zotit ashtu siç e dëshironin edhe etërit e besimit.

Kapitulli 8

BESIMI I VËRTETË DHE JETA E PËRJETSHME

- Çfarë misteri i thellë që është!
- Rrëfimet e rreme nuk çojnë në shpëtim
- Mishi dhe gjaku i Birit të Njeriut
- Falje vetëm duke ecur në dritë
- Besimi i shoqëruar me vepra është besimi i vërtetë

"Kush ha mishin Tim dhe pi gjakun Tim, ka jetë të përjetshme, dhe Unë do ta ringjall atë në ditën e fundit. Sepse mishi Im është me të vërtetë ushqim dhe gjaku Im është me të vërtetë pije. Kush ha mishin Tim dhe pi gjakun Tim, mbetet në Mua dhe Unë në të. Sikurse Ati i gjallë më ka dërguar dhe Unë jetoj për shkak të Atit, ashtu edhe ai që më ha Mua do të jetojë edhe ai për shkakun Tim."

Gjoni 6:54-57

Qëllimi përfundimtar i besimit në Jezu Krishtin dhe frekuentimi i kishës është shpëtimi dhe fitimi i jetës së përjetshme. Megjithatë, shumë njerëz mendojnë se mund të shpëtohen vetëm duke shkuar në kishë të dielave dhe duke thënë se besojnë në Jezu Krishtin pa jetuar sipas fjalës së Perëndisë.

Sigurisht, ashtu siç thotë te Galatasve 2:16, *"Duke ditur se njeriu nuk shfajësohet me anë të veprave të ligjit, por me anë të besimit në Jezu Krishtin, besuam edhe ne në Jezu Krishtin, që të shfajësoheshim me anë të besimit në Krishtin dhe jo me anë të veprave të ligjit, sepse asnjë mish nuk do të shfajësohet me anë të veprave të ligjit,"* nuk mund të hyni në qiell dhe as nuk mund të justifikoheni vetëm duke zbatuar ligjin, sidomos kur zemra juaj është plot me ligësi. Nëse vazhdoni të kryeni mëkate dhe nëse nuk e ndiqni fjalën e Perëndisë, edhe pasi të keni mësuar çfarë thotë ajo, ju nuk mund të keni marrëdhënie me Jezu Krishtin.

Prandaj, duhet të kuptoni që është e vështirë të shpëtoheni vetëm duke rrëfyer besim me gojë. Gjaku i Jezu Krishtit ju pastron nga mëkatet për t'ju shpëtuar vetëm kur ecni në dritë dhe jetoni në të vërtetën. Besimi juaj duhet të jetë i vërtetë dhe i shoqëruar me vepra (1 Gjonit 1:5-7).

Tani, le të shohim më me hollësi si mund të kemi besim të vërtetë për të marrë shpëtimin e plotë dhe jetën e përjetshme, si fëmijë të vërtetë të Perëndisë.

Çfarë misteri i madh që është!

Te Efesianëve 5:31-32 shkruan, *"Prandaj njeriu do të lërë babanë e vet dhe nënën e vet dhe do të bashkohet me gruan e vet, dhe të dy do të bëhen një mish i vetëm. Ky mister është i madh; tani unë e them në lidhjen me Krishtin dhe me kishën."*

Është e kuptueshme që kur fëmijët rriten, ata largohen nga prindërit e tyre dhe bashkohen me bashkëshortin ose bashkëshorten. Pse atëherë tha Perëndia që ky ishte një mister i madh? Nëse e interpretoni dhe e kuptoni këtë varg fjalë për fjalë, nuk do ta kuptonit se cili është ky "mister i madh", por kur të gjeni nënkuptimin frymor pas tij, atëherë do të mbusheni me gëzim.

"Kisha" këtu u referohet fëmijëve të Perëndisë që kanë marrë Frymën e Shenjtë. Perëndia i krahason marrëdhëniet mes Jezu Krishtit dhe besimtarëve me marrëdhëniet mes një burri dhe gruaje.

Si mund ta lini botën dhe të bashkoheni me Dhëndrin Jezu Krisht?

Nëse e pranoni Jezu Krishtin me besim

Që në momentin kur njeriu i parë, Adami, kreu mëkat duke mos iu bindur Perëndisë, mëkati hyri në botë. Të gjithë pasardhësit e tij u bënë skllevër të mëkatit dhe fëmijë të djallit i cili sundon në këtë botë.

Përpara se të pranonit Jezu Krishtin, edhe ju i keni takuar kësaj bote dhe djallit, i cili ka pushtetin mbi këtë botë errësire. Kjo konfirmohet edhe nga Gjoni 8:44, ku shkruhet, *"Ju jeni nga djalli, që është ati juaj, dhe doni të bëni dëshirat e atit tuaj; ai ishte vrasës që nga fillimi dhe nuk qëndroi në të vërtetën, sepse në të nuk ka të vërtetë. Kur thotë të rrema, flet nga vetvetja, sepse është gënjeshtar dhe ati i rrenës,"* dhe nga 1 Gjonit 3:8, që thotë, *"Kush kryen mëkat është nga djalli, sepse djalli mëkaton nga fillimi."*

Megjithatë, kur pranoni Jezu Krishtin si Shpëtimtarin tuaj dhe hyni në dritë, ju merrni të drejtën si fëmijë i Perëndisë dhe çliroheni nga mëkatet sepse ato ju falen nëpërmjet gjakut të Jezu Krishtit.

Nëse keni besimin se Jezu Krishti ju ka shpenguar nga mëkatet duke i bartur ato në kryq, Perëndia ju jep Frymën e Shenjtë si dhuratë, dhe Fryma e Shenjtë i jep jetë shpirtit në zemrën tuaj. Fryma e Shenjtë ju tregon dhe ju mëson vullnetin e Perëndisë që të silleni e të jetoni brenda të vërtetës.

Atëherë, ju bëheni fëmijë i Perëndisë i udhëhequr prej Frymës së Shenjtë, dhe me Frymën e Shenjtë ju thërrisni, "Aba Atë" (Romakëve 8:14-15), dhe jeni trashëgimtarë të mbretërisë së qiellit.

Sa e mrekullueshme dhe misterioze është që fëmijët e djallit të cilët dikur ishin në vdekje të përjetshme, janë bërë fëmijë të Perëndisë që tani ecin drejt qiellit nëpërmjet besimit!

Kur bashkoheni me Jezu Krishtin, duke besuar në Të, Fryma e Shenj hyn në zemrën tuaj dhe bashkohet me farën e jetës. Perëndia e krijoi njeriun e parë nga pluhuri dhe i fryu në vrimat e hundës frymën e jetës. Fryma e jetës është fara e jetës, dhe jeta vetë. Prandaj, ajo nuk mund të vdesë kurrë dhe transmetohet te pasardhësit nëpërmjet spermës dhe vezëve të qenieve njerëzore, nga një brez te tjetri.

Fara e jetës mbështillet nga zemra. Pasi krijoi Adamin, Perëndia vendosi në zemrën e tij njohurinë e jetës, njohurinë e frymës. Ashtu si fëmija i porsalindur duhet të mësojë njohurinë e kësaj bote që të bëhet njeri me kulturë dhe karakter e të jetojë si qenie njerëzore, edhe njeriu ka nevojë për njohurinë e jetës që të bëhet një qenie vërtetë e gjallë.

Adami dikur ishte i mbushur vetëm me njohurinë e frymës, me të vërtetën. Megjithatë, pas mosbindjes ndaj Perëndisë, komunikimi me Perëndinë u shkëput. Pak nga pak njeriu filloi të humbë njohurinë e frymës, dhe gënjeshtra zuri vendin e së vërtetës në zemrën e tij.

Që nga ajo kohë, zemra që deri atëherë ishte e mbushur vetëm me të vërtetën, filloi të mbushej me dy gjëra: me të vërtetën dhe të pavërtetën. Për shembull, Adami kishte dashuri në zemër, por djalli mbolli të gabuarën e quajtur urrejtje. Si rezultat, siç mund të shihni te Zanafilla 4, Kaini, të cilin Adami dhe Eva e lindën pasi kryen mëkatin, vrau vëllanë e tij Abelin për shkak të smirës dhe xhelozisë.

Koha kalonte dhe në zemër filloi të zhvillohej edhe një pjesë tjetër e cila u mbush me të vërtetën dhe me të gabuarën njëkohësisht. Kjo pjesë quhet "natyra". Karakteristikat dhe tiparet njerëzore ju i keni të trashëguara nga prindërit. Në to shtohen ato që shikoni, dëgjoni dhe mësoni së bashku me ndjenjat që keni në mendje. Në kërkim të së vërtetës, këto të dyja formojnë "natyrën".

Kjo natyrë shpesh quhet "ndërgjegje" dhe krijohet në forma të ndryshme në varësi të njerëzve që takoni, të librave që lexoni dhe të rrethanave në të cilat rriteni. Për shembull, nëse shohin të njëjtën ngjarje, disa thonë, "Është e keqe" ndërsa të tjerë mund të thonë, "Është e mirë."

Pra, kur analizojmë zemrën e një njeriu, ekziston një pjesë e vërtetë që i përket Perëndisë, një pjesë e gabuar që i përket Satanit, si dhe natyra e personit e krijuar si rezultat i këtyre dy pjesëve.

Kur Fryma e Shenjtë bashkohet me farën e jetës në zemër

Në rastin e Adamit, këto tri pjesë mbështillnin farën e jetës të vendosur në zemrën e tij nga Perëndia. Kjo ndodhi pasi u përmbush fjala e Perëndisë, "Do të vdesësh me siguri", pas ngrënies nga pema e njohjes të së mirës dhe të keqes. Megjithëse fara e jetës është aty, nëse ajo nuk është aktive është njësoj si të jetë e vdekur.

Për shembull, kur mbillni fara në fushë, të gjithat nuk mbijnë sepse disa prej tyre janë të vdekura. Por nëse janë të gjalla ato me siguri mbijnë.

E njëjta gjë ndodh edhe me qeniet njerëzore. Nëse fara e jetës e dhënë nga Perëndia do të kishte vdekur plotësisht, ajo nuk mund të ringjallej më dot. Prandaj, nuk do të ishte e nevojshme që Perëndia të dërgonte Jezu Krishtin për të shpëtuar qeniet njerëzore dhe nuk kishte pse të krijonte qiellin dhe ferrin.

Megjithatë, fara e jetës që iu dha njeriut kur Perëndia i fryu frymën e jetës është e përjetshme. Kur një njeri merr ungjillin, fara e jetës ringjallet. Sa më shumë të zgjerohet pjesa e së vërtetës në zemrën tuaj, aq më e lehtë është për ju të pranoni ungjillin. Kushdo që dëgjon mesazhin e kryqit dhe pranon Jezu Krishtin, merr Frymën e Shenjtë. Në këtë kohë, fara e jetës në zemër bashkohet me Frymën e Shenjtë.

Përkundrazi, njerëzit me ndërgjegje të damkosur nuk kanë vend për ungjillin sepse zemra e së gabuarës e mbështjell dhe e fsheh plotësisht farën e jetës në zemrat e tyre. Fara e jetës që deri në atë moment ka qenë në gjendje të vdekur kur kombinohet me fuqinë e madhe të Perëndisë, me Frymën e Shenjtë, merr fuqinë për të kryer funksionin e saj.

Të bëheni njeri i Frymës

Përderisa ndjek shërbimet e adhurimit, kupton Fjalën e Perëndisë dhe lutesh, hiri i Perëndisë dhe fuqia e Tij vijnë mbi ju dhe ju ndihmojnë të ndiqni natyrën e Frymës së Shenjtë.

Nëpërmjet këtij procesi, zemra dhe fryma juaj bëhen një. Zemra bëhet gjithnjë e më e vërtetë duke larguar të gabuarën prej saj dhe duke e mbushur me të vërtetën. Nëse zemra e njeriut mbushet krejtësisht me njohurinë e frymës dhe të vërtetës, atëherë zemra e tij është vetë frymë, ashtu siç kishte qenë vetë Adami.

Edhe nëse në pamje dukeni besnik por nuk luteni, ju veproni sipas natyrës suaj. Fryma e Shenjtë në ju nuk mund ta rilindë frymën tuaj dhe do të mbeteni njeri i mishit. Ju nuk do të mund ta ndiqni natyrën e Frymës së Shenjtë nëse nuk i nënshtroni mendimet dhe idetë tuaja edhe pse mund të luteni me shumë ngulm për një kohë të gjatë. Për këtë arsye, nuk mund të transformoheni në njeri të frymës.

Fryma e Shenjtë ju bën të mendoni sipas së vërtetës në zemër, pra të jetoni sipas dëshirave të Frymës së Shenjtë. Satani gjithashtu punon për t'ju çuar drejt rrugës së shkatërrimit, duke ju tunduar të ndiqni mendimet e mishit për sa kohë që keni të pavërtetën në zemrën tuaj.

Prandaj, duhet të hidhni poshtë mendimet e mishit dhe

vetëdrejtësinë, siç thotë te 2 Korintasve 10:5, *"Që të hedhim poshtë mendimet dhe çdo lartësi që ngrihet kundër njohjes së Perëndisë dhe t'ia nënshtrojmë çdo mendim dëgjesës së Krishtit."* Kur i bindeni Fjalës së Perëndisë, duke i thënë "Po" dhe ndiqni dëshirën e Frymës së Shenjtë, zemra juaj do të mbushet vetëm me të vërtetën dhe ju do të mund të bëheni njeri frymëror, plotësisht i shenjtëruar.

Mund të pranoni çfarëdo që kërkoni

Ju bëheni një me Zotin kur largoni çdo gjë të gabuar duke mposhtur "vetëdrejtësinë", duke i dhënë jetë frymës nëpërmjet Frymën e Shenjtë dhe duke e bërë zemrën tuaj të pastër ashtu siç është zemra e Zotit Jezu Krisht.

Një burrë dhe një grua bëhen një mish dhe i japin jetë një fëmije nëpërmjet bashkimit e spermës dhe vezës. Edhe ju, kur dilni nga bota dhe bëheni një me Jezu Krishtin, dhëndrin tuaj, duke e pranuar Atë, do të rilindni frymën me anë të Frymës së Shenjtë dhe do të merrni me bollëk bekimet e të qenit fëmijë i Perëndisë.

Siç thotë te Romakëve 12:3, besimi matet dhe përgjigjet i merrni sipas masës së besimit që keni. Te 1 Gjonit 2:12 e më poshtë, rritja e besimit krahasohet me procesin e rritjes së qenieve njerëzore.

Ata që pranojnë Jezu Krishtin, marrin Frymën e Shenjtë dhe shpëtohen, kanë besimin e fëmijëve të vegjël (1 Gjonit 2:12). Ata që përpiqen të zbatojnë të vërtetën në jetë kanë besimin e fëmijëve (1 Gjonit 2:13). Kur ata rriten më shumë dhe dalin nga kjo fazë, dhe në të vërtetë e zbatojnë të vërtetën në jetën e tyre, ata kanë besimin e të rinjve (1 Gjonit 2:13). Nëse rriten më shumë, ata kanë besimin e pleqve (1 Gjonit 2:13).

Kur lexoni për Jobin nga Dhjata e Vjetër, Perëndia e njohu atë si njeri të pastër dhe të drejtë, por kur Satani e sfidoi, Perëndia e lejoi Satanin ta vinte Jobin në provë. Në fillim Jobi ngulte këmbë që ishte i drejtë. Megjithatë, shpejt e kuptoi ligësinë e vet dhe u pendua përpara Perëndisë kur nga sprova doli në dukje natyra e tij mëkatare. Vetëdrejtësia e Jobit u mposht dhe zemra e tij u bë e drejtë dhe e pastër në sytë e Perëndisë. Dhe atëherë Perëndia e bekoi atë dyfish më shumë sesa e kishte bekuar më parë.

Ashtu edhe ju, nëse arrini masën e besimit të pleqve, e cila është faza më e lartë e besimit, duke mposhtur vetëdrejtësinë dhe duke u bërë një me Perëndinë, mund të merrni bekime pafund si fëmijë të Perëndisë. Këtë e ka premtuar Perëndia për ju te 1 Gjonit 3:21-22: *"Shumë të dashur, nëse zemra jonë nuk na dënon, kemi siguri para Perëndisë; dhe ç'të kërkojmë, e marrim nga Ai, sepse zbatojmë urdhërimet e Tij dhe bëjmë gjërat që janë të pëlqyera prej Tij."*

Ju mund të gëzoni bekime si fëmijë të Perëndisë

Në këtë mënyrë, ju bëheni një me Jezu Krishtin aq shumë sa bëheni njerëz të frymës. Duke u bërë një me Perëndinë ju mund të merrni bekimet, duke plotësuar drejtësinë e Perëndisë.

Jezusi ju premtoi te Gjoni 15:7 që, *"Në qoftë se qëndroni në Mua dhe fjalët e Mia qëndrojnë në ju, kërkoni çfarë të doni dhe do t'ju bëhet."* Gjithashtu, te Gjoni 17:21, Ai na thotë *"që të gjithë të jenë një, ashtu si Ti, o Atë, je në Mua dhe Unë në Ty; edhe ata të jenë një në Ne, që bota të besojë se Ti më ke dërguar."*

Pra, nëse bashkoheni me Zotin, duke u larguar nga kjo botë që sundohet nga pushteti i errësirës së djallit, ju bëheni një me Perëndinë Atë. Për këtë, Galatasve 4:4-7 shkruan:

Por, kur u mbush koha, Perëndia dërgoi Birin e Tij, të lindur prej gruaje, të nënshtruar ligjit, që të shpengonte ata që ishin nën ligj, që ne të fitojmë birërinë. Dhe, duke qenë se jeni bij, Perëndia dërgoi Frymën e Birit të Tij në zemrat tuaja që thërret: 'Abba, Atë!' Prandaj ti nuk je më shërbëtor, por bir; dhe në qoftë se je bir, je edhe trashëgimtar i Perëndisë me anë të Krishtit.

Ashtu si njerëzit trashëgojnë pasuri nga prindërit e tyre, edhe ju trashëgoni mbretërinë e Perëndisë kur bëheni fëmijë të Tij duke pranuar Jezu Krishtin. Kjo do të thotë që fëmijët e djallit trashëgojnë ferrin nga djalli, ndërsa fëmijët e Perëndisë trashëgojnë qiellin nga Perëndia.

Megjithatë, duhet të keni parasysh që ata që nuk e rilindin frymën e tyre me anë të Frymës së Shenjtë duhet të shkojnë në ferr sepse parajsa është një vend i pastër ku qëndron vetëm e vërteta. Kur fryma juaj bekohet dhe bëhet një me Perëndinë, ju merrni lavdi duke qëndruar më pranë Perëndisë në qiell.

Prandaj, shpresoj që ju të merrni bekimin e jetës së përjetshme duke pranuar Jezu Krishtin, dhëndrin tuaj. Duke larguar tutje çdo të pavërtetë dhe duke braktisur vetëdrejtësinë, ju bëheni një me Zotin Jezus dhe Perëndinë Atë. Kështu, ju mund t'ia jepni të gjithë lavdinë Perëndisë.

Rrëfimet e rreme nuk çojnë në shpëtim

Kur bashkoheni me Jezu Krishtin nëpërmjet besimit, Ai bëhet dhëndri juaj i vërtetë që do t'ju drejtojë drejt rrugës së jetës së përjetshme dhe bekimeve. Nëse i përngjani zemrës së Jezu Krishtit, dhëndrit tuaj, dhe keni besim të përkryer, jo vetëm që do të trashëgoni mbretërinë e qiellit, por atje do të shkëlqeni si dielli.

Kur lexoni Biblën me kujdes, ju shihni që disa njerëz që thonë se besojnë në Perëndinë nuk janë në të vërtetë të shpëtuar. Te Mateu 25 lexojmë shëmbëlltyrën e dhjetë virgjëreshave. Pse virgjëreshat e zgjuara që kishin përgatitur vaj u shpëtuan kurse pesë virgjëreshat e tjera budallaqe nuk mundën të shpëtohen?

Perëndia shpjegon qartë në Bibël se kush mund të shpëtohet dhe kush nuk mund të shpëtohet, edhe nëse të gjithë thonë se kanë besim. Duke lexuar në Bibël, ju do të kuptoni çfarë jete duhet të jetoni që të shpëtoheni.

Te Mateu 7:21 thuhet qartë, *"Dhe Jezusi duke u përgjigjur u tha atyre: Në të vërtetë ju them që, po të keni besim dhe të mos dyshoni, do të bëni jo vetëm atë që unë i bëra fikut, por, edhe sikur t'i thoni këtij mali: 'Hiqu andej dhe hidhu në det', kjo do të ndodhë."* Nëse e thërrisni Jezusin 'Zot, Zot,' do të thotë që besoni se Jezusi është Krishti. Por, megjithatë, nuk mund të shpëtoheni vetëm duke thirrur emrin e Zotit dhe duke shkuar në kishë të dielave.

Ata që bëjnë të keqen nuk mund të shpëtohen

Perëndia na tregon për Gjykimin te Mateu 13:40-42:

*Ashtu si mblidhet egjra dhe digjet në zjarr, kështu do
të ndodhë në mbarimin e botës. Biri i njeriut do të
dërgojë engjëjt e vet dhe ata do të mbledhin nga
mbretëria e tij gjithë skandalet dhe ata që bëjnë
paudhësi, dhe do t'i hedhin në furrën e zjarrit. Atje do të
ketë qarje dhe kërcëllim dhëmbësh.*

Pas korrjes, fermeri mbledh grurin në hambar, ndërsa kashtën
dhe bykun i djeg. Këtu, Perëndia ju thotë se ata që nuk janë të
drejtë në sytë e Perëndisë duhet të përballen me gjykimin.

"Skandalet" nënkupton të gjithë ata që thonë se besojnë në
Perëndinë, por i tundojnë vëllezërit dhe motrat në besim dhe i
bëjnë të humbin besimin. Prandaj, nëse i bën të tjerët të
mëkatojnë dhe të bëjnë të keqen, nuk do të shpëtoheni.

Çfarë është pra e keqja? 1 Gjonit 3:4 thotë, *"kush bën mëkat,
bën edhe shkelje të ligjit; dhe mëkati është shkelje e ligjit."*
Ashtu si çdo vend që ka ligjet e veta, ashtu edhe në
mbretërinë e Perëndisë ka një ligj frymëror. Ligji i botës
frymërore është fjala e Perëndisë e shkruar në Bibël. Kushdo që
shkel fjalën e Perëndisë dënohet, ashtu siç dënohet sipas ligjit
kushdo që shkel ligjin. Prandaj, shkelja e fjalës së Perëndisë është
ligësi dhe mëkat.

Ligji i Perëndisë mund të ndahet në katër kategori të mëdha:
"gjërat që duhen bërë," "gjërat që nuk duhen bërë," "gjërat që
duhen mbajtur," dhe "gjërat që duhen braktisur." Duke qenë se
Perëndia është dritë, Ai këshillon fëmijët e Tij të bëjnë atë që
është e drejtë dhe jo atë që është e ligë. Pra, të bëjnë detyrat e

fëmijëve të Perëndisë, dhe të braktisin gjithçka që Ai urren sepse Perëndia do që fëmijët e Tij të jetojnë në dritë.

Te Ligji i Përtërirë 10:12-13 Perëndia na nxit, *"Dhe tani, o Izrael, çfarë kërkon nga ti Zoti, Perëndia yt? Të kesh frikë nga Zoti, Perëndia yt, të ecësh në tërë rrugët e Tij, ta duash dhe t'i shërbesh Zotit, Perëndisë tënd, me gjithë zemër e me gjithë shpirt, dhe të respektosh për të mirën tënde të gjitha urdhërimet dhe statutet e Zotit që sot të urdhëroj."* Nëse e vini në zbatim fjalën e Perëndisë, ju do të merrni bekime; por nëse nuk jetoni sipas fjalës së Tij, do të merrni vdekjen e përjetshme nga mëkati dhe e keqja.

Galatasve 5:19-21 rendit veprat e mishit:

> *Dhe veprat e mishit janë të zbuluara dhe janë: kurorëshkelja, kurvëria, ndyrësia, shthurja, idhujtaria, magjia, armiqësimi, grindjet, xhelozitë, mëritë, zënkat, përçarjet, tarafet, smira, vrasjet, të dehurit, grykësia dhe gjëra të ngjashme me këto, për të cilat po ju paralajmëroj, si kurse ju thashë edhe më parë, se ata që i bëjnë këto gjëra nuk do të trashëgojnë mbretërinë e Perëndisë.*

"Kurorëshkelja" i referohet çdo lloj papastërtie seksuale dhe prishjen e dëlirësisë, duke përfshirë edhe marrëdhëniet seksuale përpara martesës së ligjshme. "Ndyrësia" këtu ka kuptimin e veprimeve të padisiplinuara, përtej logjikës, si rezultat i natyrës mëkatare.

"Kurvëria" ndodh kur gjithmonë ndiqni imoralitetin tuaj mëkatar seksual dhe jetoni me fjalë dhe vepra imorale. "Idhujtaria" është adhurimi i objekteve prej ari, argjendi, bakri apo lëndësh të tjera, ose kur doni diçka më shumë sesa Perëndinë.

"Magji" është të joshni njerëzit me gënjeshtra dinake. "Armiqësim" është të kesh dëshirën të shkatërrosh njerëzit e tjerë në urrejtje, e kundërta e dashurisë. "Tarafe" do të thotë të përpiqesh të kërkosh përfitim personal dhe autoritet. "Xhelozi" është të urresh një person tjetër sepse e ndjen që është më i mirë se ti. "Mëri" nuk do të thotë vetëm të zemërohesh, por edhe të dëmtosh të tjerët për shkak të zemërimit.

"Zënka" do të thotë të krijosh një grup të caktuar dhe të ndjekësh veprat e Satanit sepse nuk je dakord me të tjerët. "Përçarje" do të thotë të krijosh një grupim dhe të ndahesh duke ndjekur mendimet personale, dhe jo mendimet e Frymës së Shenjtë. "Grindje" do të thotë të mohosh Perëndinë Trini dhe Jezusin që erdhi në mish, që derdhi gjakun e Tij për të shpenguar njerëzimin dhe u bë Krishti.

"Zilia" është të dëmtosh ose të kryesh veprime dëmtuese kundër dikujt për shkak të xhelozisë. "Të dehurit" është pirja e alkoolit, dhe "Shthurje" do të thotë jo vetëm të dehesh, të jetosh për kënaqësinë e trupit dhe të humbësh kontrollin, por edhe të mos përmbushësh siç duhet detyrat e tua si bashkëshort ose prind.

Përveç kësaj, "gjëra të ngjashme me këto" nënkupton shumë veprime të tjera mëkatare të ngjashme me këto, dhe ata që i kryejnë këto veprime nuk do të shpëtohen.

Mëkatet që çojnë në vdekje dhe mëkatet që nuk çojnë në vdekje

Në këtë botë, "mëkati" përkufizohet si "mëkat" kur rezultati i tij është i dukshëm dhe ka prova të besueshme që ka dëmtuar fizikisht një palë tjetër. Por Perëndia që është dritë, na thotë se mëkat nuk janë vetëm veprat mëkatare, por gjithçka që vjen nga errësira e që është kundër dritës.

Megjithëse nuk shfaqen e as nuk dëshmohen, dëshirat tuaja mëkatare në zemër, të tilla si urrejtja, zilia, xhelozia, epshi, gjykimi, dënimi, shpirtligësia dhe mendimet e pandershme janë të gjitha të liga dhe mëkate.

Ja pse Perëndia na thotë, *"Por Unë po ju them se kushdo që shikon një grua për ta dëshiruar, ka shkelur kurorën me të në zemrën e vet"* (Mateu 5:28), dhe *"Kushdo që urren vëllanë e vet është vrasës; dhe ju e dini se asnjë vrasës nuk ka jetë të përjetshme të qëndrueshme në vete."* (1 Gjonit 3:15). Përveç kësaj, te Romakëve 14:23 thuhet, *"Por ai që është me dy mendje, edhe sikur të hajë, është dënuar, sepse nuk ha me besim; dhe çdo gjë që nuk bëhet me besim, është mëkat,"* ndërsa Jakobi 4:17 shkruan *"Ai, pra, që di të bëjë të mirë edhe nuk e bën, bën mëkat."* Duhet të kuptoni se mëkat dhe shkelje është moszbatimi i asaj që dëshiron dhe urdhëron Perëndia.

Por, a do të vdesin të gjithë ata që i bëjnë këto mëkate? Duhet të kuptoni se nëse një person që më parë gënjente, ndërsa tani lutet dhe përpiqet të bëhet njeri i së vërtetës, jeton në besim. Megjithëse mund të mos e kenë larguar të gjithë pandershmërinë që kanë në zemër duke qenë se besimi i tyre është i dobët, ata do të shpëtohen pavarësisht këtij mëkati.

Te Letra 1 Gjonit 5:16-17 shkruan, *"Në se dikush sheh vëllanë e vet se kryen një mëkat që nuk çon në vdekje, le t'i lutet Perëndisë, dhe Ai do t'i japë jetën, atyre që bëjnë mëkat që nuk çon në vdekje. Ka mëkat që çon në vdekje nuk them që ai të lutet për këtë. Çdo paudhësi është mëkat; por ka mëkat që nuk çon në vdekje."*

Mëkatet në përgjithësi ndahen në dy kategori: ato që çojnë në vdekje dhe ato që nuk çojnë në vdekje. Ata që kryejnë mëkate që nuk çojnë në vdekje mund të shpëtohen nëse i inkurajoni, luteni për ta, dhe i ndihmoni të pendohen për mëkatet e tyre. Por, nëse dikush kryen mëkate që çojnë në vdekje, ai nuk mund të shpëtohet edhe nëse luteni për të.

Njerëzit që konsiderohen si të ndershëm ndonjëherë gënjejnë për përfitimin e tyre ose bëjnë veprime mashtruese megjithëse këto veprime mund të mos dëmtojnë njerëz të tjerë. Kur e kuptoni të vërtetën, atëherë e kuptoni që jeni mëkatarë, megjithëse keni menduar se jeta që keni bërë përpara se të besonit në Perëndinë ka qenë e drejtë. Perëndia ju tregon jo vetëm mëkatet që mund të shihen, por edhe mendimet e liga në zemrat tuaja të cilat janë poashtu mëkate.

Çdo veprim i keq është mëkat dhe paga e mëkatit është vdekja. Por, Jezu Krishti ju ka falur të gjitha mëkatet e së kaluarës, së tashmes dhe së ardhmes duke derdhur gjakun e Tij në kryq. Ka mëkate që mund të falen nga fuqia e gjakut të Jezusit kur pendohesh dhe largohesh prej tyre. Ka mëkate që nuk çojnë në vdekje.

Nëse nuk pendoheni, por vazhdoni të mëkatoni, ndërgjegjja

juaj ngurtësohet. Si pasojë, nuk mund të keni frymën e pendimit nëse kryeni mëkat që çon në vdekje. Kështu, edhe nëse pendoheni, mëkatet tuaja nuk mund të falen.

Tani, le të shohim tri llojet e mëkateve që çojnë në vdekje: blasfemia kundër Frymës, turpërimi i Birit të Perëndisë publikisht në mënyrë të përsëritur, dhe vazhdimi i mëkatimit me dashje.

Blasfemia kundër Frymës së Shenjtë

Ka tri gjëra në blasfeminë kundër Frymës së Shenjtë. Blasfemia kundër Frymës së Shenjtë është kur ju flisni kundër Frymës së Shenjtë, kur kundërshtoni punën e Frymës së Shenjtë, dhe kur turpëroni Frymën e Shenjtë.

Prandaj unë po ju them: Çdo mëkat dhe blasfemi do t'u falet njerëzve; por blasfemia kundër Frymës nuk do t'u falet atyre. Dhe kushdo që flet kundër Birit të njeriut do të falet; por ai që flet kundër Frymës së Shenjtë nuk do të falet as në këtë botë as në atë të ardhme (Mateu 12:31-32).

Dhe kushdo që do të flasë kundër Birit të njeriut do të falet, por ai që do të blasfemojë kundër Frymës së Shenjtë, nuk do të falet. (Luka 12:10).

Së pari, "të flasësh kundër të tjerëve" do të thotë të shpifësh kundër tyre dhe të pengosh punën e tyre. *"Të flasësh kundër Frymës së Shenjtë"* është të përpiqesh të pengosh mbretërinë e Perëndisë duke ndërprerë punën e Frymës së Shenjtë, në bazë të mendimeve dhe vullnetit personal. Për shembull, të flasësh kundër Frymës së Shenjtë është kur kundërshton punën e Perëndisë sepse nuk përputhet me mendimet tuaja personale, megjithëse është puna e Frymës së Shenjtë.

Nëse e dënoni një shërbëtor të Perëndisë si heretik kur në fakt nuk është një i tillë, dhe pengoni punën e Frymës së Shenjtë, ky është një mëkat aq i tmerrshëm përpara Perëndisë, sa nuk mund të falet. Prandaj, duhet të jeni në gjendje të bëni dallimin mes frymëve sipas së vërtetës.

Ju duhet t'i paralajmëroni vazhdimisht njerëzit dhe nuk duhet ta lejoni sjelljen e tyre, nëse përpiqen t'u japin të tjerëve frymë të keqe ose nëse janë vërtetë heretikë në sytë e Perëndisë. Titi 3:10 thotë, *"Shmangu nga njeriu sektar, mbasi ta kesh qortuar një herë e dy herë."*

Sot, shumë njerëz i akuzojnë disa kisha që shpallin Perëndinë Trini dhe shoqërohen nga veprat e Frymës së Shenjtë si heretike, ose madje edhe i persekutojnë ato në shumë mënyra. Këta njerëz nuk janë në gjendje të bëjnë dallimin mes frymëve. Megjithëse thonë se besojnë në Perëndinë, ata nuk kanë njohuri të mjaftueshme biblike mbi herezinë. Ndonjëherë, ata nuk dinë as përkufizimin e herezisë.

Në rastin e persekutimit të të tjerëve për shkak të mungesës së njohurive të duhura, ata mund të falen nëse pendohen dhe kthehen. Por, ata nuk mund të falen nëse pengojnë punën e Perëndisë me qëllim të ligë dhe me xhelozi, duke e ditur që po pengojnë punën e Frymës së Shenjtë.

Një shembull lidhur me këtë mund ta gjeni në Bibël. Te Marku 3, kur Jezusi bëri shenja dhe mrekulli, ata që ishin xhelozë për Të përhapën thashetheme sikur Ai ishte i çmendur.

Thashethemet u përhapën aq shumë sa pjesëtarët e familjes së Tij që jetonin larg erdhën që ta largonin Jezusin nga publiku.

Skribët dhe farisenjtë e kritikuan Jezusin, duke thënë, *"Kurse skribët, që kishin zbritur nga Jeruzalemi, thoshin: 'Ai ka Beelzebubin dhe i dëbon demonët me princin e demonëve'"* (Marku 3:22). Ata kishin njohuri të thella mbi Fjalën e Perëndisë, e dinin fare mirë ligjin dhe ua mësonin atë të tjerëve, por megjithatë kundërshtonin punën e Perëndisë për shkak të xhelozisë dhe zilisë që kishin për Jezusin.

Së dyti, "të kundërshtimi punës së Frymës së Shenjtë" është të shpërfillësh zërin e Frymës së Shenjtë që ka dhënë Perëndia, të gjykosh apo dënosh veprat e Frymës së Shenjtë dhe të përpiqesh të dëmtosh të tjerët.

Për shembull, të flasësh kundër Frymës së Shenjtë është të përhapësh thashetheme, të falsifikosh dokumente dhe të dënosh si heretikë një pastor apo një kishë ku shfaqen veprat e Frymës së Shenjtë, duke prishur takimet e ringjalljes.

Atëherë, çdo të thotë, "Kushdo që flet kundër Birit të Njeriut, do të falet"? "Biri i Njeriut" në këtë varg i referohet Jezusit që erdhi si njeri përpara se të kryqëzohej.

Të flasësh kundër Birit të Njeriut do të thotë të mos i bindesh Jezusit, duke e njohur atë thjesht si një person që erdhi në mish. Paaftësia për ta njohur Jezusin si Shpëtimtar është rezultat i mungesës së njohurisë. Në këtë rast, do të faleni dhe do të shpëtoheni vetëm nëse pendoheni plotësisht dhe pranoni Zotin.

Nëse këtë lloj mëkati e kryeni pa e njohur të vërtetën ose para se të merrni Frymën e Shenjtë, Perëndia ju jep mundësinë vazhdimisht të pendoheni dhe të faleni.

Por, nëse nuk i bindeni Zotit dhe e kundërshtoni duke e ditur qartë se kush është Jezu Krishti, atëherë duhet të kuptoni që nuk mund të faleni kurrë për këtë sepse është njësoj si të flisni kundër Frymës së Shenjtë dhe të kundërshtoni veprat e Frymës së Shenjtë.

Së treti, blasfemi do të thotë gjithashtu të çnderosh e të turpërosh gjërat që janë hyjnore, të shenjta dhe të pastra. Blasfemia kundër Frymës së Shenjtë do të thotë gjithashtu *të çnderosh Frymën e Shenjtë,* Frymën e Perëndisë, dhe hyjninë e Perëndisë. Është mëkat të çnderosh fuqinë e përjetshme të Perëndisë dhe hyjninë e Tij, nëse flet keq për veprat e Frymës së Shenjtë duke thënë se ato janë vepra të Satanit, ose nëse këmbëngul se diçka është vepër e Frymës së Shenjtë kur nuk është. Të predikosh të vërtetën si të gabuar, duke shpallur atë që është e gabuar si të vërtetë, dhe të dënosh atë që është e vërtetë si të gabuar; këto janë "blasfemi kundër Frymës së Shenjtë."

Më parë, nëse dikush kapej nga fjalët apo veprat e tij duke blasfemuar kundër mbretit, kjo konsiderohej tradhti dhe ai njeri dënohej me vdekje.

Nëse blasfemoni kundër hyjnisë së shenjtë të Perëndisë, që është i plotfuqishëm dhe nuk mund të krahasohet me asnjë mbret në këtë botë, atëherë nuk mund të faleni kurrë.

Edhe Jezusi, i cili ishte plotësisht Perëndi dhe erdhi në këtë botë në mish, nuk ndëshkoi njeri. Çfarë mëkati i tmerrshëm do të ishte nëse dënoni vëllezërit dhe motrat, dhe përveç kësaj çnderoni edhe veprat e bëra nga Fryma e Shenjtë! Nëse qëndroni me frikën e Perëndisë, atëherë asnjëherë nuk mund të kundërshtoni, të çnderoni apo të flisni kundër Frymës së Shenjtë. Prandaj, duhet të kuptoni që këto mëkate nuk mund të falen as në këtë botë dhe as në botën tjetër që do të vijë. Këto mëkate nuk duhet t'i bëni asnjëherë. Megjithëse këto mëkate mund t'i keni bërë më parë, ju duhet të kërkoni hirin e Perëndisë dhe të pendoheni me gjithë zemër.

Të turpërosh hapur Birin e Perëndisë

Siç shpjegohet te Hebrenjve 6, të kryqëzosh vazhdimisht Birin e Perëndisë dhe ta turpërosh hapur Atë, është mëkat që çon në vdekje.

Sepse ata që janë ndriçuar një herë, e shijuan dhuntinë qiellore dhe u bënë pjesëtarë të Frymës së Shenjtë, dhe shijuan fjalën e mirë të Perëndisë dhe mrekullitë e jetës së ardhshme, dhe po u rrëzuan, është e pamundur t'i sjellësh përsëri në pendim, sepse ata, për vete të tyre, e kryqëzojnë përsëri Birin e Perëndisë dhe e poshtërojnë (Hebrenjve 6:4-6).

Disa njerëz largohen nga kisha dhe nga Perëndia për shkak të tundimeve të kësaj bote. Ata e turpërojnë Perëndinë megjithëse kanë marrë Frymën e Shenjtë, duke ditur se ka parajsë dhe ferr e duke besuar fjalën e së vërtetës. Ne themi që ata e kryqëzuan përsëri Birin e Perëndisë duke e turpëruar hapur Atë. Ky njeri jo vetëm që bën shumë mëkate i kontrolluar nga Satani, por mohon Perëndinë, përndjek dhe poshtëron kishën dhe besimtarët. Ndërgjegjen e tyre ata ia kanë dorëzuar Satanit, prandaj zemrat e tyre janë të mbushura me errësirë. Ata nuk duan të pendohen dhe fryma e pendimit nuk vjen mbi ta. Ata nuk kanë mundësinë të pendohen dhe nuk mund të falen. Këtë mëkat bëri Judë Iskarioti. Ai ishte një nga dymbëdhjetë dishepujt e Jezusit. Juda ishte dëshmitar i shumë shenjave e mrekullive, por u bë lakmitar dhe e shiti Jezusin për tridhjetë monedha argjendi. Më pas, ndërgjegjja e tij u prek dhe u mbush me keqardhje, por mbi Judën nuk erdhi fryma e pendimit. Mëkati i tij nuk mund të falej, dhe duke qenë se faji po e torturonte rëndë në fund ai kreu vetëvrasje (Mateu 27:3-5).

Mëkati i përsëritur me dashje

Mëkati i fundit që çon në vdekje është mëkati që kryhet vazhdimisht me dashje pasi të keni marrë njohurinë e së vërtetës.

Sepse, në qoftë se ne mëkatojmë me dashje mbasi kemi marrë dijeni të së vërtetës, nuk mbetet më asnjë flijim për mëkatet, por vetëm një pritje gjyqi e tmerrshme dhe një e ndezur zjarri që do të përpijë kundërshtarët (Hebrenjve 10:26-27).

Të vazhdosh të mëkatosh edhe pas njohjes të së vërtetës do të thotë të përsëritësh gjëra të këqija të cilat Perëndia nuk i fal. Do të thotë gjithashtu të vazhdosh të mëkatosh, duke e ditur që është mëkat ashtu si *"...u ndodhi ç'ka thotë një fjalë e urtë e vërtetë: 'Qeni u kthye në të vjellat e veta', dhe 'dosa e larë u kthye të zhgërryhet në llucë'"* (2 Pjetrit 2:22).

Kur Davidi, i cili e donte shumë Perëndinë, kreu tradhti bashkëshortore, kjo e çoi atë drejt shumë mëkateve dhe arriti deri aty sa të vriste një nga ushtarët e tij më besnikë. Por, kur profeti Nathan i tregoi atij mëkatin, Mbreti David u pendua menjëherë.

Mbreti Saul vazhdoi të mëkatojë edhe pasi profeti Samuel ia tregoi mëkatet. Davidi u pendua dhe mori bekimet e Perëndisë, kurse Sauli u braktis sepse nuk u pendua dhe vazhdoi të mëkatonte.

Edhe Balaami ishte profet që kishte autoritetin të bekonte dhe të mallkonte, por kur bëri kompromis me botën për të fituar famë dhe pasuri, pati një fund të mjerueshëm.

Fryma e Shenjtë venitet në zemrat e atyre që kryejnë mëkate me dashje sepse Perëndia i braktis këta njerëz. Më pas, të kontrolluar nga djalli ata humbin besimin dhe bëjnë vepra të liga. Në fund, Fryma e Shenjtë në ta zhduket plotësisht, dhe ata nuk mund të shpëtohen sepse e kanë të pamundur të pendohen. Emrat e tyre do të fshihen nga Libri i Jetës (Zbulesa 3:5).

Nga ana tjetër, ka njerëz që vazhdojnë të mëkatojnë sepse e kanë njohur Perëndinë vetëm me mendje, por në zemrat e tyre nuk kanë besuar kurrë në Të. Mëkatet e tyre mund të falen, dhe ata mund të hyjnë në rrugën e shpëtimit nëse pendohen plotësisht me gjithë zemër dhe me besim të vërtetë.

Prandaj, duhet të dini që nuk mund të faleni kur kryeni mëkate me dashje duke vepruar sipas natyrës mëkatare, nëse dikur jeni ndriçuar, keni besuar që ka parajsë dhe ferr, dhe keni përjetuar hirin e madh të Perëndisë.

Shpresoj gjithashtu që ju të kuptoni plotësisht që të gjitha mëkatet janë padrejtësi dhe errësirë, dhe Perëndia i urren ato edhe nëse disa prej tyre nuk çojnë në vdekje. Ju lutem që të bëheni besimtarë të mençur që nuk lejoni mëkatin dhe nuk mëkatoni.

Mishi dhe gjaku i Birit të Njeriut

Për të pasur një jetë të shëndetshme, ju duhet të konsumoni ushqimet dhe pijet e duhura. E njëjta gjë është edhe me shëndetin frymëror. Për ta mbajtur frymën të shëndetshme dhe për të fituar jetën e përjetshme, ju duhet të hani mishin dhe të pini gjakun e Birit të Njeriut.

Tani do të mësoni se çfarë janë mishi dhe gjaku i Birit të Njeriut dhe arsyen pse duhet të hani mishin e Tij dhe të pini gjakun e Tij për të fituar jetën e përjetshme, në bazë të tekstit të mëposhtëm nga Gjoni 6:53-55:

> *Prandaj Jezusi u tha atyre: "Në të vërtetë, në të vërtetë po ju them se, po të mos hani mishin e Birit të njeriut dhe të mos pini gjakun e Tij, nuk keni jetën në veten tuaj. Kush ha mishin tim dhe pi gjakun Tim, ka jetë të përjetshme, dhe Unë do ta ringjall atë në ditën e fundit. Sepse mishi Im është me të vërtetë ushqim dhe gjaku Im është me të vërtetë pije."*

Çfarë është mishi i Birit të Njeriut?

Jezusi tregon në Bibël nëpërmjet shumë shëmbëlltyrave, sekretet e qiellit dhe vullnetin e Perëndisë. Për shumë njerëz që jetojnë në këtë botë tredimensionale, është shumë e vështirë të kuptojnë vullnetin e Perëndisë i cili jeton në botën katërdimensionale dhe më lart. Andaj, Jezusi i krahasonte gjërat qiellore me gjëra tokësore si sende, bimë, kafshë dhe me jetën në këtë botë, në mënyrë që të na ndihmonte ta kuptonim më mirë vullnetin hyjnor.

Ja pse Jezusi, Biri i vetëm i Perëndisë krahasohet me shkëmbin dhe me yllin, që janë objekte jo dimensionale, me verën që është njëdimensionale, me qengjin dydimensional, dhe me Birin e Njeriut që është tredimensional.

Jezusi quhet Biri i Njeriut, dhe kështu mishi i Birit të Njeriut është mishi i Jezusit.

Gjoni 1:1 na thotë, *"Në fillim ishte Fjala, dhe Fjala ishte me Perëndinë, dhe Fjala ishte Perëndi."* Gjoni 1:14 thotë, *"Dhe Fjala u bë mish dhe banoi ndër ne; dhe ne soditëm lavdinë e Tij, si lavdia e të vetëmlindurit prej Atit, plot hir e të vërtetë."*

Jezusi ishte ai që erdhi në këtë botë në mish si fjala e Perëndisë. Prandaj, mishi i Birit të Njeriut është fjala e Perëndisë, e cila është vetë e vërteta. Të hash mishin e Birit të Njeriut do të thotë të mësosh fjalën e Perëndisë në Bibël.

Si ta hani mishin e Birit të Njeriut

Te Eksodi 12:5 dhe në vargjet vijuese, Jezusi portretizohet si "Qengji":

Qengji juaj duhet të jetë pa të meta, mashkull, motak; mund të merrni një qengj ose një kec. Do ta ruani deri në ditën e katërmbëdhjetë të këtij muaji, dhe tërë asambleja e popullit të Izraelit do ta therë atë në të ngrysur. Pastaj do të marrin nga ai gjak dhe do ta vënë mbi dy shtalkat dhe mbi arkitraun e shtëpive ku do ta hanë.

Në përgjithësi, shumë besimtarë mendojnë se qengji u referohet besimtarëve të rinj, por kur studioni Bblën me kujdes, qengji është simbol i Jezusit.

Gjon Pagëzori, duke parë Jezusin që po vinte drejt tij, tha te Gjoni 1:29, *"Të nesërmen, Gjoni e pa Jezusin që po vinte drejt tij dhe tha: 'Ja, Qengji i Perëndisë, që heq mëkatin e botës!'"* Dhe Apostulli Pjetër e quan Jezusin "qengj," te 1 Pjetrit 1:19, *"duke ditur se jo me anë gjërash që prishen, si argjendi ose ari, jeni shpenguar nga mënyra e kotë e të jetuarit të trashëguar nga etërit, por nga gjaku i çmuar i Krishtit, si të Qengjit të patëmetë dhe të panjollë."* Përveç këtyre, shumë shprehje të tjera e krahasojnë Jezusin me qengjin.

Pse e krahason Bibla Jezusin me qengjin? Qengji është kafsha më e butë dhe më e bindur nga të gjitha kafshët shtëpiake. Ai e njeh dhe i bindet zërit të bariut të vet. Askush nuk mund ta mashtrojë qengjin, edhe nëse mundohen të imitojnë zërin e bariut. Ai u jep njerëzve mbulojë, qumësht, mish dhe të gjitha pjesët e trupit.

Si qengji që sakrifikon çdo gjë për njerëzit, ashtu edhe Jezusi iu bind plotësisht vullnetit të Perëndisë dhe sakrifikoi gjithçka për ne.

Jezusi erdhi në këtë botë në mish, megjithëse në natyrë ishte plotësisht Perëndi. Ai predikoi ungjillin e qiellit, shëroi shumë sëmundje, dhe u kryqëzua. Jezusi dha çdo gjë për të na shpenguar nga mëkatet.

Jezusi krahasohet me një qengj sepse karakteristikat dhe

veprimet e Tij ishin të ngjashme me ato të një qengji të butë, dhe
të hash qengjin simbolizon ngrënien e mishit të Jezusit, pra
mishin e Birit të Njeriut.

Atëherë, si mund të hash mishin e Birit të Njeriut? Le të
shohim Eksodin 12:9-10 dhe udhëzimet e mëposhtme:

> *Nuk do të hani fare mish të gjallë apo të zier në ujë,*
> *por të pjekur në zjarr me kokën, këmbët dhe të*
> *brendshmet. Dhe nuk do të lini asnjë mbetje deri në*
> *mëngjes; dhe ç 'të mbetet deri në mëngjes, do ta digjni në*
> *zjarr.*

Së pari, Fjalën e Perëndisë nuk duhet ta hani të papërpunuar

Çfarë do të thotë ta hash mishin e Birit të Njeriut "të papërpunuar"?

Në përgjithësi, nuk është mirë që ta hash mishin të gjallë.
Nëse ha mish të gjallë, mund të marrësh viruse apo baktere dhe
të sëmuresh. Në të njëjtën mënyrë, Perëndia ju thotë të mos e
hani fjalën e Perëndisë "të gjallë" sepse është e dëmshme.

Fjala e Perëndisë është shkruar nga frymëzimi i Frymës së
Shenjtë, prandaj atë duhet ta lexoni dhe ta ktheni në ushqim me
frymëzimin e Frymës së Shenjtë.

Çfarë ndodh nëse e interpreton fjalën e Perëndisë ashtu siç
është fjalë për fjalë? Duke vepruar kështu ndoshta do të
keqkuptonit qëllimin e Perëndisë. Prandaj, të hash "fjalën e
Perëndisë të gjallë" do të thotë ta interpretosh Biblën fjalë për fjalë.

Siç thotë te Gjoni 1:1 *"Fjala ishte Perëndi,"* Bibla përmban zemrën dhe vullnetin e Perëndisë dhe të gjitha gjërat kryhen nëpërmjet kësaj Fjale.

Fjala e Perëndisë na tregon se si mund të shkojmë në parajsë. Për të fituar jetën e përjetshme duhet ta kuptoni fjalën e Perëndisë në mënyrë të plotë. Në anën tjetër, njeriu prej mishi nuk mund ta shohë e as nuk mund ta kuptojë botën frymore. Është njësoj si një bulkth ende në formë larve nën tokë, që s'e di se ekziston një qiell. Është njësoj si një pulë që nuk ka çelur ende, që nuk e di se ka një botë jashtë vezës. Është si një fëmijë ende në barkun e nënës që nuk di asgjë për botën.

Edhe ju, për sa kohë që jetoni në këtë botë materiale, nuk dini asgjë për botën frymore.

Perëndia na thotë që përtej kësaj bote tredimensionale ekziston një botë tjetër. Ashtu si një zog pule i paçelur ende duhet të thyej guaskën e vezës, ashtu edhe ju duhet të thyeni mendimet tuaja të mishta që të kuptoni dhe të hyni në botën frymore.

Për shembull, Mateu 6:6 thotë, *"Por ti, kur lutesh, futu në dhomëzën tënde, mbylle derën dhe lutju Atit tënd në fshehtësi; dhe Ati yt, që shikon në fshehtësi, do të ta shpërblejë publikisht."* Nëse do ta interpretonit vargun fjalë për fjalë, atëherë do ju duhej të shkonit gjithmonë në dhomëzën tuaj për t'u lutur. Por, nuk shohim ndonjë besimtar në Bibël që lutet në dhomëzën e tij në fshehtësi.

Jezusi nuk lutej në dhomëz, por në mal, duke e kaluar natën atje (Luka 6:12), dhe në vende të vetmuara herët në mëngjes (Marku 1:35).

Danieli lutej tri herë në ditë me dritaret hapur drejt

Jerusalemit (Danieli 6:10) ndërsa apostulli Pjetër u lut mbi çati (Veprat 10:9).

Atëherë, çfarë donte të thoshte Jezusi, "Futu në dhomëzën tënde, mbylle derën dhe lutju Atit tënd"?

Këtu, "dhomëz" nga ana frymërore simbolizon zemrën e një personi. Pra, të futesh në dhomëz do të thotë të kalosh mendimet e të futesh thellë brenda zemrës, ashtu siç do të kalonit dhomën e ndenjes apo dhomën e gjumit për të hyrë brenda një dhomëze. Vetëm atëherë mund të luteni me gjithë zemër.

Kur hyni brenda një dhomëze, ju izoloheni nga bota jashtë. Pra, kur luteni, ju duhet të bllokoni mendimet e panevojshme, shqetësimet apo problemet dhe të luteni me gjithë zemër.

Prandaj, ju nuk duhet ta hani të gjallë mishin e Birit të Njeriut. Pra, fjalën e Perëndisë nuk duhet ta interpretoni fjalë për fjalë, por duhet ta interpretoni në mënyrë frymore me frymëzimin e Frymës së Shenjtë.

Së dyti, mos e hani fjalën e Perëndisë të zier në ujë

Çfarë do të thotë, "Mos e hani mishin të zier në ujë"? Do të thotë që fjalës së Perëndisë nuk duhet t'i shtojmë asgjë, por ta hamë të pastër.

Nuk është e drejtë që të predikojmë fjalën e Perëndisë dhe ta përziejmë me politikë, tregime për shoqërinë apo fjalë të urta nga personazhe të njohura historike.

Perëndia që krijoi qiejt dhe tokën, që kontrollon jetën dhe vdekjen e njerëzimit, bekimin dhe mallkimin, është i plotfuqishëm dhe nuk i mungon asgjë.

1 Korintasve 1:25 thotë, *"Sepse marrëzia e Perëndisë është më e ditur se njerëzit dhe dobësia e Perëndisë më e fortë se njerëzit."* Kjo është shkruar që ju të kuptoni se edhe njerëzit më të zgjuar e më të shkëlqyer nuk mund të krahasohen me Perëndinë.

Bibla mbulon aq shumë tema, saqë ju nuk mund të predikoni dot gjatë gjithë jetës gjithçka që mbulon Bibla. Atëherë, si guxoni të përzieni fjalët e njerëzve me fjalët e Perëndisë përderisa predikoni mesazhin e Zotit?

Fjalët e njerëzve ndryshojnë me kalimin e kohës. Edhe nëse në to ka ndonjë të vërtetë, ato të vërteta janë thënë në Bibël, dhe aty janë thënë me mençurinë e Perëndisë.

Prandaj, prioriteti juaj parësor kur u mësoni të tjerëve Biblën duhet të jetë fjala e pastër e Perëndisë. Sigurisht, mund të jepni ilustrime apo shëmbëlltyra në mënyrë që njerëzit ta kuptojnë më lehtë fjalën e Perëndisë dhe sekretet e botës frymore.

Duhet të kuptoni që vetëm fjala e Perëndisë është e përjetshme dhe e vërteta e përkryer dhe e plotë që ju çon në jetën e përjetshme. Prandaj, fjalën e Tij nuk duhet ta hani të zier në ujë.

Së treti, fjalën e Perëndisë duhet ta hani të pjekur në zjarr

Çfarë do të thotë *"të pjekur në zjarr me kokën, këmbët dhe të brendshmet."?* (Eksodi 12:9) Do të thotë që Fjalën e Perëndisë, mishin e Birit të Njeriut duhet ta bëni ushqimin tuaj frymëror pa lënë asgjë jashtë.

Për shembull, ka njerëz që dyshojnë në faktin se Moisiu e

ndau Detin e Kuq. Disa nuk mundohen fare ta lexojnë Levitikun sepse flijimet në Dhjatën e Vjetër janë të vështira për t'u kuptuar. Disa të tjerë thonë se mrekullitë që bëri Jezusi vështirë se mund të besohen dhe mendojnë se ato mrekulli mund të ndodhnin vetëm 2,000 vjet më parë. Ata lënë jashtë shumë gjëra që nuk shkojnë me mendimet njerëzore dhe përpiqen të nxjerrin vetëm mësimet morale.

Ata nuk kujdesen që të mbajnë në mendje fjalë të tilla si "duaje armikun", ose "shmang çdo të keqe" sepse këto fjalë u duken tepër të vështira për t'u zbatuar. A mund të shpëtohen këta persona?

Ju nuk duhet të veproni si njerëz pa mend dhe të merrni vetëm atë që dëshironi nga Bibla. Ju duhet t'i hani të gjitha fjalët në Bibël të pjekura mirë në zjarr, nga Zanafilla deri te Zbulesa.

Çfarë do të thotë atëherë të hash fjalën e Perëndisë "të pjekur në zjarr"? Zjarri këtu i referohet zjarrit të Frymës së Shenjtë. Ju duhet të mbusheni dhe të frymëzoheni nga Fryma e Shenjtë kur lexoni dhe dëgjoni fjalën e Perëndisë, sepse ajo është shkruar nëpërmjet frymëzimit të Frymës së Shenjtë. Përndryshe ato fjalë janë thjesht njohuri, dhe jo ushqim frymëror.

Për të ngrënë fjalën e Perëndisë të pjekur në zjarr, duhet të luteni me ngulm. Lutjet shërbejnë si vaji për t'u bërë burimi i plotësisë së Frymës së Shenjtë. Nëse e hani fjalën e Perëndisë, nëpërmjet frymëzimit të Frymës së Shenjtë, ajo është më e ëmbël se mjalti. Nuk do të mërziteshit kurrë edhe nëse predikimi do të zgjaste shumë, sepse ajo është e çmuar dhe ju kërkoni me dashuri të dëgjoni fjalën e Perëndisë si një dre i etur që kërkon burimin e ujit.

Kështu pra fjalën e Perëndisë duhet ta hani të pjekur në zjarr. Vetëm kështu do ta kuptoni Fjalën e Perëndisë, duke e bërë atë mishin dhe gjakun tuaj frymëror, dhe duke kuptuar e ndjekur vullnetin e Perëndisë. Ja se si mund t'i jepni jetë frymës nëpërmjet Frymës së Shenjtë, se si mund të rriteni në besim, dhe se si mund të riktheni imazhin e humbur të Perëndisë, duke kuptuar detyrën e plotë të njerëzimit.

Në fakt, atyre që e hanë fjalën e Perëndisë pa e pjekur në zjarr, u duket sikur fjala e Perëndisë është e mërzitshme, dhe nuk e mbajnë mend sepse e dëgjojnë duke menduar gjëra të tjera të kota. Këta njerëz nuk mund të rriten në frymë dhe as nuk mund të kenë jetë të vërtetë.

Së katërti, fjalën e Perëndisë nuk duhet ta lini deri në mëngjes

Çfarë do të thotë me, "mos lini asnjë pjesë të tij deri në mëngjes, atë që mbetet deri në mëngjes duhet ta digjni"?

Do të thotë që mishin e Birit të Njeriut, fjalën e Perëndisë, ta hani gjatë natës. Bota në të cilën jetoni tani është një botë e errët e kontrolluar nga djalli, dhe mund të përshkruhet në mënyrë frymërore si nata ose errësira. Kur Zoti ynë të vijë sërish, e gjithë errësira do të zhduket dhe çdo gjë do të jetë më mirë; do të vijë mëngjesi, bota e dritës.

Prandaj, "mos lini asnjë pjesë të tij deri në mëngjes" do të thotë që fjalën e Perëndisë duhet ta mësoni që të përgatiteni si nusja e Zotit tonë kur Ai të kthehet.

Sido që të jetë, qoftë afër ose jo ardhja e Zotit, ju do të jetoni vetëm 70 apo 80 vjet, dhe nuk e dini se kur do ta takoni Zotin. Deri në ditën kur do të takoni Zotin, ju do të rriteni në frymë aq sa hani dhe pini nga trupi dhe gjaku i Birit të Njeriut. Pra, duhet të studioni me zell fjalën e Perëndisë dhe të rriteni në frymë.

Nëse do të keni besimin e pleqve duke u rritur vazhdimisht në frymë, do të merrni lavdi si dielli që shkëlqen pranë fronit të Perëndisë në mbretërinë e Tij, do të prodhoni nëntë frytet e Frymës së Shenjtë dhe Bekimet, dhe do t'i ngjani imazhit të Perëndisë.

Pirja e gjakut të Birit të Njeriut

Për t'u mbajtur gjallë, përveç ushqimit, ju duhet të pini edhe ujë. Nëse nuk do konsumonit ujë, ushqimi nuk do të mund të tretej dhe kështu do të vdisnit. Kur ushqimi shkon në stomak i përzier me ujin, ai tretet, lëndët ushqyese thithen, dhe mbeturinat nxirren jashtë.

Në të njëjtën mënyrë, nëse hani mishin e Birit të Njeriut dhe nuk pini gjakun e Birit të Njeriut, atëherë nuk mund ta tretni dot. Prandaj, jetën e përjetshme mund ta keni vetëm duke ngrënë mishin e Birit të Njeriut dhe duke pirë gjakun e Tij.

"Të pish gjakun e Birit të Njeriut" do të thotë të vësh në veprim, me besim, fjalën e Perëndisë. Pasi të dëgjoni fjalën e Perëndisë, është shumë e rëndësishme që të veproni sipas saj, dhe ky është besimi. Nëse nuk veproni sipas fjalës së Perëndisë pasi ta keni dëgjuar dhe ta keni njohur atë, atëherë dëgjimi i saj nuk ka ndonjë dobi.

Ashtu siç thithen lëndët ushqyese dhe nxirren jashtë

mbeturinat kur tretet ushqimi, ashtu edhe Fjala e Perëndisë thithet dhe e liga del jashtë si mbeturinë kur veproni sipas fjalës së Perëndisë për të pastruar zemrat tuaja të ndotura.

Çfarë nënkuptohet atëherë që, "e vërteta thithet" dhe "e liga nxirret jashtë"? Le të themi se keni dëgjuar Fjalën e Perëndisë, "Mos u urreni, por duajeni njëri-tjetrin." Nëse këtë fjalë e bëni ushqim dhe veproni sipas saj, lënda ushqyese e quajtur dashuri thithet dhe mbeturina e quajtur urrejtje nxirret jashtë. Zemra juaj automatikisht bëhet më e pastër dhe më e vërtetë duke i nxjerrë jashtë mendimet e ndotura.

Veproni sipas Fjalës së Perëndisë pasi ta keni dëgjuar atë

Por, nëse nuk veproni sipas Fjalës së Perëndisë, nuk e pini gjakun e Birit të Njeriut. Prandaj, fjala e Perëndisë është thjesht njohuri në kokë dhe nuk mund të shpëtoheni nëse nuk veproni sipas saj.

Pirja e gjakut të Birit të Njeriut, duke vepruar sipas Fjalës së Perëndisë, nuk mund të bëhet thjeshtë me përpjekje njerëzore. Që të veproni sipas Fjalës së Tij, duhet të keni vullnetin e duhur dhe të merrni hirin dhe fuqinë e Perëndisë, dhe ndihmën e Frymës së Shenjtë duke u lutur me ngulm.

Nëse do të ishte e mundur t'i largonim mëkatet nëpërmjet përpjekjeve personale, nuk do të ishte e nevojshme që Jezusi të kryqëzohej, dhe Perëndia nuk do të kishte pse të dërgonte Frymën e Shenjtë.

Jezu Krishti u kryqëzua për të falur mëkatet tuaja sepse ju vetë nuk mund t'i zgjidhni problemet e mëkatit dhe Perëndia e ka dërguar Frymën e Shenjtë për t'ju ndihmuar t'i ktheni zemrat tuaja nga zemra të ndotura në zemra të pastra.

Fryma e Shenjtë, Fryma e Perëndisë, i ndihmon fëmijët e Perëndisë të jetojnë në të vërtetën dhe drejtësinë. Prandaj, me ndihmën e Frymës së Shenjtë, fëmijët e Perëndisë duhet të jetojnë sipas fjalës së Perëndisë, duke i braktisur mëkatet e tyre dhe duke marrë dashurinë dhe bekimet e Perëndisë.

Falje vetëm duke ecur në dritë

Të thuash se je duke ngrënë mishin dhe duke pirë gjakun e Birit të Njeriut, do të thotë se je duke vepruar në dritë sipas Fjalës së Perëndisë. Pra, cilave veprime u referohet? Ju duhet të jetoni në dritë. Duhet të dilni nga errësira dhe të jetoni në dritë kur hani mishin e Birit të Njeriut, dhe kur e bëni të vërtetë zemrën tuaj. Kur veproni në dritë, gjaku i Zotit ju pastron mëkatet e së kaluarës, së tashmes dhe së ardhmes.

Edhe nëse keni mëkate që nuk i keni larguar ende, kur të pendoheni me gjithë zemër përpara Perëndisë, mëkatet do t'ju falen prej hirit të Perëndisë. Ata që besojnë në të vërtetë në Perëndinë dhe përpiqen të kryejnë drejtësinë në zemrat e tyre, nuk janë më mëkatarë, por janë njerëz të drejtë dhe mund të shpëtohen dhe të marrin jetën e përjetshme.

Perëndia është Dritë

1 Gjonit 1:5 thotë, *"Dhe ky është mesazhi që dëgjuam nga Ai dhe po jua shpallim juve: Perëndia është dritë dhe në Të*

nuk ka kurrfarë errësire."

Apostulli Gjon, që shkroi Letrën e Parë të Gjonit, mori mësime drejtpërdrejt nga Jezusi, i cili u bë drita për botën dhe rruga për te Perëndia.

Prandaj, për Jezusin thuhet te Gjoni 1:4-5, *"Në Atë ishte jeta, dhe jeta ishte drita e njerëzve. Dhe drita shkëlqen në errësirë dhe errësira nuk e kuptoi."* Jezusi e deklaroi Veten, *"Unë jam udha, e vërteta dhe jeta; askush nuk vjen tek Ati përveçse nëpërmjet Meje."* (Gjoni 14:6).

Dishepujt dëshmuan nëpërmjet Jezusit, faktin se "Perëndia është Dritë" dhe mesazhi që ata dhanë është se "Perëndia është Dritë."

Drita në kuptimin frymëror është e vërteta

Çfarë është atëherë "drita"? Në kuptimin frymëror, dritë do të thotë e vërtetë dhe e vërteta është e kundërta e errësirës.

Perëndia na tregon te Efesianëve 5:8, *"Sepse dikur ishit errësirë, por tani jeni dritë në Zotin; ecni, pra, si bij të dritës."* Ata që dëgjojnë mesazhin se "Perëndia është dritë" dhe mësojnë të vërtetën nga Perëndia mund ta ndriçojnë këtë botë, ashtu siç drita e largon errësirën.

Fëmijët e dritës që veprojnë sipas të vërtetës japin frytet e dritës. Ja pse te Efesianëve 5:9 thuhet, *"Sepse fryti i Frymës konsiston në gjithçka që është mirësi, drejtësi dhe e vërtetë."* Dashuria frymërore dhe frytet e Frymës së Shenjtë përshkruhen te 1 Korintasve 13, ato janë: dashuria, gëzimi, paqja, durimi, dashamirësia, mirësia, besnikëria, butësia dhe vetëkontrolli.

Drita u referohet të gjitha fjalëve të së vërtetës mbi mirësinë, drejtësinë dhe dashurinë siç janë "duajeni njëri-tjetrin, lutuni, mbani Sabatin, mbani Dhjetë Urdhërimet" që na i rekomandon Perëndia në Bibël.

Errësira sipas kuptimit frymëror do të thotë mëkati

Errësira i referohet gjendjes në të cilën nuk ka dritë, dhe sipas kuptimit frymëror do të thotë mëkat.

Të gjitha gjërat që janë të gabuara, pra të kundërtat e së vërtetës, janë ato gjëra që shkruhen te Romakëve 1:28-29, *"Dhe meqenëse nuk e quajtën me vend të njihnin Perëndinë, Perëndia i dorëzoi në një mendje të çoroditur, për të bërë gjëra të pahijshme, duke qenë të mbushur plot me çdo padrejtësi, kurvërim, mbrapshtësi, lakmi, ligësi; plot smirë, vrasje, grindje, mashtrim, poshtërsi."* Të gjitha këto gjëra janë errësirë.

Bibla ju thotë të largoni nga vetja të gjitha gjërat që i përkasin errësirës, siç janë, vjedhja, vrasja, tradhtia bashkëshortore dhe çdo lloj ligësie.

Nga njëra anë, disa njerëz thonë se janë fëmijë të Perëndisë, megjithëse nuk i binden asaj që Perëndia i këshillon të bëjnë, por vazhdojnë të bëjnë gjërat që Perëndia i udhëzon të mos bëjnë. Kjo errësirë kontrollohet nga Satani dhe i përket kësaj bote, prandaj nuk mund të qëndrojë pranë dritës. Ja pse ata që veprojnë në errësirë e urrejnë dritën dhe jetojnë larg saj.

Përkundrazi, fëmijët e vërtetë të Perëndisë, i cili është dritë dhe në të cilin nuk ka errësirë, duhet të largohen nga errësira dhe të jetojnë në dritë. Vetëm atëherë, mund të komunikoni me Perëndinë dhe çdo gjë do të ecë mbarë në jetën tuaj.

Provat e bashkësisë me Perëndinë

Në përgjithësi, mes prindërve dhe fëmijëve të tyre ekziston një bashkësi shumë e ngushtë e bazuar në dashuri. Në të njëjtën mënyrë, është e qartë që edhe ju që besoni në Jezu Krishtin të keni bashkësi me Perëndinë i cili është Ati i frymës suaj (1 Gjonit 1:3). Bashkësi këtu do të thotë jo që vetëm njëri të njohë tjetrin, por që secili ta njohë njëri-tjetrin thellësisht. Nuk mund të thoni që keni bashkësi me presidentin e vendit, megjithëse mund të dini shumë gjëra për të. E njëjta gjë është edhe me bashkësinë me Perëndinë. Për të pasur bashkësi të vërtetë me Perëndinë, duhet ta njihni Atë po aq mirë sa edhe Ai t'ju njeh ju.

1 Gjonit 1:6-7 thotë, *"Po të themi se kemi bashkësi me Të, dhe ecim në errësirë, ne gënjejmë dhe nuk e vëmë në praktikë të vërtetën; por, po të ecim në dritë, sikurse Ai është në dritë, kemi bashkësi njeri me tjetrin, dhe gjaku i Jezu Krishtit, Birit të Tij, na pastron nga çdo mëkat."*

Kjo do të thotë që ju keni bashkësi me Perëndinë vetëm kur i largoni mëkatet dhe veproni në dritë. Nëse thoni se keni bashkësi me Perëndinë ndërkohë që vazhdoni të veproni e të jetoni në errësirë, atëherë gënjeni.

Të kesh bashkësi me Perëndinë do të thotë të kesh bashkësi të vërtetë dhe frymërore, dhe jo vetëm një bashkësi pa besim në të cilën e njeh Atë vetëm në kokë. Për të pasur bashkësi me Perëndinë, ju duhet të jeni vetë në dritë sepse Ai vetë është Drita. Fryma e Shenjtë, zemra e Perëndisë, jua mëson qartë vullnetin e Tij për aq sa edhe ju qëndroni në të vërtetën, në mënyrë që të keni komunikim më të thellë me Perëndinë kur lexoni fjalën e Perëndisë dhe kur luteni.

Nëse ecni në errësirë

Nëse thoni se keni bashkësi me Perëndinë, por ecni në errësirë duke kryer mëkate, atëherë gënjeni. Kjo nuk është e ecur në të vërtetën, dhe ju në fund do të gjendeni në rrugën e vdekjes. Te 1Samuelit 2, bijtë e priftit Eli vepruan në ligësi dhe bënë mëkate. Eli duhej t'i dënonte, por në vend të kësaj thjesht i paralajmëroi, "Pse i bëni këto gjëra? Nuk duhet të veproni ashtu."

Në fund, zemërimi i Perëndisë ra mbi ta. Dy bijtë e Elit vdiqën në luftë, dhe Eli vetë ra nga karrigia pranë portës së tij; theu qafën dhe vdiq. Zemërimi i Perëndisë ra edhe mbi pasardhësit e tij, (1 Samuelit 2:27-36, 4:11-22).

Prandaj, siç thotë te Efesianëve 5:11-13, *"Dhe mos merrni pjesë në punët e pafrytshme të errësirës, por më tepër t'i qortoni, sepse ato që bëjnë ata në fshehtësi, është turp edhe të thuhen. Kurse të gjitha gjërat, kur dalin në dritë, bëhen të dukshme, sepse çdo gjë që shfaqet është dritë."*

Nëse dikush thotë se ka bashkësi me Perëndinë, por nuk ecë në dritë, atëherë duhet ta këshilloni me dashuri. Nëse ai përsëri nuk vjen në dritë, duhet ta qortoni dhe ta drejtoni drejt dritës në mënyrë që ai të mos vazhdoj në rrugën e vdekjes.

Falja duke ecur në dritë

Ekziston një ligj në këtë botë dhe kur dikush e shkel atë ndëshkohet sipas veprimeve të tij. Ai mund të ndjehet fajtor në ndërgjegje për shkak të dëmit që është bërë megjithëse mund të ketë paguar dhe mund të jetë ndëshkuar për atë që ka bërë.

Edhe ju keni natyrë mëkatare në zemër megjithëse e keni pranuar Jezu Krishtin dhe ju janë falur mëkatet e jeni deklaruar të drejtë. Prandaj, Perëndia ju urdhëron të bëni rrethprerjen e zemrës në mënyrë që të mos ndiheni fajtorë në ndërgjegjen tuaj.

Siç thotë te Jeremia 4:4, *"Rrethprituni për Zotin dhe hiqni lafshën e zemrave tuaja, o njerëz të Judës dhe banorë të Jerusalemit, me qëllim që zemërimi im të mos shpërthejë si zjarr dhe të mos djegë në mënyrë që askush të mos mund ta shuajë për shkak të ligësisë së veprimeve tuaja,"* rrethprerje e zemrës do të thotë prerje e lafshës së zemrës.

Të presësh lafshën e zemrës do të thotë të ndjekësh atë që mëson Perëndia në Bibël siç janë, "gjërat që duhen bërë," "gjërat që nuk duhen bërë," "gjërat që duhen mbajtur," ose "gjërat që duhen larguar." Me fjalë të tjera, do të thotë të largosh çdo gjë që është kundër fjalës së Perëndisë siç janë e gabuara, e liga, padrejtësia dhe errësira, duke i pastruar zemrat dhe duke i mbushur me të vërtetën.

Fjalën e Perëndisë duhet ta ktheni në ushqimin tuaj, të thithni lëndët ushqyese duke vepruar sipas saj, dhe duke nxjerrë jashtë mbeturinat e të gabuarës dhe të ligës që i përkasin errësirës. Kur rrethprisni zemrën, atëherë mund të rriteni në frymë.

Kur bëheni njeri frymëror dhe i vërtetë, që e largon çdo mëkat e të keqe si mbeturinë, atëherë do të keni bashkësi me Perëndinë. Dhe atëherë gjaku i Jezu Krishtit mund t'ju pastrojë mëkatet sepse do të keni këtë bashkësi.

Prandaj, jo vetëm që duhet të pranoni Jezu Krishtin dhe të bëheni të drejtë, por duhet të shndërroheni në një njeri të vërtetë dhe të drejtë, duke ngrënë mishin, duke pirë gjakun e Birit të

Njeriut dhe duke rrethprerë zemrën.

Besimi i shoqëruar me vepra është besimi i vërtetë

Për çudinë tuaj, ju shihni shumë njerëz që nuk e kuptojnë në të vërtetë kuptimin e besimit. Disa thonë, "A nuk mjafton vetëm të shkosh në kishë? Prapë se prapë mund të shpëtohesh."

Nëse dëgjoni fjalën e Perëndisë dhe e dini çfarë thotë, por nuk veproni sipas saj, ky është besim në formë njohurie në kokë dhe nuk është besim i vërtetë. Duke vepruar kështu, nuk mund të shpëtoheni. Cili është besimi i vërtetë që njeh Perëndia? Si mund të shpëtoheni nëpërmjet besimit?

Pendimi i vërtetë kërkon largimin nga mëkatet

1 Gjonit 1:8-9 thotë, *"Po të themi se jemi pa mëkat, gënjejmë vetveten dhe e vërteta nuk është në ne. Po t'i rrëfejmë mëkatet tona, Ai është besnik dhe i drejtë që të na falë mëkatet dhe të na pastrojë nga çdo paudhësi."*

Çfarë është atëherë rrëfimi i mëkateve?

Supozojmë se Perëndia ju thotë, "Vullneti Im dhe rruga për në jetën e përjetshme është të shkosh drejt lindjes, prandaj shko drejt lindjes." Megjithatë, nëse vazhdon të shkosh drejt perëndimit dhe thua, "Perëndi, e di që duhet të shkoj drejt lindjes, por jam duke shkuar drejt perëndimit, të lutem më fal," ky nuk është rrëfim. Ky nuk është besim në Perëndinë dhe as frikë nga Perëndia, por më shumë është tallje me Perëndinë. Pendimi i vërtetë bëhet jo vetëm duke rrëfyer mëkatet me gojë, por edhe duke u larguar plotësisht prej tyre në veprat që bën. Vetëm atëherë është e mundur që Perëndia ta pranojë pendimin dhe t'ju japë faljen.

Ashtu siç do të vdisnit nëse nuk do të hanit ushqim, duke e ditur që duhet të hani për të mbajtur veten gjallë, po ashtu nuk do të pastroheni nga gjaku i Qengjit nëse vetëm rrëfeni mëkatet tuaja me gojë por nuk largoheni prej tyre.

Besimi pa vepra është besim i vdekur

Te Jakobi 2:22, thotë, *"Ti e sheh se besimi vepronte bashkë me veprat e tij, dhe se, nëpërmjet veprave, besimi u përsos."* Vargu 26 vazhdon më tej: *"Sepse, sikurse trupi pa frymën është i vdekur, ashtu edhe besimi, pa vepra, është i vdekur."*

Shumë njerëz shkojnë në kishë sepse kanë dëgjuar që ka parajsë dhe ferr. Por, duke qenë se ata nuk e besojnë në të vërtetë këtë fakt në zemrat e tyre, kjo nuk shoqërohet me vepra. Ky është thjesht besim në formë njohurie dhe është besim i vdekur.

Gjithsesi, nëse rrëfeni me gojë që besoni ndërkohë që ende jetoni në mëkat, si mund të thoni se keni besim? Bibla na tregon se mëkati që kryhet me vetëdije është më i keq se mëkati që kryhet pa vetëdije.

Kur thoni, "Unë besoj" por nuk keni vepra, mund të mendoni se keni besim por në fakt Perëndia nuk e njeh këtë si besim të vërtetë.

Izraelitët që dolën nga Egjipti përjetuan shumë vepra të Zotit. Perëndia ndau Detin e Kuq, u dha atyre mana dhe zogj dhe i drejtoi ditën me një kolonë reje dhe i mbrojti natën me një dritë zjarri.

Megjithatë, kur Perëndia i urdhëroi të shkonin si zbulues në tokën e Kananit, vetëm Joshua dhe Kalebi besuan në fjalët dhe fuqinë e Perëndisë. Si rezultat, izraelitët që nuk iu bindën Perëndisë për shkak se nuk kishin besim të fortë, kaluan 40 vite të mundimshme në shkretëtirë dhe në fund vdiqën atje.

Duhet të kuptoni që asgjë nuk ka vlerë nëse nuk besoni ose nuk veproni sipas fjalës së Perëndisë megjithëse mund të dëshmoni e të përjetoni shumë vepra të Perëndisë. Besimi plotësohet me vepra.

Vetëm ata që mbajnë ligjin shfajësohen

Perëndia na thotë te Romakëve 2:13 se *"...jo ata që dëgjojnë ligjin janë të drejtë para Perëndisë, por ata që e zbatojnë ligjin do të shfajësohen."*

Ju nuk bëheni të drejtë vetëm duke ndjekur shërbesat në kishë dhe duke dëgjuar predikimet. Të drejtë bëheni vetëm kur zemrat tuaja të gabuara kthehen në zemra të vërteta duke vepruar sipas Fjalës së Perëndisë.

Disa thonë se mund shpëtoheni vetëm duke e thirrur Jezu Krishtin, "Zot" me gojë, duke keqinterpretuar Romakëve 10:13, *"Kushdo që do të thërrasë emrin e Zotit do të shpëtohet."* Por kjo është absolutisht e gabim. Siç thotë te Isaia 34:16, *"Kërkoni në librin e Zotit dhe lexoni: asnjë prej tyre nuk do të mungojë, askujt nuk do t'i mungojë shoku i vet, sepse e ka urdhëruar goja e Tij dhe e ka mbledhur Fryma e Tij."* Fjala e Perëndisë është me kontekst dhe bëhet e përkryer kur interpretohet në kontekst.

Romakëve 10:9-10 thotë, *"Sepse, po të rrëfesh me gojën*

tënde Zotin Jezus, dhe po të besosh në zemrën tënde se
Perëndia e ngjalli prej së vdekurish, do të shpëtohesh. Sepse
me zemër, njeriu beson në drejtësi dhe me gojë bëhet rrëfim
për shpëtim."

Vetëm ata që besojnë në të vërtetë në zemrat e tyre se Jezusi u
ringjall mund ta bëjnë të vërtetë rrëfimin e tyre me gojë sepse ata
jetojnë sipas Fjalës së Perëndisë. Ata do të shpëtohen kur të rrëfejnë
me besim të vërtetë dhe do të bëhen gjithnjë e më të drejtë, por ata
që nuk rrëfejnë me këtë besim nuk mund të shpëtohen.

Ja pse Jezusi na thotë te Mateu 13:49-50, *"Kështu do të*
ndodhë në mbarimin e botës; do të vijnë engjëjt dhe do t'i
ndajnë të mbrapshtit nga të drejtët; dhe do t'i hedhin në furrën
e zjarrit. Atje do të ketë qarje dhe kërcëllim dhëmbësh."

Këtu, fjala "të drejtët" u referohet të gjithë atyre që e njohin
Perëndinë dhe shpallin se kanë besim. Të ndash të padrejtët nga
të drejtët do të thotë se ata që nuk veprojnë sipas Fjalës së
Perëndisë nuk mund të shpëtohen megjithëse mund të shkojnë
në kishë dhe sillen si të krishterë.

Perëndia në të vërtetë dëshiron rrethprerjen e zemrës

Perëndia kërkon që fëmijët e Tij të jenë të shenjtë dhe të
përkryer. Ja pse Ai na thotë te 1 Pjetrit 1:15, *"Por ashtu si është*
i Shenjtë Ai që ju thirri, të jini edhe ju të shenjtë në gjithë
sjelljen tuaj" dhe te Mateu 5:48, *"Jini, pra, të përkryer, ashtu*
siç është i përsosur Ati juaj, që është në qiej."

Në kohën e Dhjatës së Vjetër, njerëzit shpëtoheshin
nëpërmjet veprave të tyre si përfaqësim i asaj që do të vinte, por

gjatë Dhjatës së Re, kur Jezu Krishti përmbushi ligjin me dashuri, mundësoi shpëtimin tuaj nëpërmjet besimit.

"Të shpëtohesh nëpërmjet veprave të Ligjit" do të thotë që megjithëse mund të kesh një zemër të ligë që mendon të vrasë, të urrejë, të kryejë tradhti bashkëshortore, të gënjejë e të tjera si këto, nuk konsiderohet mëkat në rast se ai nuk kryhet si veprim.

Perëndia nuk i dënoi njerëzit në rast se nuk kryenin veprime të liga, sepse ata nuk mund t'i largonin mëkatet nga vetja pa Frymën e Shenjtë në kohën e Dhjatës së Vjetër. Megjithatë, tani që jemi në kohën e Dhjatës së Re, ju mund të shpëtoheni vetëm nëse rrethprisni zemrën në besim me ndihmën e Frymës, sepse te ju ka ardhur Fryma e Shenjtë. Ai ju bën të vetëdijshëm për Gjykimin, dhe për ndryshimin mes mëkatit dhe drejtësisë, si dhe ju ndihmon të jetoni sipas Fjalës së Perëndisë. Prandaj, me ndihmën e Frymës së Shenjtë mund të largoni të ligën dhe të rrethprisni zemrat tuaja.

Duhet të kuptoni që ajo që Perëndia vërtet kërkon nga ju është të rrethprisni zemrën, të largoni mëkatet, të bëheni të shenjtë, dhe të merrni pjesë në natyrën hyjnore. Apostulli Pal e njihte këtë vullnet të Perëndisë dhe na mësoi rrethprerjen e zemrës, jo të mishit (Romakëve 2:28-29). Ai ju këshillon të rezistoni deri në pikën e derdhjes së gjakut në betejën kundër mëkatit, duke shikuar drejt Jezusit, plotësuesit të besimit tuaj (Hebrenjve 12:1-4).

Shpresoj që ju të keni besim të vërtetë të shoqëruar me vepra, duke kuptuar se nuk mund të hyni në qiell vetëm duke thirrur, "Zot, Zot," por duke ecur në dritë dhe duke rrethprerë zemrat tuaja.

Kapitulli 9

TË LINDËSH NGA UJI DHE NGA FRYMA

- Nikodemi vjen te Jezusi
- Jezusi ndihmon Nikodemin
  të gjejë kuptimin frymëror
- Lindja nga Uji dhe Fryma
- Tre dëshmuesit: Fryma, uji dhe gjaku

"Midis farisenjve ishte një njeri me emrin Nikodem, një krer i Judenjve. Ky erdhi natën te Jezusi dhe i tha: 'Mësues, ne e dimë se ti je një mësues i ardhur nga Perëndia, sepse askush nuk mund të bëjë shenjat që bën ti, në qoftë se Perëndia nuk është me të.' Jezusi iu përgjigj dhe tha: 'Në të vërtetë, në të vërtetë po të them që nëse një nuk ka rilindur, nuk mund ta shohë mbretërinë e Perëndisë.' Nikodemi i tha: 'Po si mund të lindë njeriu kur është plak? A mund të hyjë ai për së dyti në barkun e nënës së vet dhe të lindë?' Jezusi u përgjigj: 'Në të vërtetë, në të vërtetë po të them se kush nuk ka lindur nga uji dhe nga Fryma, nuk mund të hyjë në mbretërinë e Perëndisë.'"

Gjoni 3:1-5

Perëndia dërgoi Jezu Krishtin, Birin e Tij të Vetëm, dhe hapi rrugën e shpëtimit. Kushdo që e pranon Atë posedon të drejtën të bëhet fëmijë i Perëndisë dhe gëzon një jetë të bekuar e të përjetshme tani dhe përgjithnjë. Por, në ditët e sotme, vëreni që shumë njerëz nuk e kanë këtë siguri të shpëtimit megjithëse e kanë pranuar Jezu Krishtin. Ka edhe shumë njerëz që thonë se e kanë marrë shpëtimin por u mungon besimi se janë shpëtuar, ose ka të tjerë që thonë se janë shpëtuar sepse kanë pranuar Frymën e Shenjtë, por nuk kujdesen për veprat që bëjnë më pas.

Për të përmbledhur mesazhin e kryqit, të shohim qartë se si mund të arrijmë shpëtimin e plotë që nga momenti kur kemi pranuar Jezu Krishtin, duke e studiuar tregimin e Nikodemit

Nikodemi vjen te Jezusi

Në kohën e Jezusit, farisenjtë kishin konsideratë të lartë për Ligjin e Moisiut, dhe ruanin me fanatizëm traditën e të parëve të tyre. Ata ishin udhëheqës të zgjedhur fetarë mes izraelitëve dhe besonin në plotfuqinë e Perëndisë, ringjalljen, engjëjt, Gjykimin e Fundit, dhe në ardhjen e Mesisë.

Por, Jezusi i qortonte vazhdimisht, duke u thënë "Mjerë ju, farisenj." Ata, si hipokritë, paraqiteshin para njerëzve si të shenjtë nga jashtë, por nga brenda ishin plot me smirë dhe kërkonin të plotësonin dëshirat e vetes, si varre të lyera me gëlqere (Mateu 23:25-36).

Nikodemi kishte zemër të mirë

Nikodemi ishte një nga farisenjtë e këshillit drejtues të izraelitëve të quajtur Sinedër. Por, ai nuk e përndiqte Jezusin siç bën farisenjtë e tjerë. Përkundrazi, duke parë shenjat dhe mrekullitë që bënte Jezusi, ai e besonte që Jezusi kishte ardhur nga Perëndia. Nikodemi donte të dinte se kush ishte Jezusi sepse kishte zemër të mirë.

Te Gjoni 7:51, Nikodemi i pyet farisenjtë që donin të kapnin Jezusin, duke e mbrojtur Atë, *"Ligji ynë dënon vallë një njeri para se ta ketë dëgjuar dhe ta dijë ç'ka bërë ai?"*

Në atë kohë nuk ishte e lehtë të flisje ashtu si anëtar i Sinedrit. Edhe tani, nëse një qeveri nxjerr jashtë ligjit krishterimin apo e pengon atë me ligj, zyrtarët nuk mund të ngrihen në mbrojtje të tij. Edhe në atë kohë, izraelitët i konsideronin të gjitha fetë e tjera të gabuara, përveç judaizmit. Nikodemi e dinte që, nëse e mbronte Jezusin, rrezikonte të përjashtohej nga Sinedri e nga sinagoga.

Megjithatë, Nikodemi e mbrojti Jezusin. Kjo provonte që ai ishte i vërtetë dhe që qëndronte me vendosmëri në besimin te Jezusi.

Gjoni 19:39-40 paraqet një skenë në momentet pas vdekjes së Jezusit mbi kryq:

Por erdhi dhe Nikodemi, i cili më përpara kishte vajtur te Jezusi natën, duke sjellë një përzierje prej mirre dhe aloe, prej rreth njëqind librash. Ata, pra, e morën trupin e Jezusit dhe e mbështollën në pëlhura liri me erëra të këndshme, sipas zakonit të varrimit që ndiqnin Judenjtë.

Prandaj, Nikodemi besonte se Jezusi ishte njeri i Perëndisë dhe i shërbeu Atij në të njëjtën mënyrë edhe pas kryqëzimit të Tij, dhe mori shpëtimin me besim në ringjalljen e Tij.

Nikodemi vjen te Jezusi

Te Gjoni 3 është një dialog mes Jezusit dhe Nikodemit përpara se ai ta kuptonte të vërtetën në frymë.

Një natë Nikodemi vjen te Jezusi, dhe rrëfen, *"... 'Mësues, ne e dimë se Ti je një mësues i ardhur nga Perëndia, sepse askush nuk mund të bëjë shenjat që bën Ti, në qoftë se Perëndia nuk është me të'"* (v. 2.)

Nikodemi në fillim nuk e dinte se Jezusi ishte Mesia dhe Biri i Perëndisë. Por, pasi dëshmoi mrekullitë e Jezusit, Nikodemi e kuptoi dhe rrëfeu që Jezusi ishte njeri i Perëndisë sepse kishte ndërgjegje të mirë. Nëpërmjet kësaj ndërgjegje, ai e dinte që vetëm Perëndia i Plotfuqishëm mund të ringjallte të vdekurit, t'u jepte shikimin të verbërve, të ngrinte në këmbë të çalët dhe të shëronte lebrosët.

Atëherë, pse erdhi te Jezusi gjatë natës? Ai ishte si ata njerëz që nuk duan të vijnë në kishë haptazi sepse nuk kanë besim te Perëndia Krijuesi.

Megjithëse kishte zemër të mirë, Nikodemi nuk kishte besim të vërtetë. Ai nuk kishte besim në Jezusin si Bir i Perëndisë dhe Mesia, prandaj nuk erdhi ta takojë Jezusin haptazi gjatë ditës.

Jezusi ndihmon Nikodemin
të gjejë kuptimin frymëror

Jezusi i tha Nikodemit, *"Jezusi iu përgjigj dhe tha: 'Në të vërtetë, në të vërtetë po të them që nëse një nuk ka rilindur, nuk mund ta shohë mbretërinë e Perëndisë'"* (Gjoni 3:3).

Megjithatë, Nikodemi nuk mundi ta kuptonte fare këtë. Prandaj, e pyeti sërish, "Po si mund të lindë njeriu kur është plak? Ai nuk kishte besim frymëror, prandaj mendonte, "Njeriu plak vdes dhe kthehet në dhé, pastaj si mund të rilindë sërish?"

Pastaj Jezusi i foli për lindjen nga uji dhe nga Fryma: *"Jezusi u përgjigj: 'Në të vërtetë, në të vërtetë po të them se kush nuk ka lindur nga uji dhe nga Fryma, nuk mund të hyjë në mbretërinë e Perëndisë. Ç'ka lindur nga mishi është mish; por ç'ka lindur nga Fryma është frymë.'"* (Gjoni 3:5-6).

Kur Nikodemi u bë kurioz për atë që i tha Jezusi, dhe Jezusi ia shpjegoi këtë me një shëmbëlltyrë: *"Era fryn ku të dojë dhe ti ia dëgjon zërin, por ti nuk e di nga vjen as ku po shkon; kështu është edhe çdo njëri që ka lindur nga Fryma"* (Gjoni 3:8).

Pas mosbindjes së Adamit, fryma e njeriut vdiq dhe nga ai moment secili ishte i destinuar të vdiste. Por, fryma e njeriut ringjallet pasi lind nga Fryma e Shenjtë. Duke u bërë frymëror ai rimerr imazhin e Perëndisë dhe shpëtohet. Por, Nikodemi nuk e kuptonte atë që donte të thoshte Jezusi (Gjoni 3:9).

Prandaj e pyeti, "Si mund të ndodhë kjo?" Jezusi iu përgjigj:

"Në qoftë se ju fola për gjërat tokësore dhe ju nuk besoni, si do të më besoni nëse ju flas për gjërat qiellore? Askush

nuk u ngjit në qiell, përveç atij që zbriti nga qielli, pra, Birit të njeriut që është në qiell. Dhe ashtu si Moisiu e ngriti lart gjarprin në shkretëtirë, kështu duhet të ngrihet lart Biri i njeriut, që kushdo që beson në Të të mos humbasë, por të ketë jetë të përjetshme." (Gjoni 3:12-15).

Te Libri i Numrave 21:4-9, izraelitët që kishin dalë nga Egjipti folën kundër Moisiut sepse udhëtimi i tyre drejt Kananit po bëhej gjithnjë e më i vështirë për t'u duruar. Prandaj, Perëndia e largoi fytyrën nga populli i Izraelit dhe u dërgoi atyre gjarpërinj helmues që i kafshuan njerëzit.

Ndërkohë që ata thërrisnin për ndihmë, Perëndia i tha Moisiut të bënte një gjarpër prej bronzi dhe ta vendoste mbi shkop. Perëndia shpëtoi të gjithë ata që hodhën shikimin drejt gjarprit prej bronzi, por ata që ishin kokëfortë vdiqën sepse duke mosbesuar nuk e morën fuqinë ta shikonin gjarprin.

Kuptimi i Fjalës së Perëndisë sipas kuptimit frymëror

Pse e urdhëroi Perëndia Moisiun të bënte një gjarpër bronzi dhe ta vendoste mbi shkop? Nga Zanafilla 3:14 e dimë që gjarpri u mallkua. Përveç kësaj, te Galatasve 3:13 thotë, *"I malluar është kushdo që varet në një dru."*

Prandaj, vendosja e gjarprit prej bronzi në shkop simbolizonte Jezusin që do të vendosej mbi kryqin e drurit si një gjarpër i mallkuar për t'ju shpenguar juve. Ashtu siç jetuan të gjithë ata që shikuan në gjarprin prej bronzi, kushdo që beson në Jezu Krishtin do të shpëtohet.

Nikodemi nuk mundi ta gjente kuptimin e fjalës së Perëndisë, sepse ai nuk kishte lindur ende nga uji dhe nga Fryma, dhe sytë e tij frymëror nuk ishin hapur ende.

Edhe sot, nëse nuk keni lindur nga uji dhe nga Fryma, sytë tuaj frymëror nuk janë hapur ende, dhe nuk mund ta dalloni kuptimin e mesazheve frymërore sepse mund ta merrni ashtu siç është fjalë për fjalë dhe mund ta keqkuptoni.

Për të kuptuar kuptimin frymëror të fjalëve të Perëndisë duhet të luteni me ngulnatum, duke u frymëzuar nga Fryma e Shenjtë. Atëherë, hiri i Perëndisë do të hapë zemrat tuaja, dhe atëherë ju do të mund ta kuptoni fjalën e Perëndisë dhe do të keni besimin e vërtetë.

Lindja nga Uji dhe nga Fryma

Kur Nikodemi erdhi te Jezusi gjatë natës, Ai i tha atij, *"Në të vërtetë, në të vërtetë po të them se kush nuk ka lindur nga uji dhe nga Fryma, nuk mund të hyjë në mbretërinë e Perëndisë. Ç'ka lindur nga mishi është mish; por ç'ka lindur nga Fryma është frymë."* (Gjoni 3:5-6).

Le të shpjegojmë kuptimin e lindjes nga uji dhe nga Fryma. Si mund të rilindë një person nga uji dhe nga Fryma dhe të shpëtohet?

Uji simbolizon Ujin e jetës së përjetshme

Uji largon etjen dhe mban në jetë organet e brendshme të trupit. Ai pastron trupin brenda dhe jashtë.

Kështu, Jezusi e krahasoi jetën e përjetshme me ujin duke shpjeguar se ai pastron dhe sjell jetë.

Jezusi na thotë te Gjoni 4:14, *"Por kush pi nga uji që do t'i jap*

Unë nuk do të ketë më kurrë etje përjetë; por uji që unë do t'i jap do të bëhet në të një burim uji që gufon në jetë të përjetshme."

Nëse pini ujë, për pak kohë nuk do të keni etje, por do vijë koha që do keni etje përsëri. Uji në këtë pjesë të shkrimit ka kuptimin e ujit të përjetshëm. Kushdo që pi nga uji që jep Jezusi nuk do të ketë më etje. Konkretisht, "një burim uji që gufon në jetë të përjetshme" ju jep jetë.

Gjoni 6:54-55 thotë, *"Kush ha mishin Tim dhe pi gjakun Tim, ka jetë të përjetshme, dhe Unë do ta ringjall atë në ditën e fundit. Sepse mishi Im është me të vërtetë ushqim dhe gjaku Im është me të vërtetë pije."* Pra, trupi i Jezusit dhe gjaku i Tij janë uji i jetës.

Trupi i Tij i referohet fjalës së Biblës sepse Jezusi është Fjala që erdhi në botë e mishëruar. Të hash trupin e Tij do të thotë të mbash fjalën e Tij në mendje duke lexuar Biblën.

Gjaku i Jezusit është jetë, dhe jeta është e vërteta. E vërteta është Krishti, dhe Krishti është fuqia e Perëndisë. Të gjitha këto janë gjaku i Jezusit. Duke qenë se fuqia e Perëndisë vjen në besim, të pish gjakun e Jezusit do të thotë t'i bindesh fjalës së Tij me besim.

Ju keni mësuar që uji simbolizon trupin e Jezusit – pra, fjalën e Perëndisë dhe Qengjin e Perëndisë. Ashtu si uji që ju pastron trupin, fjala e Perëndisë ju pastron zemrat tuaja nga gjërat e ndotura.

Ja pse në kishë pagëzoheni me ujë, dhe pagëzimi simbolizon që tani je fëmijë i Perëndisë dhe mëkatet të janë falur. Por, gjithashtu ka edhe kuptimin që duhet të varesh nga fjala e Perëndisë dhe të pastrohesh me të çdo ditë.

Lindja e re nga uji

Si është e mundur atëherë që t'i pastroni gjërat e ndotura nga zemra me fjalën e Perëndisë që është uji i përjetshëm?

Perëndia na jep katër lloj urdhërimesh: "Gjërat që duhen bërë," "Gjërat që nuk duhen bërë," "Gjërat që duhen mbajtur," dhe "Gjërat që duhen larguar." Për shembull, Perëndia ju ka thënë të mos bëni gjëra si smira, urrejtja, gjykimi, vjedhja, tradhtia bashkëshortore dhe vrasja.

Ju nuk duhet të bëni atë që ndalohet, në të njëjtën kohë ju duhet të largoni nga vetja çdo gjë të ligë. Duhet të mbani të shenjtë edhe Sabatin, duhet të ungjillëzoni, të luteni dhe të doni njëri – tjetrin. Zemra juaj do të mbushet më pas gradualisht me të vërtetën nëpërmjet ndihmës së Frymës së Shenjtë, dhe fjala e Perëndisë do të pastrojë çdo padrejtësi apo mëkat. Në këtë mënyrë, zemra juaj mund të rrethpritet dhe mund të transformohet në të vërtetën duke vepruar sipas fjalës së Perëndisë. Kjo është çfarë do të thotë, "të lindësh nga uji."

Prandaj, për të marrë shpëtimin e plotë, duhet jo vetëm të pranoni Jezusin por edhe të rrethprisni zemrat tuaja duke iu bindur fjalës së Perëndisë në çdo moment të jetës.

Lindja e re nga Fryma

Për t'u shpëtuar, duhet të rilindni nga uji dhe nga Fryma. Si mund të lindni nga Fryma? Te Veprat 19:2, apostulli Pal u thotë dishepujve, *"A e morët Frymën e Shenjtë kur besuat?"* Çfarë do të thotë të marrësh Frymën e Shenjtë?

Njeriu i parë Adami kishte "frymë," "shpirt," dhe "trup" (1 Thesalonikasve 5:23), por fryma e tij vdiq si rezultat i mosbindjes. Në atë moment ai u bë një qenie që nuk ishte më shumë se një kafshë që ka vetëm shpirt dhe trup (Predikuesi 3:18).

Nëse pendoheni për mëkatet tuaja, dhe kuptoni që jeni mëkatar, Perëndia ju jep Frymën e Shenjtë si dhuratë dhe garanci që ju tani jeni fëmija i Tij (Veprat 2: 38).

Çdo fëmijë i Perëndisë që merr Frymën e Shenjtë, është në gjendje të dallojë të mirën nga e keqja nëpërmjet fjalës së Perëndisë dhe mund të jetojë sipas fjalës së Perëndisë nëpërmjet fuqisë dhe forcës nga qielli me lutje të vazhdueshme dhe të zjarrta.

Kështu, ju ktheheni drejt së vërtetës, fitoni besim frymëror dhe fryma juaj lind nëpërmjet Frymës së Shenjtë. Te Gjoni 3:6 thuhet, *"Ç'ka lindur nga mishi është mish; por ç'ka lindur nga Fryma është frymë,"* dhe te Gjoni 6:63, *"Është Fryma që jep jetë; mishi nuk vlen asgjë; fjalët që po ju them janë frymë dhe jetë"*

Bëhu njeri i frymës duke ndjekur Frymën e Shenjtë

Kur lindni nga uji dhe nga Fryma e Shenjtë, ju merrni qytetari në qiell (Filipianëve 3:20). Si fëmijë të Perëndisë, ju ndiqni shërbesat e adhurimit, e adhuroni Atë me gëzim, dhe bëni çmos që të jetoni në dritë.

Përpara se të merrnit Frymën e Shenjtë, ju keni jetuar në errësirë sepse nuk e njihnit të vërtetën. Por pasi morët Frymën e Shenjtë, përpiqeni të jetoni në dritë.

Ndërkohë që koha kalon, ju zbuloni se ndërkohë që keni gëzim në zemër, brenda jush zhvillohet një betejë e vazhdueshme. Kjo ndodh sepse ligji i frymës që ndjek dëshirat e Frymës së Shenjtë lufton kundër ligjit të natyrës mëkatare që ndjek dëshirat e njeriut mëkatar, epshin e syve dhe krenarinë e jetës (1 Gjonit 2:16).

Apostulli Pal foli për këtë luftë: *"Në fakt unë gjej kënaqësi në ligjin e Perëndisë sipas njeriut të brendshëm, por shoh një ligj tjetër në gjymtyrët e mia, që lufton kundër ligjit të mendjes sime dhe që më bën skllav të ligjit të mëkatit që është në gjymtyrët e mia. Oh, njeri i mjerë që jam! Kush do të më çlirojë nga ky trup i vdekjes?"* (Romakëve 7:22-24)

Kur lindni nga uji dhe nga Fryma, bëheni fëmijë i Perëndisë. Por kjo nuk do të thotë që tani jeni një person i përkryer në frymë.

Ja pse te Galatasve 5:16-17 na thuhet, *"Dhe unë them: Ecni sipas Frymës dhe nuk do t'i përmbushni dëshirat e mishit, sepse mishi ka dëshira kundër Frymës, dhe Fryma ka dëshira kundër mishit; dhe këto janë të kundërta me njëra-tjetrën, që ju të mos bëni ato që dëshironi."*

Për të ndjekur Frymën e Shenjtë, ju duhet të jetoni sipas fjalës së Perëndisë dhe të bëni atë që është e pëlqyeshme dhe e pranueshme nga Perëndia. Pra, nëse ndiqni dëshirat e Frymës nuk do të tundoheni dhe do të jeni në gjendje ta mposhtni Satanin që ju tundon të ndiqni dëshirat e natyrës mëkatare. Ju mund të jetoni sipas së vërtetës dhe t'ia përkushtoni veten me besnikëri mbretërisë së Perëndisë dhe drejtësisë së Tij.

Kur ndiqni dëshirat e Frymës së Shenjtë, do të keni gëzim dhe paqe. Por, nëse ndiqni dëshirat e natyrës mëkatare, do të ndjeheni të mjeruar dhe të vrarë shpirtërisht.

Ndërkohë që besimi juaj rritet, ju do mund t'i braktisni mëkatet dhe të ndiqni dëshirat e Frymës së Shenjtë në të gjitha aspektet. Dëshirat brenda jush që duan të ndjekin natyrën mëkatare do të zhduken. Nuk do t'ju duhet më që të luftoni për t'i larguar mëkatet dhe të ndjeheni të vrarë në shpirt. Në çdo rrethanë do të jeni të gëzuar.

Perëndia është i kënaqur me ata që jetojnë sipas dëshirave të Frymës. Ai u jep atyre dëshirat e zemrës ashtu siç premton në

Psalmin 37:4, *"Gjeje kënaqësinë tënde në Zotin dhe Ai do të plotësojë dëshirat e zemrës sate."*

Nëse zemrën tuaj e ktheni në një zemër të mbushur me të vërtetën, Perëndia është shumë i kënaqur me ju dhe bën gjithçka të mundur për ju. Unë shpresoj që ju të lindni nga uji dhe nga Fryma dhe të jetoni me dëshirat e Frymës.

Tre dëshmuesit: Fryma, uji dhe gjaku

Siç shpjegova më lart, për t'u shpëtuar duhet të lindni nga uji dhe nga Fryma. Por, për të marrë shpëtimin e plotë, duhet të pastroheni nga mëkatet me gjakun e Jezusit duke ecur në dritë.

Nëse zemra juaj nuk është e pastruar, ju do të keni ende mëkate. Prandaj, për të pastruar mëkatet e mbetura ju duhet gjaku i Jezu Krishtit.

Për këtë, 1 Gjonit 5:5-8 na thotë:

Cili është ai që e mund botën, veç se ai që beson se Jezusi është Biri i Perëndisë? Ky është ai që erdhi me anë të ujit e gjakut, Jezu Krishti; jo vetëm me anë të ujit, por me anë të ujit e me anë të gjakut. Dhe Fryma është Ai që dëshmon, sepse Fryma është e vërteta. Sepse tre janë ata që dëshmojnë në qiell: Ati, Fjala dhe Fryma e Shenjtë; dhe këta të tre janë një. Edhe tre janë ata që dëshmojnë mbi dhe: Fryma, uji dhe gjaku; dhe këta të tre janë të një mendimi.

Jezusi vjen nëpërmjet ujit dhe gjakut

Gjoni 1:1 thotë se *"Fjala ishte Perëndi"* dhe Gjoni 1:14, *"Dhe Fjala u bë mish, dhe jetoi mes nesh, dhe ne pamë lavdinë e Tij, si lavdinë e të vetëlindurit nga Ati, plot me hir dhe të vërtetë."* Ky është Jezusi, Biri i vetëm i Perëndisë dhe vetë fjala e Perëndisë, që erdhi në tokë në mish për të na falur mëkatet. Edhe sot, Ai vazhdon të na pastrojë me Fjalën e Perëndisë – Biblën.

Por, sipas fjalës së Perëndisë nuk mund të jetoni dot pa ndihmën e Frymës së Shenjtë. Është e pamundur t'i braktisësh mëkatet me forcë njerëzore. Ju duhet të merrni ndihmën e Frymës së Shenjtë me anë të lutjeve të zjarrta që të largoni dëshirat e natyrës mëkatare, epshin e syve dhe krenarinë e jetës. Vetëm atëherë mund të largoni nga zemra errësirën e së gabuarës.

Për faljen e mëkateve duhet derdhja e gjakut. Te Hebrenjve 9:22 shkruan, *"Dhe sipas ligjit, gati të gjitha gjërat pastrohen me anë të gjakut; dhe pa derdhur gjak nuk ka ndjesë."* Juve ju nevojitet gjaku i Jezusit sepse vetëm gjaku i Tij i panjollë dhe i patëmetë mund t'ju japë falje.

Duhet të besoni në Jezusin që erdhi nëpërmjet ujit dhe gjakut, dhe të merrni Frymën e Shenjtë si dhuratë nga Perëndia për të marrë shpëtimin për të cilin janë të nevojshme këto të tria: Fryma, uji dhe gjaku.

Nëse nuk ka derdhje gjaku, nuk ka falje, dhe ju mbeteni në mëkat. Juve ju duhet jo vetëm fjala dhe uji për t'u pastruar, por edhe Fryma e Shenjtë për t'ju ndihmuar të jetoni plotësisht sipas kësaj fjale. Prandaj kjo treshe është e bashkuar.

Prandaj, pasi të na falen mëkatet tona duke pranuar Jezu Krishtin, duhet të vazhdojmë në lindjen e re nga uji dhe nga Fryma për të marrë shpëtimin e plotë, duke kuptuar faktin që kjo treshe: Fryma, uji dhe gjaku, na shpëtojnë dhe na dërgojnë në parajsë.

Kapitulli 10

ÇFARË ËSHTË HEREZIA?

- Përkufizimi biblik i herezisë
- Fryma e së vërtetës dhe fryma e gabimit

"Por ka pasur edhe profetë të rremë midis popullit, ashtu si do të ketë midis jush mësues të rremë, të cilët do të fusin fshehurazi herezi shkatërruese dhe, duke mohuar Zotërinë që i bleu ata, do të tërheqin mbi vete një shkatërrim të shpejtë. Dhe shumë vetë do të ndjekin doktrina shkatërruese të tyre dhe për shkak të tyre udha e së vërtetës do të shahet. Dhe në lakminë e tyre do t'ju shfrytëzojnë me fjalë të shpifura, por ndëshkimi i tyre që moti nuk vonon dhe shkatërrimi i tyre nuk po dremit."

2 Pjetrit 2:1-3

Me zhvillimin e civilizimit materialist, njerëzit kanë arritur të mohojnë Perëndinë sepse varen nga njohuritë dhe zgjuarsia e tyre. Me përhapjen e mëkateve, fryma e njerëzve është bërë gjithnjë e më e errët dhe njerëzit janë prishur. Prandaj, shumë prej tyre mashtrohen nga gënjeshtrat sepse nuk mund të dallojnë mes asaj që është e vërtetë dhe asaj që është e gabuar. Ata gabojnë duke gjykuar të tjerët në bazë të njohurive dhe teorive të tyre mbi drejtësinë.

Te Mateu 12:22-32, Jezusi shëroi një njeri të pushtuar nga demonët i cili kishte qenë i verbër dhe shurdhër. Por, kur farisenjtë e dëgjuan këtë, ata thanë, *"Ky i dëbon demonët vetëm me fuqinë e Beelzebubit, princit të demonëve"* (v. 24). Ata gjykuan punën e Perëndisë si të ishte kryer prej një demoni.

Jezusi u tha atyre te Mateu 12:31-32, *"Prandaj unë po ju them: Çdo mëkat dhe blasfemi do t'u falet njerëzve; por blasfemia kundër Frymës nuk do t'u falet atyre. Dhe kushdo që flet kundër Birit të njeriut do të falet; por ai që flet kundër Frymës së Shenjtë nuk do të falet as në këtë botë as në atë të ardhme."*

Farisenjtë gjykuan se ajo që Jezusi kishte bërë me fuqinë e Perëndisë ishte vepër e një demoni. Kjo është blasfemi kundër Frymës së Shenjtë. Këta farisenj, pra, nuk mund të faleshin.

Nëse bëni qartë dallimin mes të vërtetës dhe të gabuarës me anë të Biblës, atëherë nuk do t'i gjykoni të tjerët dhe as nuk do të mashtroheni nga ajo që është e gabuar.

Le të kërkojmë pak më tej në kuptimin e "herezisë" nga pikëpamja e Perëndisë, si të dallojmë mes Frymës së Perëndisë dhe frymëve të këqija, si dhe disa sekte heretike ndaj të cilave duhet të keni kujdes.

Përkufizimi biblik i herezisë

Fjalori i Oksfordit e përkufizon "herezinë" si "një mendim ose opinion që është kundër parimeve të një feje të caktuar." Disa njerëz mbajnë për të drejtë vetëm atë që mendojnë se është e drejtë dhe i konsiderojnë fetë e tjera si herezi. Për shembull, si budist, vetëm Budizmi është rruga e vërtetë dhe e drejtë. Për ata, besime të tjera si Konfucianizmi, nuk janë e vërteta.

Pali, i akuzuar si kryetar i një sekti heretik

Te Veprat 24:5 lexojmë se, *"Ne kemi gjetur se ky njeri është një murtajë dhe shkakton trazira midis gjithë Judenjve që janë në botë dhe është kryetari i sektit të Nazarenasve."* Këtu *"sekti i Nazarenasve"* i referohet "një sekti heretik," dhe kjo është hera e parë që fjala "heretik" përdoret në Bibël.

Hebrenjtë sollën akuza kundër Palit përpara guvernatorit sepse mendonin se ungjilli që Pali predikonte ishte heretik. Pali e refuzoi këtë akuzë dhe shpalli besimin e tij siç është shkruar te Veprat 24:13-16:

Dhe as mund të provojnë gjërat për të cilat tani më

akuzojnë. Por unë po të rrëfej këtë: sipas Udhës që ata e quajnë sekt, unë i shërbej kështu Perëndisë së etërve, duke u besuar të gjitha gjërave që janë shkruar në ligjin dhe në profetët, duke pasur shpresë në Perëndinë, të cilën edhe këta e kanë, se do të ketë një ringjallje të të vdekurve, qoftë të të drejtëve, qoftë të të padrejtëve. Prandaj unë përpiqem të kem vazhdimisht një ndërgjegje të paqortueshme përpara Perëndisë dhe përpara njerëzve.

A ishte apostulli Pal vërtet heretik?

Përkufizimin e fjalës herezi duhet ta shikoni në Bibël sepse Bibla është fjala e Perëndisë, Qenies së vetme të vërtetë që mund të dallojë të vërtetën nga e gabuara. Termi që ka kuptimin e një "sekti heretik" shfaqet pesë herë në Bibël. Megjithatë, përkufizimi i herezisë diskutohet vetëm një herë:

Por ka pasur edhe profetë të rremë midis popullit, ashtu si do të ketë midis jush mësues të rremë, të cilët do të fusin fshehurazi herezi shkatërruese dhe, duke mohuar Zotërinë që i bleu ata, do të tërheqin mbi vete një shkatërrim të shpejtë (2 Pjetrit 2:1).

"Zotëria që i bleu ata" i referohet Jezu Krishtit. Njeriu në fillim i përkiste Perëndisë dhe jetoi sipas vullnetit të Tij. Pas mosbindjes, Adami u bë mëkatar dhe duke qenë i tillë i përkiste djallit. Por Perëndia kishte mëshirë për njerëzit që ishin në rrugën e vdekjes. Ai dërgoi Jezusin, Birin e Tij të vetëm, si flijim pajtues dhe e lejoi Atë të kryqëzohej në mënyrë që të hapte rrugën e shpëtimit nëpërmjet gjakut të Tij.

Perëndia punoi për ne, që i përkisnim dikur djallit, që mëkatet tona të faleshin nëse do të besonim në Jezu Krishtin. Kështu ne na jepet jeta dhe i përkasim sërish Perëndisë. Ja pse mund të themi se Jezusi na ka blerë me kryqëzimin e Tij, dhe Bibla na thotë se Jezusi është "Zotëria që i bleu ata."

Heretikët mohojnë Jezu Krishtin

Tanimë e dini se "heretik" u referohet "atyre që mohojnë Zotërinë që i bleu, që sjellin mbi vete një shkatërrim të shpejtë (2 Pjetrit 2:1). Ky term nuk ishte përdorur deri në kohën kur Jezusi kreu misionin e Tij si Shpëtimtar. Emri "Jezus" do të thotë "[Ai që] do të shpëtojë popullin e Tij prej mëkateve të tyre." "Krishti" është "i Vajosuri." Jezusi u bë Shpëtimtari vetëm pasi kishte përfunduar punën e Tij – kryqëzimin dhe ringjalljen.

Ja pse këtë term nuk mund ta gjejmë në Dhjatën e Vjetër dhe as në Ungjillin e Mateut, Markut, Lukës dhe Gjonit ku është shkruar edhe jeta e Jezusit. As farisenjtë, skribët dhe priftërinjtë që e persekutuan Jezus nuk e përdornin këtë term. Madje as nga kryepriftërinjtë nuk përdorej.

Vetëm pasi Jezusi u ringjall për të përmbushur misionin e Tij si Krishti, u shfaqën njerëz që mohuan Zotërinë që i bleu ata. Dhe vetëm atëherë, Bibla filloi të na paralajmërojë për këta heretikë.

Prandaj, nëse njerëzit besojnë në Jezu Krishtin si "Zotëria që i bleu ata," ata nuk janë heretikë. Por, nëse e mohojnë këtë, ata janë heretikë.

Apostulli Pal nuk e mohoi Jezu Krishtin që e kishte blerë me gjakun e Tij të çmuar. Në të kundërtën, Pali e falënderoi Jezu Krishtin të cilin e shpalli kudo që shkonte, dhe për këtë Pali u përndoq dhe iu desh të paguante një çmim të lartë. Pesë herë, hebrenjtë e fshikulluan nga tridhjetë e nëntë herë, një herë e gjuajtën me gurë, duke menduar se ai kishte vdekur. Ai u burgos, u persekutua nga johebrenjtë dhe vetë bashkëkombësit e tij, dhe u tradhtua nga ata te të cilët kishte besim. Megjithatë, Pali u bë njeri i fuqishëm duke i mposhtur këto vuajtje me gëzim dhe mirënjohje, dhe e lavdëroi Perëndinë duke shëruar njerëz të panumërt në emër të Jezu Krishtit deri në ditën kur vdiq si martir.

Pali predikoi ungjillin duke demonstruar fuqinë e Perëndisë

Duhet ta dini se fuqia e Perëndisë nuk mund të demonstrohet nga ata që mohojnë Perëndinë Krijuesin dhe Jezu Krishtin i cili është vetë Perëndia sepse Bibla tregon qartë, *"Perëndia ka folur një herë; dy herë kam dëgjuar këtë, që fuqia i përket Perëndisë"* (Psalmi 62:11).

Nuk duhet ta gjykoni një njeri që tregon fuqinë e Perëndisë sepse kjo fuqi dëshmon se Perëndia është me të dhe se ai njeri e do Perëndinë shumë. Te Galatasve 1:6-8, Pali, të cilin e quanin drejtues të sektit të Nazarenëve, paralajmëron në mënyrë të qartë që ndjekësit e tij të mos ndjekin apo të predikojnë një ungjill tjetër nga ai i mesazhit të kryqit:

Çuditem që kaluat kaq shpejt nga ai që ju thirri ju me anë të hirit të Krishtit, në një ungjill tjetër, i cili nuk është tjetër; por ka disa njerëz që ju turbullojnë dhe që duan ta shtrembërojnë ungjillin e Krishtit. Por, edhe sikur ne ose një engjëll i qiellit t'ju predikonte një ungjill të ndryshëm nga ai që ju kemi predikuar, qoftë i mallkuar!

Edhe në ditët e sotme, disa njerëz gjykohen si heretikë, megjithëse nuk e mohojnë kurrë Jezu Krisht, por predikojnë ungjillin e Krishtit dhe shpallin Perëndinë e gjallë duke demonstruar dhe duke vepruar nëpërmjet fuqisë së Tij.

Mos gjykoni të tjerët si heretikë rastësisht

Edhe unë kam vuajtur dhe kam pësuar një varg sprovash ku akuzohesha për herezi, ndërkohë që demonstroja fuqinë e Perëndisë dhe kisha ime rritej gjithnjë e më shumë. Në fakt, në dy dekadat e fundit që nga themelimi i kishës në vitin 1982, bashkësia është rritur në më shumë se 120,000 besimtarë.

Për shtatë vite me radhë kam vuajtur nga shumë sëmundje dhe jam shëruar njëkohësisht prej tyre nga fuqia e Perëndisë. Pas kësaj jam përpjekur të jetoj për lavdinë e Perëndisë edhe nëse haja apo pija, ashtu siç bëri apostulli Pal. Unë e vura jetën time në duart e Perëndisë dhe u përqendrova "Vetëm në Jezusin, gjithmonë në Jezusin."

Nga koha kur u bëra besimtar, u përpoqa të predikoja ungjillin dhe të dëshmoja se Perëndia më kishte shëruar. Pasi mora thirrjen si shërbëtor i Perëndisë, predikova ungjillin e kryqit dhe shpalla Perëndinë e gjallë dhe Jezusin Shpëtimtarin. Dëshmova për Perëndinë madje edhe kur kreva shërbesën në një martesë, sepse isha i mbushur me zell që t'i drejtoja njerëzit drejt rrugës së shpëtimit.

E kuptova se për të qenë dëshmitar i Zotit deri në skajet e botës, nevojiteshin fjala e fuqishme e Perëndisë dhe prova për Perëndinë e gjallë. Prandaj, u luta pa pushim, ashtu siç bënin etërit e besimit, për të marrë fuqinë e Perëndisë, dhe për të kaluar me gëzim dhe mirënjohje të gjitha sprovat që më jepeshin.

Ndonjëherë kishte edhe sprova që më dërgonin pranë vdekjes. Por, ashtu siç mori Jezusi lavdinë e ringjalljes pas vdekjes së Tij të pamëkatë, edhe Perëndia e rriti fuqinë time sipas vullnetit të Tij sa herë që kaloja sprovat një nga një.

Si rezultat, sa herë që dëshmoja në botë faktin pse Perëndia është Perëndia i vetëm, dhe pse shpëtoheni kur besoni në Jezu Krishtin – në Kenia, Uganda, Honduras, Japoni, madje edhe në Pakistan me shumicë myslimane dhe në Indinë hinduiste - që prej vitit 2000 – dhjetëra mijëra njerëz pendoheshin të verbrit shihnin, memecët flisnin, të shurdhët dëgjonin, dhe sëmundje të pashërueshme si SIDA dhe lloje të ndryshme kanceresh shëroheshin. Këto mrekulli e lavdëruan shumë Perëndinë.

Prandaj, ai që e kupton plotësisht se çfarë është herezia, nuk bën gjykime të shkujdesura duke i gjykuar të tjerët si heretikë. Te Veprat 5:33-42, lexoni për Gamalielin, një mësues i ligjit që nderohej nga të gjithë. Si veproi ai?

Në atë kohë, farisenjtë e Sinedrit ua ndaluan Pjetrit dhe Gjonit që të dëshmonin për Jezu Krishtin, por ata të dy u mbushën me Frymën e Shenjtë dhe nuk iu bindën këshillit. Kështu, anëtarët e Sinedrit kërkuan që t'i vrisnin apostujt. Por, Gamalieli u ngrit në Sinedër dhe urdhëroi që burrat të dilnin jashtë për pak kohë. Atëherë ai iu drejtua atyre:

> *Burra të Izraelit, mendohuni mirë për atë që do t'u bëni këtyre njerëzve. Sepse pak kohë më parë u ngrit Teuda që thoshte se ishte dikush; rreth tij u mblodhën afro katërqind burra; por ai u vra dhe të gjithë ata që e kishin ndjekur u shpërndanë dhe u asgjësuan. Pas tij, në kohën e regjistrimit të popullsisë, u ngrit Juda Galileas që tërhoqi pas vetes shumë njerëz; edhe ai humbi, dhe të gjithë ata që e kishin ndjekur u shpërndanë. Tani unë po ju them t'u rrini larg këtyre njerëzve dhe t'i lironi, sepse në qoftë se ky plan ose kjo vepër është prej njerëzve, ajo do të prishet, por nëse është prej Perëndisë, ju nuk mund ta prishni, sepse do të gjendeshit në luftë kundër vetë Perëndisë! (Veprat 5:35-39).*

Përderisa e lexoni këtë pasazh, ju e kuptoni se nëse një vepër e mrekullueshme nuk do të ishte nga Perëndia, ajo do të dështonte në fund edhe nëse njerëzit nuk do të merrnin masa për ta ndaluar. Por, edhe nëse do t'i kundërshtonin ose pengonin veprat që vijnë nga Perëndia, ata nuk do të jenë në gjendje t'i ndalojnë ato. Përkundrazi, përpjekjet e tyre do të ishin njësoj si të luftonin Perëndinë dhe do t'i nënshtroheshin ndëshkimit dhe gjykimit të Tij.

Ndonjëherë, njerëzit i gjykojnë të tjerët si heretikë për shkak të ndryshimeve në interpretimin e Biblës, vegimeve nga Fryma e Shenjtë, madje dhe gjuhëve të panjohura, megjithëse të gjithë këta e pranojnë Trininë dhe faktin që Jezu Krishti erdhi në mish.

Disa njerëz thonë madje se ata nuk kanë nevojë për gjuhët e

panjohura dhe as për vegimet, dhe këto vepra të Frymës së Shenjtë janë të gabuara sepse në Bibël nuk shkruan se Jezusi foli në gjuhë të panjohura ose pa vegime. Por, Bibla thotë që këto janë të mira për ne:

> *Dhe secilit i jepet shfaqja e Frymës për dobinë e përbashkët. Dikujt, pra, i jepet, me anë të Frymës, fjalë diturie; një tjetri, sipas të po atij Frymë, fjalë njohurie; një tjetri besim, nga po ai Frymë; një tjetri dhuntitë e shërimeve, nëpërmjet po atij Frymë; një tjetri pushtet për të kryer veprime të fuqishme; një tjetri profeci; një tjetri të dallojë frymërat; një tjetri larmi gjuhësh; një tjetri interpretimi i gjuhëve. Dhe të gjitha këto i bën i njëjti dhe i vetmi Frymë, duke i ndarë gjithsecilit dhunti veç e veç ashtu si do vetë. (1 Korintasve 12:7-11).*

Si rrjedhojë, nuk duhet t'i përgojoni apo gjykoni si heretikë ata që kanë dhunti të ndryshme të Frymës vetëm sepse ju vetë nuk i keni përjetuar ato.

Fryma e së vërtetës dhe fryma e gabimit

Te 2 Pjetrit 2:1-3, jepet një shpjegim për herezinë. Bibla ju paralajmëron për mësuesit dhe profetët e rremë që fusin fshehurazi herezi shkatërruese. *"Dhe shumë vetë do të ndjekin doktrina shkatërruese të tyre dhe për shkak të tyre udha e së vërtetës do të shahet. Dhe në lakminë e tyre do t'ju shfrytëzojnë me fjalë të shpifura, por ndëshkimi i tyre që moti nuk vonon dhe shkatërrimi i tyre nuk po dremit."* (2 Pjetrit 2:2-3).

Te 1 Gjonit 4:1-3, thuhet, *"Shumë të dashur, mos i besoni çdo frymë, por i vini në provë frymërat për të ditur nëse janë nga Perëndia, sepse shumë profetë të rremë kanë dalë në botë. Nga kjo mund të njihni Frymën e Perëndisë: çdo frymë që rrëfen se Jezu Krishti ka ardhur në mish, është nga Perëndia. Dhe çdo frymë që nuk rrëfen se Jezu Krishti ka ardhur në mish, nuk është nga Perëndia; dhe kjo është fryma e antikrishtit që, siç e keni dëgjuar se vjen; dhe tashmë është në botë."*

Provoni çdo frymë nëse është apo nuk është nga Perëndia

Ekzistojnë frymë të mira që i përkasin Perëndisë që ju çojnë drejt shpëtimit, por ka edhe frymë të këqija që ju mashtrojnë dhe ju çojnë drejt shkatërrimit.

Kush ka marrë Frymën e Perëndisë rrëfen që Jezu Krishti erdhi në mish. Ai beson në Trininë – Perëndinë, Jezu Krishtin dhe Frymën e Shenjtë, dhe kështu vuloset si fëmijë i Perëndisë. Ai mund të kuptojë të vërtetën dhe mund të jetojë sipas të vërtetës me ndihmën e Frymës së Shenjtë.

Nga ana tjetër, kushdo që ka frymën e antikrishtit kundërshton Jezu Krishtin me Fjalën e Perëndisë dhe mohon shpengimin që Ai mundësoi. Duhet të keni kujdes dhe të jeni në gjendje të dalloni antikrishtët sepse një antikrisht shpesh punon mes besimtarëve duke keqpërdorur Fjalën e Perëndisë.

Në fund të fundit, të mohosh Jezu Krishtin është njësoj si të luftosh kundër Perëndisë që e ka sjellë në këtë botë.

Bibla paralajmëron kundër antikrishtëve te 2 Gjonit 1:7-8:

Sepse në botë kanë dalë shumë mashtrues, të cilët nuk rrëfejnë se Jezu Krishti ka ardhur në mish; ky është mashtruesi dhe antikrishti. Bëni kujdes se mos humbni fryti i gjërave të kryera, por bëni në mënyrë të merrni një shpërblim të plotë.

Te 1 Gjonit 2:19 është një paralajmërim tjetër për ne:

Mes nesh dolën, por nuk ishin nga tanët, sepse, po të ishin nga tanët, do të kishin qëndruar me ne; por kjo ndodhi që të dalë se nuk janë të gjithë nga tanët.

Ekzistojnë dy lloje antikrishtësh: ata që janë të pushtuar nga fryma e antikrishtit dhe ata që mashtrohen nga fryma e antikrishtit. Të dy llojet përpiqen të mashtrojnë njerëzit kudo që jeton Fryma e Shenjtë. Ata kontrollojnë njerëz që të kundërshtojnë Fjalën e Perëndisë dhe i mashtrojnë ata nëpërmjet mendimeve të tyre. Njerëzit, mendimet e të cilëve kontrollohen nga fryma e antikrishtit, quhen "të pushtuar nga demonët."

Nëse një pastor merr frymën e antikrishtit, anëtarët e kishës shkojnë në rrugën e shkatërrimit, të kontrolluar nga fryma e antikrishtit.

Prandaj, ju duhet të mësoni për Frymën e së vërtetës dhe frymën e gabuarës në mënyrë që të mos mashtroheni nga fryma e antikrishtit por të jetoni sipas së vërtetës dhe dritës.

Si t'i dalloni frymët

1 Gjonit 4:5-6 thotë, *"Ata janë nga bota; prandaj flasin për gjërat e botës dhe bota i dëgjon. Ne jemi prej Perëndisë; kush njeh Perëndinë na dëgjon; kush nuk është prej Perëndisë nuk na dëgjon; nga kjo njohim Frymën e së vërtetës dhe frymën e gabimit."*

Fjalori i Uebsterit e përkufizon fjalën "gabim" si "Largim ose devijim nga e vërteta, falsitet, mendim i gabuar, nocion i gabuar, gabim, keqinterpretim." fryma e gabimit është fryma e botës që ju mashtron që të besoni atë që nuk është e vërtetë, duke e paraqitur si të vërtetë, dhe ju bën të largoheni nga besimi. Ai që është nga Perëndia dëgjon fjalën e së vërtetës, por ai që i përket botës, dëgjon fjalët e botës dhe jo të vërtetën. Prandaj, është e lehtë që t'i dalloni ata dhe kur e njihni të vërtetën, bëhet e qartë për ju nëse ata janë nga drita apo nga errësira. Dhe atëherë ju mund të thoni, "Ky njeri është i së vërtetës por ai tjetri i përket errësirës."

Për shembull, nëse dikush ju thotë të dielën, "Eja dalim për piknik pasdite. Shkojmë vetëm në shërbesën e mëngjesit. A nuk mjafton kjo?" ose përpiqet të shkatërrojë mbretërinë e Perëndisë duke bërë veprime të këqija dhe sërish thotë se beson në Perëndinë – këto janë vepra të frymës së gabimit.

Nëse merrni Frymën e së vërtetës që është nga Perëndia, ju mund të kuptoni shumë gjëra të cilat Perëndia jua jep bujarisht (1 Korintasve 2:12). Ja pse Fryma e Shenjtë jeton brenda jush – fëmijën e çmuar të Perëndisë. Ai është Fryma e së vërtetës dhe ju drejton drejt çdo të vërtete. Ai nuk flet nga vetja, Ai flet vetëm atë që dëgjon, dhe Ai do t'ju tregojë se çfarë do të vijë.

Prandaj, te Gjoni 14:17, Jezusi thotë, *"Frymën e së Vërtetës,*

që bota nuk mund ta marrë, sepse nuk e sheh dhe nuk e njeh;
por ju e njihni, sepse qëndron me ju dhe do të jetë në ju. "
Gjoni 15:26 na jep një kujtesë tjetër për Frymën e Shenjtë: *"Por*
kur të vijë Ngushëlluesi, që do t'ju dërgoj prej Atit, Fryma e së
vërtetës, që del nga Ati im, ai do të dëshmojë për mua. "

Gjithashtu, te 1 Korintasve 2:10, *"Po Perëndia na i ka zbuluar*
me anë të Frymës së tij, sepse Fryma heton çdo gjë, edhe të thellat
e Perëndisë. " Ashtu siç është shkruar, Fryma e Shenjtë është i vetmi
që e njeh dhe e kupton plotësisht mendjen e Perëndisë.

Prandaj, ata që marrin Frymën e së vërtetës, dëgjojnë fjalën e
së vërtetës dhe i binden asaj. Sa më shumë zgjerohet mbretëria e
Perëndisë dhe drejtësia e Tij, ata gëzohen aq më shumë. Ata janë
plot jetë dhe presin me padurim mbretërinë qiellore.

Megjithatë, disa thjesht shkojnë në kishë pa gëzim, sepse nuk
kanë besimin që vjen nga Perëndia. Ata ende i përkasin botës dhe
preferojnë gjërat e botës si paratë dhe argëtimin. Prandaj ata nuk
mund të jetojnë në të vërtetën, nuk e presin me padurim mbretërinë
qiellore dhe nuk mund ta duan Perëndinë me gjithë zemër.

Në fund, këta njerëz largohen nga Perëndia, prej frymës së
gabimit sepse ata i përkasin botës dhe nuk kanë Frymën e së
vërtetës. Nëse dikush flet keq apo thotë thashetheme për
vëllezërit dhe motrat e tjera në besim, apo nëse i shqetëson të
tjerët duke pasur zili që janë besnikë ndaj mbretërisë së Perëndisë
dhe drejtësisë së Tij, ai nuk është nga Fryma e së vërtetës.

Mos lejoni askënd t'ju largoj nga rruga e vërtetë

1 Gjoni 3:7 na nxit, *"Djema, kurrkush mos ju mashtroftë: ai*

që zbaton drejtësinë është i drejtë, ashtu sikur është i drejtë ai." Që të mos mashtroheni nga njohuritë e gabuara, ju nuk duhet të largoheni nga fjala e Perëndisë sepse askush tjetër përveç fjalës së Perëndisë nuk mund t'ju mësojë. Vetëm atëherë do të merrni shpëtimin e plotë, do të keni mbarësi në këtë botë dhe do të gëzoni jetën e përjetshme në mbretërinë e qiellit.

Por, djalli përpiqet me çdo kusht që t'i pengojë fëmijët e Perëndisë të jetojnë sipas fjalës së Perëndisë. Ai ju shtyn të bëni kompromise me botën, të largoheni nga Perëndia, ta vini në dyshim dhe ta kundërshtoni Atë. Te 1 Pjetrit 5:8 thuhet, *"Jini të përmbajtur, rrini zgjuar; sepse kundërshtari juaj, djalli, sillet rreth e qark si një luan vrumbullues, duke kërkuar cilin mund të përpijë."*

Si mund t'i mashtrojë djalli fëmijët e Perëndisë? Këtë mund ta kuptoni si me një grua që tundohet nga një burrë. Nëse gruaja vishet me hir dhe dinjitet, dhe është e sjellshme, burrat nuk guxojnë ta tundojnë. Përkundrazi, nëse ajo sillet në mënyrë të papërshtatshme, burrat mund ta tundojnë shumë lehtë. E njëjta gjë qëndron edhe me djallin i cili do t'i afrohet atij që nuk qëndron këmbëngulur në të vërtetën dhe dyshon Perëndnë. Djalli i tundon këta njerëz të largohen nga Perëndia dhe ta kundërshtojnë Atë, dhe në fund i çon në rrugën e vdekjes. Eva u tundua nga djalli sepse ajo u kap në befasi, duke e ndryshuar fjalën e Perëndisë.

Sigurisht që sprovat mund t'i hasni edhe nëse nuk keni faj. Kjo ndodh sepse Perëndia kërkon t'ju bekojë, njësoj si sprova e Danielit që e hodhën mes luanëve apo ajo e Abrahamit që iu kërkua të flijonte birin e tij.

Kur përballeni me sprova apo vështirësi për shkak se nuk jeni të fortë në besim, duhet të ktheheni menjëherë prej mëkateve tuaja me pendim, e t'i largoni të gjitha tundimet dhe sprovat me anë të fjalës së Perëndisë, duke bërë gjithçka që të qëndroni të këmbëngulur në shkëmbin e së vërtetës.

Qëndroni në të vërtetën; Mos u mashtroni

Në 1 Timoteut 4:1-2, autori shkruan, *"Dhe Fryma e thotë shkoqur se në kohët e fundit disa do ta mohojnë besimin, duke u vënë veshin frymëve gënjeshtare dhe doktrinave të demonëve, që flasin gënjeshtra me hipokrizi, të damkosur në ndërgjegjen e tyre."*

Kjo u referohet ditëve të fundit në të cilat disa nga ata që kanë shpallur se besojnë do të largohen nga besimi duke ndjekur frymët mashtruese dhe mësimet e demonëve.

Të mashtruarit janë hipokritë edhe nëse veprat e tyre duken besnike dhe të drejta. Ata luten para të tjerëve dhe përpiqen të jenë besnikë nëse fitojnë pará, dhe jo si mirënjohje për hirin e Perëndisë. Në fund, ata e braktisin besimin e tyre dhe shkojnë në rrugën e vdekjes sepse ndërgjegjja e tyre është e damkosur nga gënjeshtrat, nga jeta pa të vërtetën, dhe nga rendja pas kënaqësive të botës.

Perëndia ju paralajmëron nëpërmjet Biblës që të mos mashtroheni. Jezusi ju paralajmëron te Mateu 7:15-16, *"Ruhuni nga profetët e rremë, të cilët vijnë te ju duke u shtënë si dele, por përbrenda janë ujqër grabitqarë. Ju do t'i njihni nga frytet e tyre. A vilet vallë rrush nga ferrat ose fiq nga murrizat?"*

Fjalët dhe veprat e një njeriu pasqyrojnë mendimet dhe vullnetin e tij. Pra, njerëzit mund t'i dalloni nga frytet e tyre.

Nëse një person ka fryte të së keqes si smirë dhe xhelozi në vend të fryteve të së vërtetës mirësinë dhe drejtësinë, atëherë ai është një profet i rremë.

Shumë profetë të rremë bashkë me antikrishtin janë të pranishëm tanimë në këtë botë. Prandaj, fëmijët e Perëndisë duhet ta kuptojnë mirë herezinë, dhe të bëjnë dallimin mes frymës së vërtetës dhe frymës së gabimit.

Satani nuk lejon të humbas asnjë mundësi për të mashtruar fëmijët e Perëndisë dhe për t'i bërë të mëkatojnë sa herë që shmangen nga e vërteta. Nëse qëndroni në të vërtetën dhe i bindeni asaj, ju nuk do të mashtroheni nga fryma e gabimit, por do ta mposhtni me lehtësi edhe nëse ju afrohet.

Ju nuk duhet të pranoni dhe as nuk duhet të bëheni pjesëmarrës të mësimeve të tjera, poashtu nuk duhet të mashtroheni nga ato mësime që janë kundër të vërtetës. Bindjuni fjalës së Perëndisë dhe ndiqni dëshirat e Frymës së Shenjtë që të jeni të guximshëm dhe të panjollë në Ardhjen e Dytë të Zotit tonë Jezu Krisht.

Jezusi na thotë, *"Njeriu i mirë nga thesari i mirë i zemrës nxjerr gjëra të mira; por njeriu i keq nxjerr gjëra të këqija nga thesari i tij i keq. Por unë po ju them se ditën e gjyqit njerëzit do të japin llogari për çdo fjalë të kotë që kanë thënë. Sepse në bazë të fjalëve të tua do të justifikohesh, dhe në bazë të fjalëve të tua do të dënohesh"* (Mateu 12:35-37).

Njeriu i mirë ka zemër të mirë dhe nuk mund t'u shkaktojë të keqe e as nuk mund t'i dëmtojë të tjerët, megjithëse ky veprim mund të jetë në favor të tij.

Njeriu i ligë nga ana tjetër, nuk mund të gëzohet në të vërtetën. Ai sjell çdo lloj të keqeje për të penguar të tjerët për shkak të zilisë dhe xhelozisë që ka. Megjithëse fjalët e tij mund të duken të drejta, ju nuk mund të thoni se është njeri i mirë nëse flet keq për të tjerët ose shkakton armiqësi mes një njeriu me një njeri tjetër.

Prandaj, gjithmonë duhet të luteni dhe të keni kujdes që të mos mashtroheni. Duhet të jeni në gjendje t'i dalloni frymët nëse janë të vërteta ose nuk janë të vërteta, dhe të mos i gjykoni asnjëherë të tjerët. Duhet të qëndroni në besimin në Trininë – Atin, Birin dhe Frymën e Shenjtë, të besoni në të gjithë Biblën dhe t'i bindeni asaj e të jetoni sipas saj.

"Eja, Zoti Jezus!"

Autori:
Dr. Xherok Li

Dr. Xherok Li lindi në Muan, në provincën Xheonam, në Republikën e Koresë së Jugut, në vitin 1943. Në të njëzetat, për shtatë vite, Dr. Li vuajti nga një numër sëmundjesh të pashërueshme dhe ishte në prag të vdekjes pa asnjë shpresë për t'u shëruar. Një ditë, në pranverën e vitit 1974, motra e tij e drejtoi te një kishë dhe kur u gjunjëzua për t'u lutur, Perëndia i gjallë e shëroi menjëherë nga të gjitha sëmundjet.

Nga momenti që Dr. Li takoi Perëndinë e gjallë nëpërmjet një përvoje të mrekullueshme, ai e ka dashur Perëndinë me gjithë zemrën dhe sinqeritetin e tij, dhe në vitin 1978 morri thirrjen për t'u bërë shërbëtor i Perëndisë. Ai u lut me zjarr që të mund ta kuptonte qartë vullnetin e Perëndisë dhe që ta zbatonte atë plotësisht duke iu bindur të gjithë Fjalës së Perëndisë. Në vitin 1982, ai themeloi Kishën Manmin në Seoul, Korenë e Jugut, dhe në kishën e tij kanë ndodhur shërime të mrekullueshme dhe mrekulli të tjera.

Në vitin 1986, Dr. Li u vajos si pastor në Asamblenë Vjetore të Kishës së Jezusit në Sungkiul të Koresë, dhe katër vite më vonë në vitin 1990, predikimet e tij filluan të transmetohen në Australi, SHBA, Rusi, Filipine, dhe shumë vende të tjera nëpërmjet radiove Far East Broadcasting Company, Asia Broadcast Station, dhe Washington Christian Radio System.

Tri vite më vonë, në vitin 1993, revista amerikane Christian World zgjodhi Kishën Qendrore Manmin si një nga "50 Kishat e Para në Botë" dhe ai mori një Doktoraturë Nderi në Teologji nga kolegji Christian Faith College, Florida, SHBA, dhe më pas në vitin 1996 një Doktoraturë në Ungjillëzim nga Kingsway Theological Seminary, Ajoua, SHBA.

Që nga viti 1993, Dr. Li ka drejtuar misione në botë nëpërmjet shumë kryqëzatave, përtej detit në Tanzani, Argjentinë, Uganda, Japoni, Pakistan,

Kenia, Filipine, Honduras, Indi, Rusi, Gjermani, Peru, Republikën Demokratike të Kongos, Nju Jork të SHBA-së, Izrael, dhe në Estoni. Në vitin 2002 gazetat më të mëdha të krishtera në Kore e quajtën atë një "pastor botëror" për punën e tij në një numër kryqëzatash të ndryshme përtej detit.

Duke filluar nga Prill 2013, Kisha Qendrore Manmin është një bashkësi me më shumë se njëqind mijë anëtarë dhe me nëntë mijë kisha lokale në vend dhe jashtë vendit në mbarë botën, si dhe ka dërguar në mision më shumë se njëqind e tridhjetë e dy misionarë në njëzet e pesë vende si, Shtetet e Bashkuara, Rusi, Gjermani, Kanada, Japoni, Kinë, Francë, Indi, Kenia dhe shumë vende të tjera.

Deri më sot, Dr. Li ka shkruar 84 libra, ku përfshihen librat bestseller *Shijo Jetën e Përjetshme përpara Vdekjes, Jeta Ime Besimi Im I dhe II, Mesazhi i Kryqit, Masa e Besimit, Qielli I & II, Ferri,* dhe *Fuqia e Perëndisë.* Librat e tij janë përkthyer në më shumë se 75 gjuhë.

Shkrimet e tij të krishtera botohen në *The Hankook Ilbo, The JoongAng Daily, The Chosun Ilbo, The Dong-A Ilbo, The Munhwa Ilbo, The Seoul Shinmun, The Kyunghyang Shinmun, The Korea Economic Daily, The Korea Herald, The Shisa News,* dhe *The Christian Press.*

Aktualisht Dr. Li është themelues dhe president i një numri organizatash misionare dhe shoqatash: përfshirë Kryetar, Kisha e Shenjtërisë së Bashkuar e Jezus Krishtit; President, Misioni Botëror Manmin; President i Përhershëm, Shoqata e Misionit të Rilindjes së Krishterimit Botëror; Themelues dhe Kryetar Bordi, Rrjeti Global i Krishterë (GCN); Themelues dhe Kryetar Bordi, Rrjeti Botëror i Doktorëve të Krishterë (WCDN); dhe Themelues dhe Kryetar Bordi, Seminari Ndërkombëtar Manmin (MIS).

Qielli I dhe II

Një përshkrim i detajuar i vendit të jashtëzakonshëm që shijojnë qytetarët e qiellit dhe një përshkrim i bukur i niveleve të ndryshme në mbretëritë qiellore

Jeta Ime, Besimi Im I dhe II

Një aromë frymërore me erën më të këndshme e cila del nga jeta që ka lulëzuar me dashurinë e pamatshme për Perëndinë, në mes të dallgëve të egra, ftohtësisë dhe dëshpërimit më të thellë.

Zgjohu Izrael

Pse i ka mbajtur Perëndia sytë e Tij mbi Izraelin që nga fillimi i botës deri më sot? Çfarë plani ka Perëndia për Izraelin për ditët e fundit, i cili pret Mesinë?

Masa e Besimit

Ç'lloj vendbanimi, ç'lloj kurore dhe shpërblimi është përgatitur në qiell për ty? Ky libër të siguron dituri dhe udhëzim për të matur besimin.

Ferri

Një mesazh i rëndësishëm nga Perëndia për të gjithë njerëzimin, i cili nuk dëshiron që asnjë shpirt të bjerë në humnerat e ferrit! Ju do të zbuloni histori të pazbuluar më parë të realitetit të tmerrshëm të hadesit dhe ferrit.